특수아동을 위한

발달적 미술치료

유지원 · 유아름 · 송다겸 · 강다영 공저

학지사

I

미술치료를 공부하고 임상현장에 나가 다양한 내담자를 만나면서 미술치료사들은 설렘과 함께 두려움을 가지는 경우가 많습니다. 특히 발달장애아동을 만나면 어떻게 접근해야 할지 막막했던 경험이 있을 것입니다. 이런 경우 도움이 되는 참고자료가 있다면 미술치료사들은 보다 쉽게 발달장애아동에게 접근하고 치료에 도움을 줄 수 있을 것입니다.

이러한 측면에서 이 책의 저자들은 대학원과 학회를 통하여 학습한 이론적 내용을 바탕으로 수년간 임상현장에서 많은 발달장애아동을 만나면서 경험했던 내용을 잘 다듬어 이 책을 발간하게 되었습니다. 용기를 가지고 어려운 작업을 해 온 유지원 선생을 비롯한 저자들의 노력과 결실에 박수를 보내며, 지도교수로서 뿌듯함을 감출 수 없습니다.

이 책은 발달장애아동의 중요한 기능을 중심으로 6개 영역, 즉 '소근육' '협응기능' '시지각' '공간지각' '집중력' '사회성'으로 구성되어 있습니다. 미술치료 장면에서 발달장애아동의 발달을 이해하고 기능을 향상시키기 위한 적절한 접근방법과 미술매체 및 적용기법 등을 실제적이고 구체적으로 제시하고 있습니다. 미술치료를 공부하는 학생들과 발달장애아동을 만나는 미술치료사들이 이 책을 통하여 실제적인 도움을 받을 수 있을 것으로 생각합니다.

영남대학교 미술치료학과 교수 **김갑숙**

II

언젠가 발달이 지연된 아동을 둔 학부모가 고민을 토로한 적이 있습니다. "선생님, 우리 아이는 대체 왜 저럴까요?" 아이는 아이대로 더디게 발달되는 과정에서 힘들어하고 명료하게 아이의 발달치료를 개입해 줄 안내서는 부족했습니다.

발달이 늦는 아동들은 자라면서 크고 작은 마음의 상처를 경험하게 되고, 이로 인해 답답해진 자신의 마음을 누군가에게 이야기하고 싶어합니다. 하지만 특수영역의 아동들은 자신의 감정을 타인에게 제대로 표현하기 어렵습니다. 이런 아동들에게는 부모의 노력도 필요하지만 진심으로 그들을 사랑하고 함께하는 교사의 역할이 아동들의 삶에 중대한 영향을 미칩니다.

특수영역의 아동들에게 접근하는 방법으로는 여러 가지가 있지만 그중에서도 미술을 통한 작업은 아동의 진솔한 마음이 투영되기 때문에 아동을 이해하는 데 효율적인 방법이라 할 수 있습니다.

이 책의 저자인 유지원 박사를 알게 된 지도 꽤 오랜 시간이 지났습니다. 늘 에너지가 넘치는 유지원 박사는 미술치료 영역에서 깊은 실력을 갖추고, 현장에서 상담교육과 치료 활동을 다양하게 하고 있습니다. 늘 겸손하게 세상을 대하며, 끊임없이 연구하고 노력하는 모습에서 상담을 공부하는 도반으로서 배우는 점이 많습니다. 이 책에서도 저자의 따뜻하고 끊임없이 아동들을 위해 연구하고 노력한 마음이 고스란히 느껴집니다.

이 책은 오랫동안 미술치료를 공부한 유지원 박사와 임상치료사가 그동안 만난 아동들을 위해 만든 것으로 다양한 발달적 미술치료 활동방법과 함께 기능을 향상할 수 있는 이론서의 형태로 구성하였습니다. 그러므로 학교현장 · 특수교육 · 치료센터 등에서 아동들의 발달을 향상하는 데 유익한 자료가 될 것이라 생각합니다.

이 책을 통해 저자들의 사랑과 관심이 아이들에게 전해지길 바라는 마음이 간절합니다.

부경대학교 평생교육상담학과 교수 **천성문**

III

푸르름이 한풀 꺾여 시원함이 깊어 가던 여름의 끝자락에서 한 통의 전화를 받았습니다. 오랜만에 전화를 해도, 어제 만나고 오늘 또 만나도 늘 반갑고 의지가 되는 사람의 소식은 즐겁기만 합니다. 그런데 이번에는 짧은 안부 인사 후에 반갑게도 발달적 미술치료를 책으로 출판하게 되었다는 소식을 듣게 되었습니다. 역시 그럴 줄 알았어. 그렇고 말고……. 왠지 자랑스럽고 나의 일인 것 마냥 뿌듯합니다.

국내에 미술치료가 소개된 지도 벌써 30년이 훌쩍 넘었고, 그 사이 미술치료에서도 많은 발전과 변화가 있었습니다. 관련 학회에서 그리고 전공 대학원에서 수많은 전문가가 배출되었고 여러 영역에서 미술치료를 적용하기 위한 노력이 계속되었습니다. 국내의 미술치료는 어디와 비교해도 모자라지 않게 눈부신 발전을 해 왔습니다. 그럼에도 불구하고 국내에서의 발달적 미술치료 영역은 여전히 걸음마 단계입니다. 미술치료를 기반으로 하는 수많은 논문과 연구자료가 꾸준히 발간되고 있지만 발달적 영역에서의 미술치료 연구는 극히 일부에 불과할 뿐만 아니라 미술치료의 현장에서 충분히 경험하고 이것을 접목하여 이론적으로 정리된 자료를 찾기는 쉽지 않습니다.

그런 의미에서 이 책의 출판이 현장에서 미술치료를 진행하는 치료사로서 반갑지 않을 수 없습니다. 우리는 오랜 기간 같이 공부하며 현장에서 직접 겪은 어려움들을 수도 없이 나누었고, 어떻게 해결해야 할지 고민하고 또 고민했습니다. 강의실에서 열정적으로 함께 토론하며 나누었던 이야기들을 이렇게 책으로 만날 수 있다는 것은 큰 기대감이면서 다른 많은 미술치료사에게 좋은 자료가 되어 줄 수 있겠다는 반가움이기도 합니다.

박사과정을 수료하고 아주 오랜만에 찾아갔던 유지원 소장의 발달센터에서 그녀는 여전히 바쁘고 여전히 활기찬 모습이었습니다. 아마도 그런 꺼지지 않는 미술치료에 대한 열정과 에너지가 이처럼 오랜 시간 갈고 닦인 덕분에 우리는 편하게 보석 같은 책을 만나게 된 것 같습니다. 어디에서도 만나기 어려운 현장에서 필요한 생생한 이야기를 더 많은 사람이 함께하면서 도움을 받았으면 하는 바람을 가져봅니다. 모든 것을 함께 나눠 준 유지원 소장에게도 축하의 마음을 전합니다.

구로아동발달심리상담센터 센터장 **이효진**

저자 서문

I

상담 및 미술치료와 관련하여 10여 권의 책을 만들면서 의미와 가치 없는 책이 없지만 이번 발달적 미술치료의 지침서는 나에게 정말 특별한 경험이 되었다. 사실 2007년도에 나는 이 책을 만들기로 마음을 먹었고 칼럼을 쓰면서 프로그램을 준비했는데 2020년 책이 나오기까지 왜 그렇게 힘이 들었는지, 많은 시간이 걸렸는지 생각하고 또 생각하며 그렇게 책을 만든 것 같다.

발달적 미술치료는 석·박사의 과정이나 자격과정에서 정해진 교육시간 안에 작은 영역을 차지할 뿐이었고, 반면 현장에서의 발달적 미술치료는 너무나 생동감 넘치고 역동적이며 정확한 분석과 구조화를 필요로 하였다. 하지만 처음 치료사로서 일하거나 특수아동의 미술치료에 대한 이론적 배경이 없는 교사는 당황해하거나 전문서적을 찾지만 참고할 만한 서적이 너무나 적어 좌절을 맛볼 수 있었다. 때문에 이론과 실제를 모두 안내해 줄 수 있는 구조화되고 명확한 지침서가 필요함을 느꼈고 이렇게 출판을 하게 되었다. 이 책은 발달이론과 실제 발달적 미술치료 프로그램을 구조적으로 제시하고 있다.

명료하게 도식화된 발달적 미술치료 개념을 통해 알기 쉽게 만들었고, 누구나 접근하기 쉬운 매체를 사용하였으며, 발달에서 중요한 각 영역별 미술치료 영역을 구조화하였다. 따라서 이 책이 미술치료사에게도 교사에게도 또 수많은 특수영역의 전문가에게도 도움이 되기를 바라고 또 바라본다.

마지막으로 책이 나오기까지 아낌없는 믿음과 사랑을 주신 어머니께도, 오직 자식의 미래만 걱정하고 돌아가신 사랑하는 나의 아버지께도, 그리고 나의 가족에게도, 사랑하는 나의 딸 주희에게도, 늘 내 곁에서 힘이 되어 준 센터 식구에게도, 나의 영원한 스승이신 김갑숙 교수님과 천성문 교수님께도 감사함을 전해 본다.

발달적 미술치료의 발전을 기대하며
지원발달심리치료연구소 소장 **유지원**

II

상담 및 치료의 임상경험이 어느덧 10여 년 동안 차곡차곡 쌓여 현재 발달적 미술치료의 사회성 부분을 쓸 수 있을 만큼 성장한 나는 그동안 혹독한 성장과정을 거쳐 왔다.

특수아동들과 만나고 부모상담을 하면서 그들은 "우리 아이에게도 친구가 있으면 좋겠어요", "우리 아이가 즐거운 학교생활을 하기를 바라지도 않아요. 그저 다른 사람들이랑 눈을 맞추고 함께할 수 있었으면 좋겠어요." 등 질적으로 낮은 사회성에 대한 어려움과 애달픈 속상함을 많이 전달받았다.

실제 현장에서 또래와 관계를 맺고 싶은 욕구는 있지만 기술이 부족한 아이, 전혀 또래에게 관심이 없던 아이, 관계 기술은 있지만 환경적인 요인으로 그 능력을 펼치지 못하는 아이 등 다양한 특성을 가진 특수아동들을 많이 만나면서 전문적인 서적들을 찾아보았으나 한계가 있었고, 발달적 미술치료에 대해 누군가 명쾌하게 설명해 주는 연수나 과정들도 협소하였다. 나는 늘 부족하고 배움에 목마른 상태로 사례들을 하나씩 소화해 나갔다. 배움에 대한 갈증은 석사과정에서 성실히 학문적 기초를 쌓고, 오래된 연구소 식구들과 함께 사례회의를 통해 연구하고 피드백을 나누면서 점점 나는 아이들과 그들의 부모님들과 함께 성장해 나갔다.

내가 그렇게 성장해 왔듯, 우리 아이들에게 좋은 누군가가 되어 주고 싶은 많은 치료사 및 선생님들이 현시점에서 여전히 나와 같은 고민을 하고 있을 것 같다.

『발달적 미술치료』가 작은 선물이 되어 앞으로 나와 함께 성장할 수 있기를 기대해 본다.

끝으로 책이 편찬되기까지 함께 고민하고 성장해 준 또 다른 가족 연구소 식구들과 배움으로 목마를 때 오아시스가 되어 주신 연구소 소장님, 가슴으로 낳은 자식처럼 아껴 주시고 늘 열정을 다해 가르침을 주시는 김갑숙 교수님, 오롯이 자식을 위해 헌신과 사랑을 베풀어 주신 양가 부모님과 응원을 아끼지 않는 가족들, 든든한 지원군인 남편과 토끼 같은 딸 우리 송미까지 모두에게 감사하고 또 감사함을 전하고 싶다.

더높은 비상을 꿈꾸며
지원발달심리치료연구소 부소장 유아름

저자 서문

III

임상치료 현장에서 치료사로 활동하며 아이들이 겪고 있는 다양한 어려움을 마주할 때마다 미술치료는 아이들의 마음을 투영해 볼 수 있도록 많은 도움을 주었다. 특히 연구소에 오는 많은 아동 중에서 특수아동들의 사례를 진행하면서, 일상생활에서 기본적인 수행의 어려움을 겪는 이유가 대·소근육, 시지각 및 공간지각 등 전반적인 발달이 지연되어 작업수행에 어려움을 갖는 친구들이 많은 것을 알 수 있었다. 그럴때마다 내가 미술치료사로서 그들에게 어떤 도움을 줄 수 있을까를 많이 고민하게 되었다.

내가 현장에서 치료사로서 경험한 것은, 미술교육과는 달리 미술치료는 작업과정에서 내담자의 심리적인 문제를 발견하는데 단서를 제공하기도 하고, 발달적으로도 개입이 가능하다는 것을 느낄 수 있었다. 그 궁금증으로 발달적 미술치료에 대한 많은 서적과 정보를 찾아보았으나, 명확하고 구조화된 프로그램으로 아동들에게 적용해 볼 수 있는 교재를 만나기는 어려웠다. 그래서 특수아동의 지연된 발달이 미술치료의 개입을 통해 조금 더 성장하고 발전할 수 있도록 마음을 담아『발달적 미술치료』를 개발하였다.

이 책은 영역별로 분류되어 있고, 손쉽게 원하는 프로그램을 바로 적용해 볼 수 있도록 프로그램 제목, 목적, 제작과정으로 구성되어 있다. 이는 현장에서의 치료사와 아동들 그리고 부모님들이 보다 쉽게 활용할 수 있도록 구체적이고 명확하게 방향성을 제시해 줄 수 있다는 것이 장점이다.

마지막으로 발달적 미술치료에 제시된 미술치료 프로그램들이 다양한 현장과 사람들에게도 유용하게 활용되기를 기대하며 이 책이 나오기까지 밤낮 없이 나를 위해 기도해 주시고 응원해 주시는 부모님, 항상 아낌없는 조언과 따뜻함을 베풀어 주시는 김갑숙 교수님, 유지원 소장님, 지원발달심리치료연구소 연구원들, 소중한 친구들, 학지사 편집부에게 감사함을 전한다.

누군가에게 도움이 되는 존재가 되길 바라며
지원발달심리치료연구소 팀장 송다겸

IV

치료 현장에서 치료사로 활동하면 발달적 접근이 필요한 아동들을 많이 보게 된다. 내가 처음 특수아동을 접할 때, 내담자에게 도움을 주기 위하여 미술치료와 특수아동에 관한 책을 읽었는데 이론에 대한 책은 많았으나 실제 현장에서 어떻게 다루어지는지에 대한 지침서는 적어 막막하고 답답했었다. 그럴 때 좀 더 현실적이고 구체적으로 활용할 수 있는 책이 있으면 좋겠다는 생각을 했다. 내가 임상경험이 쌓였을 때, 나처럼 치료를 시작하면서 모호하고 힘든 사람들을 위해 책을 쓰면 좋겠다는 생각이 들었다.

발달적 미술치료에서 치료사는 아동의 수준에 맞는 자극을 제공해 주며 전반적인 발달을 이끌 수 있도록 도와주어야 하는데, 특히 여러 영역 중 협응기능은 일상생활에서 삶을 영위하기 위해 필요한 핵심적인 요소이다. 특수아동들과 미술작업을 하다 보면 그림을 그리는데 협응기능의 발달이 늦어 수행이 잘되지 않는 경우가 많다. 예를 들어, 다른 한 손으로 종이를 잡지 않아서 그림이 제대로 표현되지 않거나, 종이를 보지 않고 스티커를 붙이는 경우 등 수행에 어려움을 겪곤 한다. 그래서 협응기능에 대해 많이 조사하고 여러 프로그램을 계획하고 실행해 보았다.

이 책에서는 발달적 이론과 다양한 임상경험을 통해 현장에서 활용할 수 있는 발달적 미술치료 프로그램을 구성하여 제시하고 있다. 따라서 프로그램을 구성할 때 주변에서 쉽게 구할 수 있는 매체를 이용하였으며, 사진과 사례를 첨부하여 프로그램 내용을 좀 더 쉽게 이해할 수 있도록 하였다.

이 책이 미술치료사, 특수영역의 전문가 그리고 미술치료를 공부하는 분들에게 유용하게 활용되기를 바라고 기대한다.

마지막으로 밤늦은 귀가시간에 하루도 빠짐없이 기다려 주신 부모님과 늘 곁에서 지지해 주며 소중한 경험의 기회를 주신 소장님, 매일 한 걸음 성장을 경험하게 해 주는 센터 식구들, 힘이 들 때 할 수 있다고 자신감을 준 나의 친구들, 항상 따뜻한 시선과 통찰을 주시는 김갑숙 교수님께도 감사함을 전해 본다.

현장의 동반자가 되길
지원발달심리치료연구소 전임 미술치료사 강다영

차례

제1부 발달적 미술치료의 이론

제1부
······

발달적 미술치료의 이론

제1장

아동발달의 이해

1. 아동발달의 개념

발달이란 인간이 수태에서부터 아동기를 거쳐 노년기까지, 전 일생을 거쳐 양적 또는 질적인 변화를 거쳐 환경에 적응하여 가는 과정을 말한다. 이러한 발달과정 중에서도 유아기 · 아동기의 발달과정은 성장(growth), 성숙(maturation), 학습(learning)에 의해 가장 큰 변화를 갖는다(정옥분, 2005). 여기서 성장이란 신체의 크기나 능력이 증가하는 양적인 변화를 말하며, 신생아의 급성장, 사춘기의 2차 성징과 같은 환경이나 경험의 요인보다 유전적 요인에 의해 발달적 변화들이 통제되는 생물학적 과정을 성숙이라 한다. 또한 훈련 또는 연습에 기인하여 직간접적인 경험에 의해 나타나는 변화를 학습이라 한다. 따라서 성장, 성숙, 학습이 유기적으로 상호 공존하여 급격하게 나타나는 변화의 과정을 유아기 · 아동기 발달과정이라 할 수 있다.

유아기 · 아동기의 발달에 대한 총체적인 이해를 위해서는 연령에 따라 어떻게 발달이 이루어지는지, 발달이 여러 영역에서 유기적으로 어떻게 연관되어 있는지가 두 가지 측면에서 이해되어야 한다. 특히, 연령별에 따른 유아·아동 발달의 포괄적인 기준을 이해하는 것은 동일한 사건이나 행동이 어떤 연령에서는 보편적인 특성으로 문제가 되지 않으나 다른 연령에서는 문제가 될 수 있기 때문에 유아기·아동기에서 나타나는 문제행동이나 증상을 빨리 알아차리기 위해서는 어떠한 것이 정상적 발달단계에 근거한 특성인지를 사정할 수 있어야 한다(공계순 외, 2013). 따라서 이 책에서는 유아기·아동기의 발달만을 중점적으로 다루고자 한다.

1) 아동발달의 원리

인간은 서로 다른 유전인자를 가지고 태어나서 서로 다른 경험을 통해 발달하고 변화해 간다. 발달은 단순히 유전 요인뿐만 아니라 경험, 연습이라고 하는 환경 요인에 의해 크게 영향을 받고 있다.

(1) 일정한 순서와 방향성이 있다

모든 신생아는 누워서 생활하지만, 점차 앉고 서고 걸을 수 있게 된다. 또한 옹알이 과정을 거쳐 말을 하게 되고, 간단한 단어들을 사용한 의사표현이 점차 복잡한 문장으로 발전된다. 이렇듯 발달에는 일정한 순서가 있다.

- 두미 발달 원칙: 신체는 머리에서 발 방향으로 발달된다.
- 근원 발달 원칙: 안에서 바깥쪽으로, 즉 몸의 중심부에서 말초(팔 → 손목 → 손 → 손가락)로 발달된다.
- 세분화 발달 원칙: 몸 전체를 사용하는 운동이나 행동에서 세분화된 개별적인 운동이나 행동으로 진행된다.

(2) 발달은 연속적인 과정이나, 발달의 속도는 일정하지 않다

신체의 각 부위에 따라 성장속도가 다르고 심리적인 발달의 속도 또한 다르다. 예를 들면, 출생 후 첫돌까지 급격하게 신체적인 성장이 보여지고, 사춘기에는 생식기관이 급격히 발달된다.

(3) 발달에는 개인차가 있다

발달의 정도와 발달의 속도는 사람마다 다른 유전자 및 환경을 가지고 있으므로 개인마다 차이가 존재한다.

(4) 발달의 각 영역은 상호 밀접한 연관이 있다

신체 및 운동발달과 인지 및 언어발달, 사회정서적 발달은 독립적으로 발달되지 않고 서로 복잡하게 얽혀 있고 각 과정에 영향을 주고받는다.

(5) 발달에는 결정적 시기가 있다

결정적 시기란 발달이 가장 급격하게 이루어지는 최적의 시기를 말하는 것으로, 적절한 발달이 그 시기에 이루어지지 못하거나 부정적인 영향을 받은 경우에는 심각한 결손이 생길 수 있다.

2) 아동발달의 단계

연령의 변화에 따라 나타나는 아동의 발달적 특성은 다르게 나타난다. 연령에 맞는 발달수준을 각 영역별로 구체적으로 살펴보고 이해하는 것은 아동발달을 훨씬 더 쉽게 접근할 수 있고, 아동이 정상발달에서 어느 정도로 지연되어 있는지를 살펴볼 수 있는 근거가 될 수 있다.

표 1-1 Goldberg(1997)의 발달이정표

연령	인지발달	운동발달	사회성발달
0~3개월	1. 소리와 촉각에 반응함 2. 얼굴, 무늬, 물건을 바라봄 3. 움직이는 물건을 따라 눈을 움직임 4. 주변 환경을 탐색함	1. 팔과 다리는 구부리고, 손가락은 움켜쥐기 2. 움직이는 물건 주시하기 3. 엎드려서 머리와 가슴 들기 4. 상체를 드는 동안 머리 들고 있기(머리 가누기)	1. 안아주면 꽉 껴안음 2. 사람의 음성에 반응함 3. 사람을 보고 미소 지음

3~6개월	5. 자기 손과 손가락을 주시함 6. 물건을 입으로 가져감 7. 매달려 있는 물건을 향해 손 뻗기 8. 물건보다 사람에 더 관심을 보임 9. 시야 밖에서 들리는 소리에 반응함 10. 물건을 향해 손을 뻗고 잡기 11. 물건을 사용하여 소리 내기 12. 부분적으로 숨겨진 물건 찾기 13. 물건이 다시 나타나기를 기대함 14. 동시에 두 가지 물건 잡기 15. 바닥에 떨어진 물건을 눈으로 따라감 16. 목소리를 흉내 냄 17. 동작을 흉내 내고 되풀이함	5. 동시에 물체를 보고 손을 뻗어 잡기 6. 손으로 지지하고 앉기 7. 바로 누운 자세에서 엎드린 자세로 뒤집기	4. 즐거움을 표현함 5. 사회적 상호작용을 시작함 6. 좋고 싫음을 몸짓으로 표현함
6~12개월	18. 안과 밖에 대한 개념이 생기기 시작함 19. 지적하기 시작함 20. 결과를 얻기 위해 동작을 수행함 21. 감춰진 물건을 열어서 찾기 22. 박스 안에 물건 넣기 23. 한 가지 물건을 내려놓고 다른 물건을 향해 손 뻗기 24. 다양한 방법으로 물건을 탐색함 25. 물건의 앞, 뒤, 위, 아래를 이해함 26. 두 물건을 서로 부딪히는 흉내 내기 27. 낙서를 흉내 냄	8. 한 손에서 다른 손으로 물건 옮기기 9. 앞뒤로 배밀이하기 10. 잡고 서기 11. 지지 없이 앉아서 손 뻗기 12. 그릇에 물건 넣기 13. 두 손을 몸 중앙으로 함께 가져오기 14. 엄지와 집게손가락으로 물건 잡기 15. 다른 사람에게 물건 건네주기 16. 네 발로 기기 17. 네 발로 기어서 계단 오르기 18. 물건을 굴리거나 밀기 19. 가구 잡고 걷기 20. 걷기	7. 낯선 사람에 대해 적절히 반응함 8. 거울을 보고 좋아함 9. 까꿍 놀이를 함 10. 선호하는 사람, 물건, 장소를 표현함 11. 컵으로 마시기 12. 칭찬에 반응하기
1~1.5세	28. 시행착오법을 사용함(시도와 실패를 되풀이함) 29. 한 가지 물건을 다른 물건을 만지는 데 사용함 30. 물건이 시야를 일부 벗어나도 물건을 따라 주시함 31. 목적을 가지고 물건을 사용함 32. 몸동작을 사용함 33. 새로운 동작을 흉내 냄 34. 집안일을 흉내 냄 35. 작은 물건을 조작함	21. 블록 2개 쌓기 22. 낙서를 시작함 23. 물건 던지기를 시작함 24. 네 발로 기어서 계단 내려가기	13. 일상의 정해진 생활 패턴, 의식을 즐김 14. 간단한 지시 따르기 15. 옛날이야기 즐기기 16. 집안일 거들기 17. 운율과 노래에 맞춰 즐기기 18. 집안일을 시작하기 19. 혼자 옷 벗기

1.5~2세	36. 한 가지 물건을 다른 물건에 영향을 주기 위해 사용함 37. 물건을 갖기 위해 기어올라감 38. 필요하다면 장애물을 피해 옆으로 감 39. 기능적으로 적절한 방법으로 장난감을 사용함 40. 기억해서 활동과 말을 흉내 냄	25. 손잡이 돌리기(문고리 돌리기) 26. 블록 6개 쌓기 27. 장난감 밀고 당기기 28. 공차기 29. 달리기를 시작함 30. 걸어서 계단 오르기 31. 뛰기(Jumps)	20. 다른 사람의 행동을 따라 하기 21. 혼자 하는 놀이-색칠 하기, 만들기, 책 보기 22. 단순한 게임을 하며 놀기 23. 옷 입기를 시도하기 24. 다른 아이들과 섞여서 혼자 놀기
2~3세	41. 물건의 크기를 이해하기 시작함 42. 공간관계를 이해하기 시작함 43. 양을 인지하기 시작함 44. 유사함을 인지하기 시작함 45. 분류하는 것을 시작함 46. 일부분/전체의 관계를 이해하기 시작함	32. 우세손(잘 쓰는 손)이 확립되기 시작함 33. 블록 8개 쌓기 34. 머리 위로 공 던지기 35. 어른용 의자에 기어오르고 내리기 36. 놀이기구에 기어오르기 37. 세발자전거 타기 38. 발을 번갈아 가며 계단 오르기 39. 양손 사용해서 놀이하기 40. 발을 번갈아 가며 계단 내려오기	25. 물건에 대한 소유욕과 그것에 대해 애착을 가짐 26. 변화를 거부하고 원래 해 오던 방식을 고집함 27. 자기가 한 일에 자부심을 갖고, 남의 도움을 거부함 28. 도움을 받아 옷 입기
3~4세	47. 크기를 이해함 48. 공간관계를 이해함 49. 양을 이해함 50. 유사함을 이해함 51. 분류하는 것을 이해함 52. 일부분/전체의 관계를 이해함 53. 차이점과 유사점을 사용해서 비교함	41. 자르고 붙이기 42. 끈 묶기 43. 큰 구슬을 실에 꿰기 44. 낙서를 하거나 그림 그리기 45. 한 발로 뛰기	29. 여럿이 같이 놀기(단체 놀이) 30. 혼자 옷 입기 31. 도움을 받아 목욕하기
4~5세	54. 크기 또는 연속성의 순서를 이해함 55. 이야기에서 사건과 사건의 전개 순서를 이해함 56. 일대일의 관계를 이해함 57. 하위 집단을 이해함 58. 원인과 결과를 이해함 59. 50 이상을 셀 수 있음 60. 간단한 지시를 이해하고 따름 61. 흉내 내는 놀이와 역할놀이를 함	46. 선 따라 가위 자르기 47. '가나다라' 쓰기 48. 10 이상의 숫자 쓰기 49. 이름 쓰기 50. 단추 채우기, 허리띠 채우기, 신발 끈 묶기 51. 공 잡기 52. 선 안에 색칠하기/퍼즐 맞추기 53. 난간을 잡지 않고 계단 오르기 54. 발을 번갈아서 건너뛰기 55. 두발자전거, 롤러스케이트, 재주넘기 배우기	32. 연극이나 창조적인 놀이하기 33. 다른 아이들과 상호 협동하여 놀기

출처: 정보인, 유은영(2002). 발달장애 영유아 바로 키우기.

참고문헌

공계순, 박현선, 오승환, 이상균, 이현주(2013). 아동복지론. 서울: 학지사.

정보인, 유은영(2002). 발달장애 영유아 바로 키우기. 서울: 교육과학사.

정옥분(2005). 아동발달의 이해. 서울: 학지사.

Goldberg, S. (1997). *Parent involvement begins at birth: Collaboration between parents and teachers of children in the early years*. Boston: Allyn & Bacon.

제2장

아동발달이론

1. 정신분석이론

1) Freud의 심리성적 이론

아동의 성적 충동과 공격적 충동을 부모가 다루는 방식에 의해 아동의 건강한 성격 발달이 좌우된다는 이론이다.

(1) 성격의 세 요소

인간의 성격을 빙산에 비유하며, 정신의 깊이에 따라 의식, 전의식, 무의식으로 나누었다. 그중에서도 인간의 행동을 지배하는 것은 무의식적인 동기라고 보며, 이것은 주로 성욕과 공격욕으로 구성되어 있다고 본다(정옥분, 2005).

표 2-1 Freud의 성격의 세 요소

의식 (conscious)	주의를 기울이는 순간 곧 알아차릴 수 있는 영역
전의식 (preconscious)	의식과 무의식의 중간단계에 위치해 있어 현재에는 의식되지 않지만 주의를 집중하면 쉽게 인식할 수 있음
무의식 (unconscious)	전혀 지각할 수 없는 영역으로, 대부분의 자료들은 '억압'이라는 기제를 통해 무의식 속에 들어감

또한 Freud는 성격구조를 원초아, 자아, 초자아로 나누어 설명하였다.

표 2-2 Freud의 성격구조

원초아(id)	자아(ego)	초자아(superego)
• 출생 시부터 존재 • 기본적인 생물학적 충동(성적, 공격적 본능) • 쾌락의 원리 • 하고 싶은 것	• 만 2세경부터 발달 • 의식적이고 합리적인 부분 • 현실의 원리: 즉흥적인 충동을 억제하고 현실을 고려 • 하고 싶은 것과 해서는 안 되는 것을 중재하는 역할	• 4~5세경 나타남 • 사회적 가치, 도덕적 가치 등의 사회적 규범을 얻게 되는 과정에서 내면화된 것 • 옳고 그름에 대한 판단 역할 • 양심과 자아이상으로 구성 −양심: 잘못한 행동에 대한 죄책감 −자아이상: 잘한 행동에 대한 자부심

(2) 심리성적 발달단계

표 2-3 Freud의 심리성적 발달단계

단계	특징
구강기 (출생~1년)	• 입과 구강부위의 쾌락을 추구(빨고, 깨물고, 씹는 행동) • 구강욕구가 좌절될 시: 손톱 물어뜯기, 과식, 강박적 흡연, 신랄한 비평, 빈정거림, 수다 등의 구강기 성격이 나타날 수 있음
항문기 (1~3세)	• 리비도가 항문부위에 집중(대소변 보유와 배출로 쾌감 경험) • 중요과업: 배변훈련 • 너무 일찍, 엄격한 배변훈련을 할 경우: 결벽증적인 성격 • 배변훈련을 방임할 경우: 물건을 낭비, 무질서하게 생활하는 등의 성격

남근기
(3~6세)
		• 리비도가 성기에 집중
		• 생식기 자극에서 만족감을 얻음
		• 거세불안을 극복하기 위해 동성의 부모 가치관, 태도, 행동양식, 사고방식
		  등을 내면화하여 초자아를 형성(부모의 역할이 중요)
		  −남아: 오이디푸스 콤플렉스
		  −여아: 엘렉트라 콤플렉스

잠복기
(6~12세)
		• 부모의 동일시가 강력해지고, 초자아가 발달
		• 성적 충동과 공격적 충동이 대부분 무의식에 억압
		• 성적 에너지를 지적 · 신체적 · 사회적 활동에 관심을 두고 동성의 또래와
		  사회적 유대를 확립하는 데 집중
		• 또래와의 놀이나 게임을 통해 새로운 역할이 시도되고 사회적 가치를 습득
		  → 침착성과 통제력이 발달

생식기 (12세 이후)		• 신체적 호르몬의 변화로 제2차 성징이 나타남 • 남근기의 성적 충동이 나타남 • 부모로부터의 독립을 추구하고, 가족 이외 이성 대상에게 애정을 느끼고 성 적 충동을 느낄 수 있음

2) Erikson의 심리사회적 이론

Erikson은 Freud의 정신분석이론을 바탕으로 인간의 성격발달의 기초를 사회적인 맥락을 강조함으로써 내적 본능 및 욕구, 충동과 부모, 가족, 친구, 문화적 배경 및 사회적 환경 등과의 상호작용을 통해 심리사회적 발달이 이루어진다고 믿었다.

또한 Erikson은 8단계로 인간발달을 나누고 각 발달단계마다 극복해야 할 과업이 존재한다고 보았으며, 과업의 성취여부를 통해 나타나는 결과에 대해 설명하였다.

표 2-4 Erikson의 심리사회적 발달단계

연령	단계	특징

출생~
1.5세
	신뢰감 대 불신감
	(basic trust vs.
	basic mistrust)
		• 양육자와의 상호작용을 통해 신뢰관계가 이루어짐
		• 양육자의 태도나 행동에서 거부적이거나 일관성이 부족하면 영아
		  는 불신감을 가질 수 있음
		• 무조건적인 신뢰관계만이 건강한 자아를 성장 · 발달시키는 것은
		  아니며, 불신보다는 신뢰감의 비중이 더 클 때가 도움이 되므로 불
		  신감도 경험할 필요가 있음

1.5~ 3세	자율성 대 수치심 (autonomy vs. shame or doubt)	• 이 시기의 유아는 배변훈련을 통해 배설기능을 조절하는 것이 과업 • 유아는 자신의 신체적 움직임을 통해 주변을 탐색하고, 스스로 옷을 입거나 먹는 등의 자율성을 습득함 • 지나치게 배변훈련을 강요하거나 스스로 하는 행동에 대한 자율성을 통제하면 유아는 자신의 조절 · 통제 능력에 대해 수치심을 가질 수 있음
3~ 6세	주도성 대 죄책감 (initiative vs. guilt)	• 유아는 자신 나름대로 행동에 계획을 세우고 책임의식을 바탕으로 목표를 달성하고자 노력하는 주도성을 가짐 • 주도성은 유아의 행동을 지지하거나 격려할 때 더욱 발달되며, 반대로 이러한 기회를 통세하게 되면 자신의 주도적인 충동을 억제하고 죄책감을 갖게 됨
6~ 12세	근면성 대 열등감 (industry vs. inferiority)	• 아동은 학교생활을 하며 인지적 기술과 함께 또래들과 상호작용을 통해 사회적인 기술을 습득하게 되고 이러한 과정을 성공적으로 이끌기 위해서는 근면함이 요구됨. 이것은 아동이 자신감을 가질 수 있게 함 • 이 시기는 근면한 학교생활을 통해 자아성장을 이루는 시기로, 인지적 · 사회적인 기술을 충분하게 개발하지 못하면 자신이 무능력하다고 지각하고 열등감이 생김
12~ 20세	자아정체감 대 역할 혼미 (identity vs. role confusion)	• 아동기에서 성인기로 넘어가는 과도기로 복잡하고 혼란스러운 시기 → 자기 자신에 대한 평가, 타인의 시각으로부터의 평가에 관심이 많음 • 나는 누구인지, 사회 속에서 자신의 위치가 어디인지, 무엇을 할 것인지 등과 같은 자아의 내적갈등을 통해 자아정체감을 형성 • 노력과 주변의 지지가 부족할 경우 역할에 대한 혼란을 겪게 됨
성인기	친밀감 대 고립감 (intimacy vs. isolation)	• 성인생활을 시작하는 단계로 타인과의 관계를 통해 친밀감을 형성하게 되는데, 이것은 자아정체성을 바탕으로 타인의 정체감을 융합하여 발전됨 • 따라서 자아정체감 형성에 실패하여 타인과 친밀한 관계를 맺기 어렵다면 고립감을 가질 수 있음
중년기	생산성 대 침체성 (generativity vs. stagnation)	• 자녀를 양육하고 직업에서 후세대를 양성하는 등의 생산적인 활동을 통해 사회의 발전에 기여하게 됨 • 타인에게 관대하지 못하고, 자신이 다음 세대를 위해 기여할 수 있는 것이 없다고 생각하면 침체성에 빠짐
노년기	자아통합 대 절망감 (ego integrity vs. despair)	• 살아온 인생을 스스로 평가하여 만족감을 얻으며 자아통합을 이룸 • 인생에 대한 회의와 후회가 많다면 절망감에 빠지게 됨

2. 인지발달이론

1) Piaget의 인지발달이론

인지발달이란 인간의 발달적 단계와 사고 및 추론기술 등의 지적 능력, 환경과의 상호작용을 통해 효율적으로 환경에 적응하도록 변화하는 과정과 변화 양상을 말한다(성현란 외, 2012). Piaget의 인지발달이론은 성인의 사고과정과 아동의 사고과정이 질적으로 다름을 강조하며, 인지발달이 동화와 조절을 통해 주변의 환경에 적응해 가는 과정을 비유하여 설명하였다.

(1) Piaget 이론의 주요 용어

표 2-5 　Piaget 이론의 주요 용어

용어	정의
도식(scheme)	다양한 경험이 정신적 표상과정을 통해 개념화된 것으로, 사물이나 사건 또는 사실에 대한 정보를 통합하고 조직화한 개념 예) 개
동화(assimilation)	새로운 정보나 경험을 이미 학습되어 있는 기존의 인지구조에 맞추려고 해석 · 노력하는 과정 예) 발이 네 개, 털이 있다 → 개
조절(accommodation)	새로운 정보나 경험에 맞춰 기존의 도식을 수정하거나 새로운 도식을 만드는 과정 예) 발이 네 개, 털이 있다 + 발톱과 눈의 생김새, 울음소리 '야옹야옹' → 고양이
평형화(equilibrium)	자신의 인지구조와 외부 환경 간의 균형을 유지하려는 인지적 노력
적응(adaptation)	새로운 정보나 경험을 자신의 인지구조에 맞춰 이해하는 것

출처: 김수희 외(2012). 아동발달.

(2) Piaget의 인지발달 단계

표 2-6   Piaget의 인지발달 단계

인지발달 단계	연령	특징
감각운동기 (sensorimotor period)	0~2세	• 감각운동에 기초하여 다양한 감각 경험 및 발달 • 대상영속성 개념 발달 • 사물을 직접 탐색하고 조작하며 학습함
전조작기 (preoperational period)	2~6세	• 보이지 않는 것을 기억하는 표상적 상징이 가능 • 상징놀이, 물활론, 보존개념의 부족 등의 특성(물활론–생명이 없는 대상에게 생명과 감정을 부여) 　예) '곰 인형이 무서울까 봐 집에 빨리 가야 한다.'고 함 • 자아 중심적 사고, 직관적인 사고 • 사고는 가능하나 논리적이지 않음
구체적 조작기 (concrete operational period)	6~12세	• 분류, 연속성, 서열화, 보존개념의 획득, 논리적 사고 • 실제적이고 구체적인 대상과 사상들에 한정된 논리만 가능 • 간단한 산술과 연산 이해 • 자아중심성에서 탈피하여 자율적 도덕성 획득
형식적 조작기 (formal operational period)	12세~	• 연역적 추론, 추상적 사고 가능 • 가능성과 실제 간의 가설적 문제의 해결 가능 • 체계적인 사고능력, 다양한 해결책을 고려할 수 있는 사고능력 발달

출처: 김수희 외(2012). 아동발달.

2) 정보처리이론

　정보처리이론은 컴퓨터의 정보처리과정에 비유하여 인간의 인지과정을 설명하였다. 정보처리이론에 의하면 컴퓨터와 인간의 사고과정에는 유사한 점이 있는데, 모두 논리와 규칙을 사용한다는 점이다(Klahr, 1992). 즉, 인간이 정보를 어떻게 받아들이고 저장하며, 저장된 정보를 인출하는 방법에 대한 정보처리의 흐름이 중요하다고 본다. 인간의 뇌와 신경계 및 감각체계는 컴퓨터의 하드웨어와 비교할 수 있으며, 인간의 인지적 전략은 소프트웨어와 같은 역할을 하는 것으로 간주하였다.

　정보처리이론은 인간의 인지를 세 가지 체계로 나누어 설명한다. 첫째, 환경으로부터의 정보를 감각기관을 통해 인지체계에 투입한다. 둘째, 감각기관에 투입된 정보를 부호화하고 저장, 인출하는 과정이 진행된다. 셋째, 산출부분으로 이러한 정보

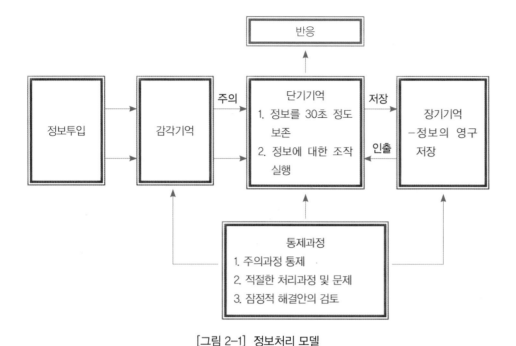

[그림 2-1] 정보처리 모델

출처: Atkinson, R. C. & Shiffrin, R. M. (1968). Human memory: A proposed system and its control
processes. In K. W. Spence & J. T. Spence (Eds.), *The psychology of learning and motivation:
Advances in research and theory* (vol. 2). Orland, FL: Academic Press.
정옥분(2005). 아동발달의 이해에서 참고.

처리의 과정으로 우리의 행동으로 나타나는 것이다(김영옥 외, 2010).

[그림 2-1]은 정보처리 모델에 관한 것이다.

3) Vygotsky의 사회문화적 인지이론

Vygotsky는 아동은 사회적 맥락 속에 존재하기 때문에 타인으로부터 영향을 받
으며 성장하는 사회적 존재임을 강조하였다. 따라서 아동을 이해하기 위해서는 사
회 및 문화, 관습적 맥락을 함께 이해해야 한다고 말한다.

표 2-7   Vygotsky 이론의 주요 용어

근접발달영역 (Zone of Proximal Development)	• 유아가 혼자서 해결할 수 있는 실제적 발달수준과 성인 혹은 유능한 또래의 도움을 받아 해결할 수 있는 잠재적 능력 간의 차이를 의미함 • 혼자서 해결이 어려운 과제를 성인의 일방적인 가르침을 통해 해결하는 것이 아니라, 숙달된 타인과의 상호작용이 바탕이 되어 능동적으로 과제를 수행하는 것이 중요함
비계설정 (Scaffolding)	• 유아의 수행능력에 따라 도움의 정도를 조절하여 제공함으로써 유아가 자신의 과제에 대해 책임감을 가지고 스스로 문제를 해결하도록 함 • 지원체계: 단서제공하기(hint), 설명하기(explain), 질문하기(question), 참여하기(cooperation), 토론하기(discuss), 모델링하기(modeling), 격려하기(encourage), 주의집중시키기(attention) 등

3. Lowenfeld 이론

Lowenfeld는 세계의 미술교육에서 가장 광범하게 영향을 미친 사람으로, 아동이 성장하면서 일정한 단계를 거쳐 발달하고 어떤 단계로 나아가기 위해서는 반드시 그 전 단계를 거쳐야만 한다고 주장한다.

1) Lowenfeld의 그림발달 단계

표 2-8   Lowenfeld의 그림발달 단계

단계	연령	특징		
난화기	2~4세	• 자아표현, 근육운동지각 관련된 움직임으로 나타나는 끄적거림		
		① 마구 그리기 난화 　-종이 위에 선들을 자유롭게 마구 그리는 것 　-근육운동 지각적 경험에 흥미를 가지며 동작을 통제하지 못함 　-격려와 지지를 하며 난화로부터 아이를 떼어 놓거나 중단시키지 말 것	② 조절된 난화 　-내 행동과 종이 위의 흔적의 연관성이 있다는 것을 알게 되며 시각적 통제와 동작에 대한 조절 능력을 획득 　→따라서 후에 눈·손 협응의 기초가 되기에 절대적으로 중요한 경험	③ 이름 붙이는 난화 　-자신의 주변 세계에 자신의 움직임들을 관련시킴 　→따라서 사고하는 방향으로 따라가며 자극함

전도식기	4~7세	• 의식적인 형태 머리-다리 표현 • 아동의 사고와 그림과의 발견 • 공간 안의 대상들의 질서 없는 배열 • 사물이 아동을 둘러싸고 있는 형태의 자기중심적 접근
도식기	7~9세	• 형태의 상징을 통한 도식의 반복 • 공간관계의 질서 발견 및 기저선 표현
또래 집단기	9~11세	• 사실적 표현, 도식과 기저선 표현의 이탈 • 자아와 옷 등의 성별 차이에 대한 관심이 중첩
의사실기	11~13세	• 사실적인 그림, 원근법, 입체적 표현 • 본 것을 그리는 시각형 / 감정을 표현하는 비시각형으로 분류
결정기	13~17세	• 시각형-환경과 외형에 초점 • 촉각형-주관적 경험과 정서적 초점

4. 학습이론

학습이론은 생물학적 요인보다 환경적 요인을 강조하며, 기본적으로 인간의 모든 행동은 자극과 반응, 분명한 인과관계가 적용된다고 보았다.

1) Pavlov의 고전적 조건형성이론

Pavlov의 고전적 조건형성이론은 새로운 행동의 성립을 조건화에 의해 설명하는 이론이다. 그는 실험을 계속하면서 자극일반화라는 현상을 발견하였는데, 조건자극과 매우 유사한 자극에 대해서는 고전적 조건형성과정 없이도 조건반응을 일으키는 것이었다(최경숙, 2011). 즉, 반응의 대상이 전혀 다른 것이라도 어떤 일정한 훈련을 받으면 동일한 반응이나 새로운 행동의 변용을 가져올 수 있다고 믿었다(김영옥 외, 2010).

조건형성 시기	내용
조건화 전 단계	• 개는 종소리(중립자극)를 듣고 침을 흘리지 않음 • 음식(무조건자극: US)을 보고 침(무조건반응: UR)을 흘림
조건화 단계	• 종소리(중립자극) + 음식(무조건자극) → 침(무조건반응: UR)
조건화 후 단계	• 종소리와 침 사이에 조건화가 형성 • 종소리(조건자극: CS) → 침(조건반응: CR)

표 2-9 Pavlov의 고전적 조건형성이론

2) Watson의 고전적 조건형성이론

Watson은 아동의 발달에서 환경이 절대적인 영향을 미친다고 강조한다. 그는 조건형성의 원리를 인간의 정서 행동에 적용시켰으며, 유아는 잘 계획되고 통제된 환경과 상호작용을 통하여 습관이 형성되고 계속적인 강화와 보상의 원리를 따라야 한다고 말한다(김영옥 외, 2010).

표 2-10 Watson의 고전적 조건형성이론

조건형성 시기	내용
조건화 전 단계	• 흰쥐(중립자극) → 두려움 없음 • 큰 소리 → 놀람(무조건반응)
조건화 단계	• 큰 소리 + 흰쥐→ 깜짝 놀라며 우는 반응(무조건반응)
조건화 후 단계	• 흰쥐, 흰털(조건자극) → 두려움(조건반응)

3) Skinner의 조작적 조건형성이론

Skinner(1953)는 인간의 대부분 행동은 자발적으로 나타난 반응이고, 그 반응 결과에 따라 그러한 반응이 계속해서 나타나느냐 아니냐가 결정된다고 보았다. 즉, 조작적 조건화이론은 자극보다는 유발된 행동의 결과를 통제하여 조작반응을 변화시키는 것이다. 결국 만족한 결과를 가져온 행동은 이후에도 계속할 가능성이 높고, 만족스럽지 않은 결과를 가져온 반응은 반복되지 않는 경향을 보인다. 이러한 조작적 조건형성에 의해서 우리는 수없이 많은 행동과 기술을 배우게 된다(최경숙, 2011).

(1) Skinner의 조작적 조건화

| 표 2-11 | Skinner의 조작적 조건화 |

조작적 조건화
• 상자 안의 쥐–우연히 지렛대를 누르게 되어 먹이가 떨어짐 → 쥐는 지렛대를 누르는 것과 먹이가 떨어지는 것 간의 연관성 학습 → 반복적으로 지렛대를 누름 → 먹이: 지렛대를 누르는 행동 반복 → 전기충격: 지렛대를 누르는 행동 중단
• 강화(reinforcement): 행동이 발생하는 확률을 증가시키는 것 • 정적 강화: 아동의 바람직한 행동 → 강화인자 → 증가 예) 칭찬, 돈, 음식 등 • 부적 강화: 아동의 바람직한 행동 → 원하지 않는 것 제거 → 증가 예) 청소 제외, 꾸중 제거 등 • 벌(punishment): 바람직하지 않은 행동을 감소시키기 위한 행동통제

(2) 강화계획

아동에게 새로운 것을 가르칠 때는 아동이 행동을 할 때마다 강화해 주는 것으로, 행동 증가를 목적으로 사용하는 강화물을 제시하는 빈도와 관련된 계획이다.

| 표 2-12 | 간헐적 강화와 종류 |

강화계획	내용
고정간격강화계획(FI)	일정한 시간을 경과하지 않으면 지렛대를 누르는 반응을 해도 먹이가 나오지 않도록 설계된 강화계획 예) 고정급(월급) 지급
고정비율강화계획(FR)	일정한 수의 반응을 한 뒤에 주어지는 강화계획
변화간격강화계획(VI)	지난번 강화로부터 일정한 시간이 경과된 뒤에 나타난 첫 번째 반응에 강화가 주어지도록 강화 간의 시간이 어떤 평균점을 중심으로 변화하는 강화계획 예) 낚시
변화비율강화계획(VR)	고정비율강화계획에서와 같이 일정한 수의 반응을 한 뒤 강화가 주어지지만, 강화와 강화 간의 반응수가 어떤 평균수에 따라 변동하는 계획 예) 복권 등 도박에서 딸 수 있는 확률

출처: 김수희 외(2012). 아동발달.

4) Bandura의 인지적 사회학습이론

Bandura(1977)는 인간이 사회적 상황 속에서 다른 사람의 행동을 보고 들음으로써 모방을 통하여 많은 것을 학습한다고 하였다. 그는 이러한 모방학습의 중요성을 강조하면서 관찰학습이론을 제시하였다.

아동은 관찰학습과 모방을 통해 공격성, 친사회적 행동, 성유형화 학습을 하는데, 그 예로 생의 초기 보상과 처벌 없이 주변사람들을 모방하며 많은 행동을 획득하게 된다. 관찰된 행동과 그 행동을 학습하는 것 사이에는 주의·파지·생산·동기화 과정이 서로 영향을 주면서 복합적으로 일어난다.

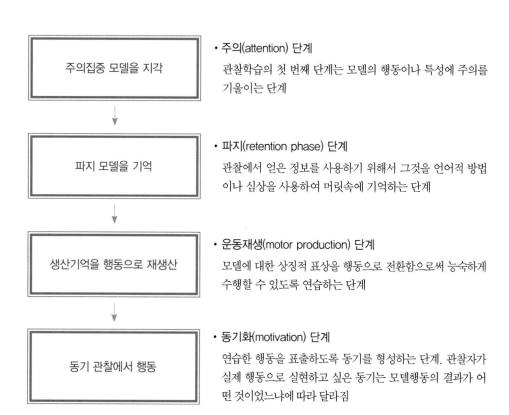

[그림 2-2] 관찰학습 과정의 4가지 구성요소

5. 동물행동학적 이론

1) Lorenz의 각인이론

Lorenz는 자연관찰 연구방법을 통해 동물들은 본능적 행동을 가지고 있으며, 이러한 본능은 종 특유의 패턴이 있다는 것과 후천적·사회적 본능이 생의 초기에 획득된다는 사실을 발견하였다.

표 2-13   Lorenz의 각인이론

각인 (imprinting)	• 조류나 포유류의 새끼 종들은 자극에 대한 불완전한 상태로 태어남 → 어미 거위 대신에 Lorenz가 키움 → 새끼 거위들은 그를 '어미'로 여김 → Lorenz가 가는 곳마다 줄지어 따라다님 ⇒ 새끼 거위들은 Lorenz에게 '각인'됨 • 어린 동물이 초기 특정한 시기에 어떤 대상에게 애착 형성하는 것을 의미
결정적 시기 (critical period)	• 각인은 결정적 시기 동안에 일어남 • 결정적 시기에 형성된 행동은 강력한 작용을 하기 때문에 이 시기에 습득되어야 할 인지적, 사회적 행동은 중요함

2) Bowlby의 애착이론

인간은 태어나서 주 양육자와 강한 정서적인 유대감을 맺게 되는데 이를 애착관계라고 한다. 주 양육자에게 갖는 애착은 본능적인 기능으로 아기가 태어나서 자신의 생존을 위협받을 때 보내는 신호, 즉 울음, 미소, 매달리기, 옹알이, 빨기, 잡기, 추종반응 등이 있다.

표 2-14	Bowlby의 애착이론

시기	내용
1단계(0~3개월) 인간에 대한 무분별한 반응	• 출생 직후의 아기는 사람의 목소리 듣기를 좋아하며 사람의 얼굴 보기를 좋아함 • 신생아는 빨기 반사를 통해 젖을 먹을 수 있으며 파악 반사를 통해 주 양육자와 가까이 있게 할 수 있고 양육자와 상호작용도 증가함
2단계(4~6개월) 낯익은 사람에게 초점 맞추기	• 모로 반사, 쥐기 반사, 찾기 반사를 포함한 많은 반사가 사라지고 아기의 사회적 반응은 선택적이 됨 • 아기는 낯선 사람을 볼 때 단순히 응시하지만 낯익은 사람을 보면 옹알이를 하거나 미소를 지음
3단계(7개월~3세) 능동적 접근 추구	• 어떤 특정 인물에 대한 아기의 애착은 더욱 강해짐. 특히 아기는 엄마 모습이 사라질 때 울면서 분리불안(separation anxiety)을 보임 • 8개월 정도가 되면 아기는 보통 기어 다닐 수 있게 되어 떠나가는 부모를 능동적으로 뒤따라 갈 수 있게 됨 • 아기가 능동적으로 부모를 따라갈 수 있게 되면 아기의 행동은 목표수정체계(goal-corrected system)를 구축하기 시작함
4단계(3세~아동기 말까지) 동반자적 행동	• 2세 혹은 3세 이전의 아기들은 오로지 돌보는 이와 가까이 있으려고 하며, 잠시 동안 주 양육자가 보이지 않으면 불안해함

6. 생태학적 이론

1) Bronfenbrenner의 생태학적 체계이론

Bronfenbrenner의 생태학적 체계이론은 인간발달을 사회문화적 관점에서 이해하는 이론이다. 이 이론은 미시체계, 중간체계, 외체계, 거시체계, 시간체계 다섯 가지의 환경체계로 나누어진다. 이러한 체계들은 아동을 둘러싸고 있는 직접적 환경으로부터 아동이 살고 있는 문화적 환경까지 모두를 포함하는 것이며(김영옥 외, 2010), 모든 체계는 상호작용하며 영향을 주고받는다.

표 2-15   생태학적 모델

체계	내용
미시체계 (microsystem)	• 아동이 속한 가정의 직접적인 환경(근접환경) • 가정, 학교, 또래 집단 등과 같이 아동발달에 직접적인 영향을 미치는 환경체계 • 부모, 친구, 선생님들은 아동과 밀접하게 상호작용하여 영향력을 행사 • 아동은 환경을 구성하는 능동적 주체이므로 아동이 성장하면서 미시체계 변화
중간체계 (mesosystem)	• 둘 이상의 미시체계들 간의 상호관계 • 학교(교사)와 가정(부모) 간의 관계, 형제간의 관계, 이웃과 친구 간의 관계로 이 체계들 간의 관계가 밀접할수록 아동의 발달도 순조로움 　예) 부모와 관계가 원만하지 않은 아동은 친구와의 관계도 원만하지 않은 경우가 높다. 즉, 중간체계가 아동의 발달에 영향을 미친다는 사실을 알 수 있음
외체계 (exosystem)	• 아동과 직접 상호작용하지는 않으나 아동의 미시체계에 영향을 주는 사회적 환경 • 지역사회 수준에서 기능하고 있는 사회의 주요 기관 　예) 부모의 직장, 대중매체, 정부기관, 교통통신시설, 문화시설 등 • 아동이 직접 외체계에 참여하지는 않지만 아동의 행동에 여러 가지 영향을 끼침 　예) 어머니의 취업여부에 따라 아동의 생활패턴이 달라지는 것. 외체계도 아동에게 중요하게 고려하게 됨
거시체계 (macrosystem)	• 미시체계, 중간체계, 외체계에 포함된 모든 요소+문화적 환경 • 개인이 속한 각 문화의 특유의 이념 및 제도의 일반적 형태 　예) 법적, 정치적, 사회적, 교육적, 경제적 체계 • 아동이 속해 있는 사회문화적 배경에 따라 부모의 양육태도와 가치관이 다름 → 아동의 발달에 지속적으로 영향을 미침
시간체계 (chronosystem)	• 생태학적 관점에서 아동의 발달을 설명하는 데 필요한 체계로 간주되어 새롭게 포함 • 네 가지 체계에 시간차원을 더하여 아동의 발달을 한 시점의 사건이나 경험이 아니라 전 생애에 걸쳐 일어나는 변화와 사회 역사적 환경

참고문헌

강문희(2004). 아동발달. 경기: 교문사.

김수희, 김지현, 나용선, 권오균, 전대성(2012). 아동발달. 경기: 양서원.

김영옥, 백혜리, 최미숙, 황윤세(2010). 아동발달론. 경기: 공동체.

성현란, 이현진, 김혜리, 박영신, 박선미, 유연옥, 손영숙(2012). 인지발달. 서울: 학지사.

정옥분(2005). 아동발달의 이해. 서울: 학지사.

최경숙(2011). 아동발달심리학. 경기: 교문사.

Atkinson, R. C., & Shiffrin, R. M. (1968). Human memory: A proposed system and its control processes. In K. W. Spence & J. T. Spence (Eds.), *The psychology of learning and motivation: Advances in research and theory* (vol. 2). Orland, FL: Academic Press.

Bandura, A. (1965). Influence of models' reinforcement contingencies on the acquisition of imitative responses. *Journal of personality and Social Psychology, 1,* 589-595.

Bandura, A. (1977). *Social learning theory.* Englewood Cliffs, NJ: Prentice-Hall.

Bowlby, J. (1969). *Attachment and loss* (Vol. 1). *Attachment.* New York: Basic Books.

Bronfenbrenner, U. (1979). *The ecology of human development: Experiments by nature and design.* Cambridge, Massachusetts: Harvard University Press.

Erikson, E. H. (1963). *Childhood and society.* New York: Norton.

Erikson, E. H. (1968). *Identity: Youth and crisis.* New York: Norton.

Freud, A. (1946). *The Psychoanalytic treatment of children.* London: Imago.

Freud, A. (1965). *The psycho-analytical treatment of children.* New York: International Universities Press.

Klahr, D. (1992). Information-processing approaches to cognitive development. In M. H. Bornstein & M. E. Lamb (Eds.), *Developmental psychology: An advanced textbook* (3rd ed., pp. 273-335). Hillsdale, NJ: Erbaum.

Lorenz, K. (1935). Companions as factors in the bird's environment. In K. Lorenz, *Studies in animal and human behavior* (Vol. 1)(R. Martin, trans.). Cambridge, MA: Harvard University Press, 1971.

Pavlov, I. P. (1927). In G. V. Anrep (Trans.), *Conditioned reflexes.* London: Oxford University Press.

Piaget, J. (1932). *The moral judgement of the child.* New York: Harcourt Brace Jovanovich.

Piaget, J. (1960). *Psychology of intelligence*. Paterson, NJ: Littlefield, Adams.

Piaget, J. (1983). Piaget's theory. In P. H. Mussen (Ed.), *Handbook of child psychology* (Vol. 1, pp. 294-356). New York: Wiley.

Skinner, B. F. (1953). *Science and human behavior*. New York: Macmillan.

Skinner, B. F. (1957). *Verbal behavior*. New York: Appleton-Century-Crofts.

Vygotsky, L. S. (1962). *Thought and language*. Cambridge, MA: MIT Press.

Watson, J. B. (1927). What to do when your child is afraid (interview with Beatrice Black). Children(March), 25-27.

제3장

특수아동의 이해

1. 특수아동의 개념

특수아동이란 지적, 감각적, 신체적, 사회적 또는 정서적 특성에 있어서 평균으로 부터의 이탈정도가 심하여 잠재능력을 최대한으로 개발하기 위해 특수 교육적 서 비스가 요구되는 아동을 말하며, 신체적인 특성이나 학습능력이 일반 규준과 달라서 특수교육의 개별화된 프로그램과 관련 서비스 등의 교육을 통해 충분한 혜택이 요구되는 학생을 말한다.

이러한 특수아동은 정신적, 감각적, 의사소통, 사회성, 신체적 특징이 일반아동에 비해 정상과 차이가 있고, 대부분의 경우 또래보다 지능이 낮기 때문에 학습에 문제 가 발생하며, 전반적으로 발달속도가 느리다(나선영, 2012). 따라서 특수아동은 발 달정도의 차이와 성취능력, 특성에 따라 분류된다. 아동의 특성을 고려한 교육과 관 련 서비스에 대한 제공이 필요하며 구분이 필요하다.

우리나라 「장애인 등에 대한 특수교육법」(2016)에 따르면, "'특수교육대상자'란 특 수교육을 필요로 하는 사람으로 선정된 사람"으로 11개의 영역으로 정하는 장애를 말한다. 이와 관련하여 특수교육 요구 아동을 학교에서 제공하는 일반적인 교육과정·교수 및 조직의 수정을 요구하고 효과적이고 효율적인 학습을 위해 부가적인 인적·물적 자원을 요구하는 아동이라고 정의하였다. 이 개념 정의에 따르면, 장애를 가지고 있지만 특별한 교육지원이 필요하지 않는 아동일 경우에는 특수교육이 요구되는 특수아동이라고 칭하지 않는다고 하는 것을 알 수 있다(한진리, 2019).

결론적으로 특수아동은 일반적으로 특수교육 및 특수교육과 관련되어 있는 다양한 서비스를 필요로 하는 아동이라고 할 수 있다. 여기서 특수아동은 일반아동과는 다른 교육적 배려가 필요하다는 측면에서 장애아동뿐만 아니라 영재아동도 포함된다. 그러나 우리나라 「장애인 등에 대한 특수교육법」에서는 특수교육대상자를 10개의 범주에 포함된 장애아동만을 대상으로 하고 있다. 따라서 우리나라에서 특수아동의 '특수'는 '장애'를 의미한다고 볼 수 있다(한진리, 2019).

2. 특수아동의 분류

1) 우리나라 「장애인 등에 대한 특수교육법」

제15조(특수교육대상자의 선정) ① 교육장 또는 교육감은 다음 각 호의 어느 하나에 해당하는 사람 중 특수교육을 필요로 하는 사람으로 진단·평가된 사람을 특수교육대상자로 선정한다. 〈개정 2016. 2. 3.〉

② 교육장 또는 교육감이 제1항에 따라 특수교육대상자를 선정할 때에는 제16조 제1항에 따른 진단·평가결과를 기초로 하여 고등학교 과정은 교육감이 시·도 특수교육운영위원회의 심사를 거쳐, 중학교 과정 이하의 각급학교는 교육장이 시·군·구 특수교육운영위원회의 심사를 거쳐 이를 결정한다.

[시행 2018. 5. 22.] [법률 제15367호, 2018. 2. 21. 일부개정]

1. 시각장애

2. 청각장애

3. 지적장애

4. 지체장애

5. 정서 · 행동장애

6. 자폐성장애(이와 관련된 장애를 포함한다)

7. 의사소통장애

8. 학습장애

9. 건강장애

10. 발달지체

11. 그 밖에 대통령령으로 정하는 장애

2) 「장애인 등에 대한 특수교육법 시행령」

[시행 2018. 10. 30.] [대통령령 제29258호, 2018. 10. 30. 일부개정]
별표 [별표] 특수교육대상자 선별검사 및 진단 · 평가 영역(제2조제1항 관련)

〈개정 2016. 6. 23.〉

표 3-1 특수교육대상자 선별검사 및 진단 · 평가 영역(제2조제1항 관련)

구분		영역
장애 조기 발견을 위한 선별검사		1. 사회성숙도검사
		2. 적응행동검사
		3. 영유아발달검사
	시각장애 · 청각장애 및 지체장애	1. 기초학습기능검사
		2. 시력검사
		3. 시기능검사 및 촉기능검사(시각장애의 경우에 한함)
		4. 청력검사(청각장애의 경우에 한함)

진단 · 평가 영역	지적장애	1. 지능검사 2. 사회성숙도검사 3. 적응행동검사 4. 기초학습검사 5. 운동능력검사
	정서 · 행동장애 자폐성장애	1. 적응행동검사 2. 성격진단검사 3. 행동발달평가 4. 학습준비도검사
	의사소통 장애	1. 구문검사 2. 음운검사 3. 언어발달검사
	학습장애	1. 지능검사 2. 기초학습기능검사 3. 학습준비도검사 4. 시지각발달검사 5. 지각운동발달검사 6. 시각운동통합발달검사

비고: 특수교육대상자 선정을 위한 장애유형별 진단 · 평가 시 장애인증명서 · 장애인수첩 또는 진단서 등을 참고자료로 활용할 수 있다.

3. 신경발달장애의 진단기준

다음 신경발달장애 정의는 『정신질환의 진단 및 통계 편람(DSM-5)』의 진단기준으로 작성되었다.

신경발달장애
(Neurodevelopmental Disorders)

1) 신경발달장애의 개념

- 신경발달장애는 발달기에 시작되는 장애들의 집합이다.
- 이 장애는 전형적으로 초기 발달 단계인 학령전기에 발현되기 시작하여 개인적, 사회적, 학업적 또는 직업적 기능에 손상을 야기하는 발달 결함이 특징이다.
- 발달 결함의 범위는 매우 제한적인 손상부터 전반적인 손상에 이르기까지 매우 다양하며, 동반 질환이 흔하다.
- 중추신경의 발달, 지연, 손상과 관련된 것으로 알려진 정신장애를 포함하고 있다.
- 심리사회적 문제보다는 뇌의 발달 장애로, 흔히 아동기 및 청소년기 정신 상태를 포함하고 있다.

2) 신경발달장애의 역사

- 19세기 중반까지 지적 불능이었을 성인을 '멍청이'라고 불렀고, 정신장애 또는 의학적 질병이 있는 사람들과 묶고 무시하거나 두려워하였다.
- 20세기 중반, 지적 불능을 이해하려는 쪽으로 급속히 진행되었으며 부모, 연구자, 정치가, 대중 모두가 원인에 대한 해답을 찾으려 하였고, 모두를 돕는 데 더 나은 방법을 찾고자 하였다.
- 최근 추세는 '탈수용화(deinstitutionalization)' 경향으로 '지역사회 중심의 서비스(community based service)'를 제공하고 있다.
- 현재 우리나라에서도 수용시설과 특수학교 및 직업재활시설뿐 아니라 그룹홈, 주간보호, 보호 작업소 등 지역사회 중심 시설이 늘고 있다.

1) 지적장애

(1) 진단기준

지적장애(Intellectual Disability, 지적발달장애)는 발달 시기에 시작되며, 개념, 사회, 실행 영역에서 지적 기능과 적응 기능 모두에 결함이 있는 상태를 말한다. 다음의 3가지 진단기준을 충족해야 한다.

A. 임상적 평가와 개별적으로 실시화된 표준화된 지능 검사로 확인된 지적 기능 (추론, 문제해결, 계획, 추상적 사고, 판단, 학업, 경험 학습)의 결함이 있다.

B. 적응 기능의 결함으로 인해 독립성과 사회적 책임 의식에 필요한 발달학적·사회 문화적 표준을 충족하지 못한다. 지속적인 지원 없이는 적응 결함으로 인해 다양한 환경(가정, 학교, 일터, 공동체)에서 한 가지 이상의 일상 활동(의사소통, 사회적 참여, 독립적 생활) 기능에 제한을 받는다.

C. 지적 기능의 결함과 적응 기능의 결함은 발달 시기 동안에 시작된다.

지적장애라는 진단명은 ICD-11의 지적발달장애와 동의어다. 이 편람에서는 지적장애라는 용어를 사용하고 있지만, 다른 진단 체계와의 연관성을 명확히 하고자 제목에는 2가지 용어 모두 기재하였다. 더욱이 미연방 법령(공법111-256, 로사법)에서 정신지체라는 용어 대신 지적장애라는 용어를 사용하기로 결정하였고, 학술지에서도 지적장애라는 용어를 사용하고 있다. 이와 같이 지적장애라는 용어는 의학, 교육 및 기타 전문직뿐 아니라 일반 시민과 시민 단체에서도 널리 사용되고 있다.

현재의 심각도를 명시할 것(〈표 3-2〉를 참조하시오):

317(F70)경도

381.0(F71)중등도

381.1(F72)고도

381.2(F73)최고도

표 3-2   지적장애(지적발달장애)의 심각도 수준

심각도 수준		
경도 (mild)	개념적 영역	학령전기 아동에서는 개념적 영역의 차이가 뚜렷하지 않을 수 있다. 학령기 아동과 성인기에서는 읽기, 쓰기, 계산, 시간이나 돈에 대한 개념과 같은 학업 기술을 배우는 데 어려움이 있으며, 연령에 적합한 기능을 하기 위해서는 하나 이상의 영역에서 도움이 필요하다. 성인기에서는 학습된 기술의 기능적 사용(예: 읽기, 금전 관리)뿐만 아니라 추상적 사고, 집행기능(예: 계획, 전략 수립, 우선순위 정하기, 인지적 유연성), 단기기억도 손상되어 있다. 문제나 해결에 대한 접근이 또래에 비해 다소 융통성이 없다.

	사회적 영역	전형적인 발달을 보이는 또래에 비해 사회적 상호작용이 미숙하다. 예를 들어, 또래들의 사회적 신호를 정확하게 인지하는 데 어려움이 있을 수 있다. 의사소통, 대화, 언어가 연령 기대 수준에 비해 좀 더 구체적인 수준에 머물러 있거나 미숙하다. 　연령에 적합한 방식으로 감정이나 행동을 조절하는 데 어려움이 있을 수 있다. 이러한 어려움은 사회적 상황에서 또래들에게 눈에 띄게 된다. 　사회적 상황에서의 위험에 대한 제한적인 이해를 한다. 사회적 판단이 연령에 비해 미숙하여 다른 이들에게 속거나 조종당할 위험이 있다.
	실행적 영역	자기관리는 연령에 적합하게 수행할 수 있다. 복잡한 일상생활 영역에서는 또래에 비해 약간의 도움이 필요하다. 　성인기에서는 장보기, 교통수단 이용하기, 가사 및 아이 돌보기, 영양을 갖춘 음식 준비, 은행 업무와 금전 관리와 같은 영역에서의 도움이 필요하다. 　여가 기술은 또래와 유사하나, 웰빙과 여가 계획과 관련된 판단에는 도움이 필요하다. 　성인기에는 개념적 기술이 강조되지 않는 일자리에 종종 취업하기도 한다. 　건강관리나 법률과 관련된 결정을 내리고 직업 활동을 능숙하게 수행하기 위해서는 도움이 필요하다. 가족을 부양하는 데는 도움이 필요하다.
중등도 (moderate)	개념적 영역	전 발달 영역에 걸쳐 개념적 기술이 또래에 비해 현저히 뒤처진다. 학령전기 아동에서는 언어와 학습 준비 기술이 느리게 발달한다. 학령기 아동에서는 읽기, 쓰기, 수학, 시간과 돈에 대한 이해가 전 학령기에 걸쳐 더딘 진행을 보이며, 또래에 비해 매우 제한적이다. 성인기에도 학업 기술은 초등학생 수준에 머무르며 개인 생활이나 직업에서 학업 기술을 사용하기 위해서는 도움이 필요하다. 일상생활에서의 개념적 업무를 완수하기 위해서는 지속적인 도움이 필요하며, 다른 사람이 이러한 책임을 전적으로 대신하기도 한다.
	사회적 영역	전 발달 과정에 걸쳐 사회적 행동과 의사소통 행동에서 또래들과 확연한 차이를 보인다. 표현 언어가 사회적 의사소통의 주요 수단이지만 단어나 문장이 또래에 비해 단조롭다. 대인관계를 맺는 능력이 있어 가족과 친구와 유대 관계를 가지며, 성공적으로 우정을 나눌 수도 있고, 성인기에 연애를 할 수도 있다. 그러나 사회적 신호를 정확하게 감지하거나 해석하지 못할 수도 있다. 사회적 판단과 결정 능력에 제한이 있어 중요한 결정을 내릴 때에는 보호자가 반드시 도와주어야 한다. 의사소통이나 사회성의 제약이 정상 발달을 하는 또래들과의 우정에 영향을 끼친다. 직업적 영역에서 성공하기 위해서는 많은 사회적·의사소통적 도움이 요구된다.

	실행적 영역	식사, 옷입기, 배설, 위생 관리는 가능하나, 이러한 영역을 독립적으로 수행하기 위해서는 장기간에 걸친 교육과 시간이 필요하며, 할 일을 상기시켜 주는 것도 필요하다. 성인기에 모든 집안일에 참여할 수 있으나 장기간의 교육이 필요하며, 대체로 성인 수준을 수행하기 위해서는 지속적인 도움이 필요하다. 제한된 개념적 기술과 의사소통 기술이 요구되는 직업에 독립적 취업이 가능하나 사회적 기대, 업무의 복잡성 및 일정 관리, 교통수단 이용하기, 의료보험, 금전 관리와 같은 부수적인 책임을 해내기 위해서는 동료나 감독자, 다른 사람의 상당한 도움이 필요하다. 다양한 여가 활용 기술을 발달시킬 수 있다. 이를 위해서는 일반적으로 오랜 기간에 걸친 부수적인 도움과 학습 기회가 필요하다. 극히 일부에서는 부적응적인 행동을 보이며 사회적 문제를 야기하기도 한다.
고도 (severe)	개념적 영역	개념적 기술을 제한적으로 습득할 수 있다. 글이나 수, 양, 시간, 금전에 대한 개념 이해가 거의 없다. 보호자들은 인생 전반에 걸쳐 문제 해결에 광범위한 도움을 제공한다.
	사회적 영역	말 표현 시 어휘나 문법에 상당한 제한이 있다. 한 단어나 구로 말을 하거나 다른 보완적 방법으로 내용을 보충하게 된다. 말이나 의사소통은 현재의 일상생활에 관한 내용에 치중되어 있다. 언어는 설명이나 해석보다는 사회적 의사소통을 위해 사용하며, 간단한 말이나 몸짓을 이해할 수 있다. 가족 구성원과의 관계나 친밀한 이들과의 관계에서 도움을 받는다.
	실행적 영역	식사, 옷입기, 배설과 같은 일상생활 영역 전반에 대한 지원과 감독이 항시 필요하다. 자신이나 타인의 안녕에 대한 책임 있는 결정을 내릴 수 없다. 성인기에 가사, 여가 활동이나 작업에 참여하기 위해서는 지속적인 도움과 지원이 필요하며, 모든 영역의 기술 습득을 위해서는 장기간의 교육과 지속적인 도움이 필요하다. 소수의 경우에는 자해와 같은 부적응적 행동이 문제가 될 수 있다.
최고도 (profound)	개념적 영역	개념적 기술은 주로 상징적 과정보다는 물리적 세계와 연관이 있다. 자기관리, 작업, 여가를 위해 목표 지향적 방식으로 사물을 이용할 수 있다. 짝 짓기, 분류하기와 같은 단순한 시각-공간적 기능을 습득할 수도 있으나 동반된 운동, 감각 손상이 사물의 기능적 사용을 방해할 수 있다.
	사회적 영역	말이나 몸짓의 상징적 의사소통에 대한 이해가 매우 제한적이다. 일부 간단한 지시나 몸짓을 이해할 수 있다. 자신의 욕구나 감정은 주로 비언어적, 비상징적 의사소통 방식을 통해 표현한다. 친숙한 가족 구성원이나 보호자와의 관계를 즐기며, 몸짓이나 감정적 신호를 통해 사회적 의사소통을 맺는다. 동반된 감각적·신체적 손상으로 인해 다양한 사회적 활동에 제한이 생길 수 있다.

실행적 영역	일부 일상 활동에는 참여할 수도 있으나, 일상적인 신체 관리, 건강, 안전의 전 영역에 걸쳐 타인에게 의존적인 생활을 하게 된다. 심각한 신체적 손상이 없는 경우에는 접시 나르기와 같은 간단한 가사를 보조할 수 있다. 고도의 지속적인 도움을 통해 물건을 이용한 간단한 활동을 함으로써 일부 직업적 활동의 기초를 마련할 수 있다. 다른 사람의 도움하에 음악 듣기, 영화 보기, 산책하기, 물놀이와 같은 여가 활동에 참여할 수 있다. 동반된 신체적·감각적 손상이 집안일이나 여가, 직업적 활동에 참여하는 데 종종 방해가 된다. 소수의 경우에서는 부적응적 행동이 나타날 수 있다.

(2) 진단적 특징

지적장애(지적발달장애)의 필수적인 특징은 다음과 같다.

① 진단기준 A는 추론, 문제해결, 계획, 추상적 사고, 판단, 가르침과 경험을 통한 학습, 실질적인 이해와 같은 지적 기능에 연관된다.

② 지적 기능은 타당도가 입증되었으며 포괄적이고 문화적으로 적절하며 심리평가상 믿을 만한 지능 검사를 통해 측정한다.

• 지적장애 개인의 지능 지수 평가

오차범위(일반적으로 +5점)를 포함해서 대략 평균에서 2표준편차 이하로 평가한다.

이는 15의 표준편차와 평균이 100인 검사에서 65~75점(70+5점)을 의미한다. 검사 결과를 해석하고 지적 수행에 대해 평가하기 위해서는 임상적 수련과 판단이 필요하다.

③ 검사 점수에 영향을 주는 요인: 반복 시행으로 인한 연습 효과, 플린 효과(Flynn effect), 즉 타당성이 낮은 점수는 간이 지능 선별검사나 집단 평가의 결과일 수 있다. 소검사상의 점수 차가 큰 경우 전반적인 지능지수의 타당도가 낮아진다.

④ 평가 도구는 개인의 사회문화적 배경과 모국어에 적절하게 표준화되어야 한다. 의사소통, 언어, 운동감각 기능에 영향을 주는 동반 질환이 있는 경우 검사 점수에 영향을 끼칠 수 있다.

⑤ 신경심리학적 평가에 기초한 인지적인 분포는 지적 능력을 이해함에 있어 지능 점수보다 훨씬 유용하다. 이러한 검사를 통해 상대적으로 강한 영역과 약

한 영역을 파악할 수 있다.

⑥ 지능 검사는 개념적 기능의 근사치이지만 실제 생활에서의 추론과 실제적 과제의 숙달을 평가하기에는 불충분할 수 있다.

⑦ 적응 기능의 결함(진단기준 B): 비슷한 연령과 사회문화적 배경을 지닌 다른 사람과 비교하여 독립성과 사회적 책임에 대한 공동체 기준에 얼마나 잘 부합하느냐와 연관된다.

- 적응 기능: 개념적(conceptual) 영역, 사회적(social) 영역, 실행적(practical) 영역의 세 영역에서의 적응적 추론을 포함한다.

- 개념적(학습) 영역: 기억, 언어, 읽기, 쓰기, 수학적 추론, 실질적인 지식의 획득, 문제해결, 새로운 상황에서의 판단이 포함된다.

- 사회적 영역: 타인의 생각이나 감정, 경험 등을 인지하는 능력, 공감, 의사소통 기술, 친선 능력, 사회적 판단 등이 포함된다.

- 실행적 영역: 학습과 개인적 관리, 직업적 책임의식, 금전 관리, 오락, 자기 행동 관리, 학교나 직장에서의 업무 관리 등과 같은 삶에서의 자기관리를 포함한다.

⑧ 지적능력, 교육, 동기, 사회화, 성격특성, 직업적 기회, 문화적 경험, 그리고 동반된 일반적인 의학적 상태 또는 정신질환이 적응 기능에 영향을 미칠 수 있다.

⑨ 적응 기능은 임상적 평가와 개별적으로 시행되고 문화적으로 적절하며 심리평가적으로 믿을 만한 검사를 통해 측정해야 한다.

⑩ 표준화된 평가 도구는 잘 아는 정보 제공자(예: 부모나 가족, 교사, 상담자, 보호자)와 당사자에게 가능한 범위까지 사용할 수 있다.

⑪ 표준화된 평가에 대한 점수와 면담은 임상적 판단을 통해 해석해야 한다.

- 다양한 요인(예: 감각 손상, 심각한 문제행동)으로 인해 표준화된 검사를 시행하기 어렵거나 불가능한 경우에는 불특정형 지적장애로 진단할 수 있다.

- 통제된 환경(예: 감옥이나 소년원, 구치소)에서는 적응 기능을 평가하기 어려울 수 있으므로, 가능하다면 이러한 환경 밖에서의 기능을 반영하는 참고자료를 확보해야 한다.

⑫ 진단기준 B는 개념적 영역, 사회적 영역, 실행적 영역 중 적어도 한 가지 이상의 영역에서 충분한 손상이 있어 학교, 직장, 가정, 지역사회 등의 환경에서 적

절한 기능을 수행하기 위해서는 지속적인 지원이 필요한 경우에 충족된다. 지적장애의 진단기준을 충족하려면, 이러한 적응 기능의 결핍이 진단기준 A에 기술된 지적 손상과 직접적인 연관이 있어야 한다.

⑬ 진단기준 C는 발달 시기 중에 발병해야 한다는 내용으로, 지적 결함과 적응 결함이 아동·청소년기 동안에 존재하는 것과 연관이 있다.

전반적 발달지연
(Global Development Delay)

이 진단은 5세 미만의 아동에서 임상적 심각도 수준을 확실하게 평가할 수 없을 때 사용하기 위한 것이다. 이 범주는 개인이 지적 기능의 여러 영역에서 기대되는 발달이정표에 도달하지 못할 때 진단하게 되며, 연령이 너무 어려서 지적 기능을 체계적으로 평가하기 위한 표준화된 검사를 시행할 수 없는 개인에게 적용할 수 있다. 이 범주를 적용한 뒤에는 일정 기간이 지난 후 재평가가 요구된다.

명시되지 않은 지적장애
(Unspecified Intellectual Disability)

이 범주는 5세 이상의 개인이 부수적인 감각 또는 신체적 손상(예를 들어, 실명 또는 언어 습득 이전의 난청, 운동 능력 장애, 심각한 문제행동이 있거나 동반된 정신질환이 있는 경우)으로 인해 현재 사용 가능한 절차로 지적장애(지적발달장애)의 정도를 평가하는 것이 어렵거나 불가능한 경우를 진단하기 위한 것이다. 이 범주는 예외적인 상황에서만 사용해야 하며, 일정 기간이 지난 후에 재평가가 요구된다.

2) 자폐스펙트럼장애

(1) 진단기준

A. 다양한 분야에 걸쳐 나타나는 사회적 의사소통 및 사회적 상호작용의 지속적인 결함으로 현재 또는 과거력상 다음과 같은 특징으로 나타난다(예시들은 실

레이며 증상을 총망라한 것이 아님).

1. 사회적-감정적 상호성의 결함(예: 비정상적인 사회적 접근과 정상적인 대화의 실패, 흥미나 감정 공유의 감소, 사회적 상호작용의 시작 및 반응의 실패)

2. 사회적 상호작용을 위한 비언어적인 의사소통 행동의 결함(예: 언어적, 비언어적 의사소통의 불완전한 통합, 비정상적인 눈 맞춤과 몸짓 언어, 몸짓의 이해와 사용의 결함, 얼굴 표정과 비언어적 의사소통의 전반적 결핍)

3. 관계 발전, 유지 및 관계에 대한 이해의 결함(예: 다양한 사회적 상황에 적합한 적응적 행동의 어려움, 상상 놀이를 공유하거나 친구 사귀기가 어려움, 동료들에 대한 관심 결여)

현재의 심각도를 명시할 것:

심각도는 사회적 의사소통 손상과 제한적이고 반복적인 행동 양상에 기초하여 평가한다(〈표 3-3〉을 참조하시오).

B. 제한적이고 반복적인 행동이나 흥미, 활동이 현재 또는 과거력상 다음 항목들 가운데 적어도 2가지 이상 나타난다(예시들은 실례이며 증상을 총망라한 것이 아님).

1. 상동증적이거나 반복적인 운동성 동작, 물건 사용 또는 말하기(예: 단순 운동 상동증, 장난감 정렬하기, 또는 물체 튕기기, 반향어, 특이한 문구 사용)

2. 동일성에 대한 고집, 일상적인 것에 대한 융통성 없는 집착, 또는 의례적인 언어나 비언어적인 행동 양상(예: 작은 변화에 대한 극심한 고통, 변화의 어려움, 완고한 사고방식, 의례적인 인사, 같은 길로만 다니기, 매일 같은 음식 먹기)

3. 강도나 초점에 있어서 비정상적으로 극도로 제한되고 고정된 흥미(예: 특이한 물체에 대한 강한 애착 또는 집착, 과도하게 국한되거나 고집스러운 흥미)

4. 감각 정보에 대한 과잉 또는 과소 반응, 또는 환경의 감각 영역에 대한 특이한 관심(예: 통증/온도에 대한 명백한 무관심, 특정소리나 감촉에 대한 부정적 반응, 과도한 냄새 맡기 또는 물체 만지기, 빛이나 움직임에 대한 시각적 매료)

현재의 심각도를 명시할 것:

심각도는 사회적 의사소통 손상과 제한적이고 반복적인 행동 양상에 기초하여 평가한다(〈표 3-3〉을 참조하시오).

C. 증상은 반드시 초기 발달 시기부터 나타나야 한다(그러나 사회적 요구가 개인의 제한된 능력을 넘어서기 전까지는 증상이 완전히 나타나지 않을 수 있고, 나중에는 학습된 전략에 의해 증상이 감춰질 수 있다).

D. 이러한 증상은 사회적, 직업적 또는 다른 중요한 현재의 기능 영역에서 임상적으로 뚜렷한 손상을 초래한다.

E. 이러한 장애는 지적장애(지적발달장애) 또는 전반적 발달지연으로 더 잘 설명되지 않는다. 지적장애와 자폐스펙트럼장애는 자주 동반된다. 자폐스펙트럼장애와 지적장애를 함께 진단하기 위해서는 사회적 의사소통이 전반적인 발달 수준에 기대되는 것보다 저하되어야 한다.

주의점: DSM-IV의 진단기준상 자폐성장애, 아스퍼거장애 또는 달리 분류되지 않는 광범위성 발달장애로 진단된 경우에서는 자폐스펙트럼장애의 진단이 내려져야 한다. 사회적 의사소통에 뚜렷한 결함이 있으나 자폐스펙트럼장애의 다른 진단 항목을 만족하지 않는 경우에는 사회적(실용적) 의사소통장애로 평가해야 한다.

다음의 경우 명시할 것:

지적 손상을 동반하는 경우 또는 동반하지 않는 경우

언어 손상을 동반하는 경우 또는 동반하지 않는 경우

알려진 의학적 · 유전적 상태 또는 환경적 요인과 연관된 경우

(부호화 시 주의점: 관련된 의학적 또는 유전적 상태를 식별하기 위해 추가적인 부호를 사용하시오.)

다른 신경발달, 정신 또는 행동 장애와 연관된 경우

(부호화 시 주의점: 관련된 신경발달, 정신 또는 행동 장애를 식별하기 위해 추가적인 부호를 사용하시오.)

긴장증 동반(정의에 대해서는 다른 정신질환과 관련이 있는 긴장증의 기준을 참조하시오.)

(부호화 시 주의점: 공존 긴장증이 있는 경우에는 자폐스펙트럼장애와 관련이 있는 긴장증에 대한 추가적인 부호 293.89[F06.1]을 사용할 것)

표 3-3	자폐스펙트럼장애의 심각도 수준	
심각도 수준	사회적 의사소통	제한적이고 반복적인 행동
3단계 "상당히 많은 지원을 필요로 하는 수준"	언어적·비언어적인 사회적 의사소통 기술에 심각한 결함이 있고, 이로 인해 심각한 기능상의 손상이 야기된다. 사회적 상호작용을 맺는데 극도로 제한적이며, 사회적 접근에 대해 최소한의 반응을 보인다. 예를 들어, 이해할 수 있는 말이 극소수의 단어뿐인 사람으로서 좀처럼 상호작용을 시작하지 않으며, 만일 상호작용을 하더라도 오직 필요를 충족하기 위해 이상한 방식으로 접근을 하며, 매우 직접적인 사회적 접근에만 반응한다.	융통성 없는 행동, 변화에 대처하는데 극심한 어려움, 다른 제한적이고 반복적인 행동이 모든 분야에서 기능을 하는데 뚜렷한 방해를 한다. 집중 또는 행동 변화에 극심한 고통과 어려움이 있다.
2단계 "많은 지원을 필요로 하는 수준"	언어적·비언어적인 사회적 의사소통 기술의 뚜렷한 결함, 지원을 해도 명백한 사회적 손상이 있으며, 사회적 의사소통의 시작이 제한되어 있고, 사회적 접근에 대해 감소된 혹은 비정상적인 반응을 보인다. 예를 들어, 단순한 문장 정도만 말할 수 있는 사람으로서 상호작용이 편협한 특정 관심사에만 제한되어 있고, 기이한 비언어적 의사소통이 뚜렷하게 나타난다.	융통성 없는 행동, 변화에 대처하는데 극심한 어려움, 다른 제한적이고 반복적인 행동이 우연히 관찰한 사람도 알 수 있을 정도로 자주 나타나며, 다양한 분야의 기능을 방해한다. 집중 또는 행동 변화에 고통과 어려움이 있다.
1단계 "지원이 필요한 수준"	지원이 없을 때에는 사회적 의사소통의 결함이 분명한 손상을 야기한다. 사회적 상호작용을 시작하는데 어려움이 있으며, 사회적 접근에 대한 비전형적인 반응이나 성공적이지 않은 반응을 보인다. 사회적 상호작용에 대한 흥미가 감소된 것처럼 보일 수 있다. 예를 들어, 완전한 문장을 말할 수 있는 사람으로서 의사소통에 참여하지만, 다른 사람들과 대화를 주고받는 데에는 실패할 수 있으며, 친구를 만들기 위한 시도는 괴상하고 대개 실패한다.	융통성 없는 행동이 한 가지 또는 그 이상의 분야의 기능을 확연히 방해한다. 활동 전환이 어렵다. 조직력과 계획력의 문제는 독립을 방해한다.

(2) 진단적 특징

자폐스펙트럼장애의 필수적인 특징은 다음과 같다.

- 상호 간의 사회적 의사소통과 사회적 상호작용의 지속적인 손상(진단기준 A).
- 제한적이고 반복적인 양식의 행동, 관심 분야 또는 활동이다(진단기준 B).
- 이러한 증상들은 아동기 초기부터 나타나며 일상의 기능에 있어 제한이나 손상을 일으킨다(진단기준 C, D).

① 기능적 손상이 명확히 나타나는 시기: 개인의 특징과 개인이 처한 환경에 따라 다르다.
② 핵심적인 진단적 특징은 발달 시기에 분명히 나타난다.
　개입, 보상, 현재의 지원을 통해 적어도 몇 가지 방면에서는 문제를 감출 수 있다.
③ 장애의 발현 역시 자폐 상태의 심각도, 발달 단계, 연령에 따라 매우 달라서 스펙트럼이라는 용어를 사용한다.
④ 자폐스펙트럼장애는 과거에 조기 유아 자폐증, 아동기 자폐, 카너 자폐(Kanner's autism), 고기능 자폐, 비전형적 자폐, 달리 분류되지 않는 전반적 발달장애, 아동기 붕괴성장애, 아스퍼거장애로 불렸던 장애들을 아우르는 진단이다.
⑤ 진단은 임상의의 관찰, 보호자의 과거 정보 그리고 가능하다면 자가보고 등의 다양한 출처의 자료가 기반이 되었을 때 가장 타당하고 신뢰할 수 있다.
⑥ 사회적 의사소통에서 언어적·비언어적 결함은 치료 경력 및 현재의 지원과 같은 요인뿐만 아니라 개인의 연령, 지적 수준, 언어 능력과 같은 여러 요인에 따라 다양하게 나타난다.
⑦ 많은 경우에서 언어 결함을 가지고 있으며, 그 범위는 말을 전혀 못하는 경우에서부터 언어 지연, 말에 대한 이해력 부족, 반향 언어, 또는 부자연스럽고 지나치게 문자 그대로인 언어에 이르고 있다.
- 사회적, 감정적 상호성(즉, 타인과 관계를 맺고 생각과 감정을 공유하는 능력)의 결핍은 이 장애가 있는 어린 아동에서부터 분명하게 드러난다.
　이들은 사회적 상호작용을 거의 또는 전혀 시작하지 않으며, 감정을 공유하지 않고, 타인의 행동을 모방하는 행동도 저하되어 있거나 나타나지 않는다. 이들의 언어는 대개 일방적이며, 사회적 상호성이 결여되어 있고, 견해를 밝히거나 감정을 공유하거나 대화를 나누기보다는 요구를 하는 용도로 사용한다.

- 지적 손상이나 언어 지연이 없는 성인의 경우에 사회적, 감정적 상호성의 결함은 복잡한 사회적 선호(예: 대화에 언제 어떻게 참여할지, 무엇을 말해서는 안 되는지)를 처리하고 반응하는 문제에서 극명하게 나타난다.
- 사회적 도전에 대한 보상 전략이 발달한 일부 성인의 경우에도 새로운 상황이나 지원이 없는 상황에서는 어려움을 겪고, 무엇이 사람들의 사회적인 직관인지 의식하며 계산해야 하는 노력과 불안으로 인해 고통을 받는다.
- 사회적 상호작용을 위한 비언어적 의사소통 행동의 결함은 눈 맞춤이 없거나 적고 이상하며(문화 규범에 관련된), 몸짓, 얼굴 표정, 신체정위, 말하는 억양의 특이함으로 나타난다.

⑧ 자폐스펙트럼장애의 초기 양상은 합동 주시의 손상을 보인다.

- 타인과 관심사를 공유하기 위해 물건을 가리키거나 보여 주고 가져오는 행동, 또는 다른 사람이 손가락으로 가리키거나 바라보고 있는 것을 함께 바라보는 행동이 나타나지 않는다.
- 몇 가지의 기능적 몸짓을 학습할 수는 있으나 레퍼토리가 적고, 의사소통을 하는 데 있어서 표현적 몸짓을 자발적으로 사용하지 못한다.
- 유창한 언어를 구사하는 성인 중에는 말과 함께 조화로운 비언어적 의사소통을 사용하는 데 어려움이 있어서 이상하고 경직되거나 과장된 '몸짓 언어'를 사용한다는 인상을 주는 경우도 있다.
- 사회적 의사소통을 위해 눈 맞춤, 몸짓, 자세, 운율, 표정 등을 통합하는 능력은 매우 빈약하다.
- 사회적 흥미가 부재, 감소되어 있거나 비전형적 양상으로 나타날 수 있으며, 타인에 대한 거부, 수동성 그리고 공격적이거나 파괴적으로 보일 수 있는 부적절한 접근을 보일 수 있다.
- 성인의 경우에는 어떠한 행동이 한 가지 상황에서는 적절하지만 다른 상황에서는 그렇지 않다는 것을 이해하는 데 어려움을 겪거나, 의사소통을 위해 언어를 다른 방식으로 사용하는 것을 이해하는 데에도 어려움을 겪을 수 있다.
- 혼자 하는 활동이나 자신보다 연령이 어리거나 더 많은 사람과의 교류를 선호한다. 우정이 무엇을 수반하는지에 대한 완전한 또는 현실적인 생각이 없음에도 우정을 쌓고자 하는 욕구를 보이는 경우가 빈번하다(예: 일방적 우정

또는 오로지 특별한 관심사만 공유하는 우정). 형제, 동료, 보호자와의 관계 또한 (상호성의 측면에서) 중요하게 고려해야 한다.

⑨ 자폐스펙트럼장애는 제한적이고 반복적인 양식의 행동, 흥미 또는 활동으로 정의(진단기준 B), 연령과 능력, 개입, 그리고 현재의 지원에 따라 다양한 정도로 나타난다.

⑩ 자폐스펙트럼장애가 있는 많은 성인 중 지적 손상이나 언어 손상이 동반되지 않은 경우에는 대중들 앞에서 반복적인 행동을 억제하는 법을 배운다.

　• 특별한 흥미는 즐거움과 동기부여의 원천이 될 수 있고, 교육을 받거나 고용될 수 있는 방안을 제시해 준다.

　• 현시점에서는 더 이상 증상이 나타나지 않는다 하더라도 아동기 혹은 과거의 일부 시기 동안 제한적이고 반복적인 양식의 행동, 흥미 또는 활동이 나타났다면 진단기준에 부합할 수 있다.

⑪ 진단기준 D는 임상적으로 뚜렷한 사회적, 직업적 또는 현재 다른 중요한 기능 영역의 손상을 야기할 것을 요구하고 있다.

⑫ 진단기준 E에서는 사회적 의사소통의 결함을 명시하고 있다.

　• 종종 지적장애(지적발달장애)와 동반된다고 하더라도 사회적 의사소통의 결함이 발달단계를 기반으로 예상보다 훨씬 어려움이 커야 보호자와의 면담, 설문지, 임상의의 관찰 평가, 타당성이 우수한 표준화된 행동 진단 도구를 사용할 수 있으며, 이를 통해 시간의 흐름과 임상의들 간에 진단적 신뢰도를 개선시킬 수 있다.

3) 주의력결핍 과잉행동장애

(1) 이론적 관점

① 생물학적 이론
　• 대부분 ADHD(Attention-Deficit/Hyperactivity Disorder)가 진행되는 것에는 생물학적 요인이 중요한 역할을 하고 있는 것으로 알려졌다.

② 행동이론
- 심리적이고 환경적인 요인들도 이 장애에 많은 영향을 끼친다.
- 혼돈스러운 환경은 아동들에게 구조적이고 조직적인 면을 경험하지 못하게 하며, 사회학습 경험을 감소시키게 한다.
- 부모들은 아동이 과잉행동을 할 때 아동에게 (대부분 부정적) 관심을 기울이게 되어 의도하지 않게 ADHD의 증상들을 강화하게 한다.

③ 심리이론
- 과잉행동이나 주의산만한 행동은 역기능적인 가정, 충격적인 경험 등과 같은 환경적 스트레스에서 기인할 수 있다.
- ADHD와 관련된 모든 증상은 생물학적 요인없이 환경적인 스트레스만으로 기인되지 않으며, 그렇지 않은 아동들의 경우 잠시 과잉행동이 나타나는 것으로 보인다.

(2) 진단기준
A. 기능 또는 발달을 저해하는 지속적인 부주의 및/또는 과잉행동-충동성이(1) 그리고/또는 (2)의 특징을 갖는다.
  1. 부주의: 다음 9개 증상 가운데 6개 이상이 적어도 6개월 동안 발달 수준에 적합하지 않고 사회적 · 학업적/직업적 활동에 직접적으로 부정적인 영향을 미칠 정도로 지속된다.
  주의점: 이러한 증상은 단지 반항적 행동, 적대감 또는 과제나 지시 이해의 실패로 인한 양상이 아니어야 한다. 후기 청소년이나 성인(17세 이상)의 경우에는 적어도 5가지 증상을 만족해야 한다.
    a. 종종 세부적인 면에 대해 면밀한 주의를 기울이지 못하거나, 학업, 작업 또는 다른 활동에서 부주의한 실수를 저지름(예: 세부적인 것을 못 보고 넘어가거나 놓침, 작업이 부정확함).
    b. 종종 과제를 하거나 놀이를 할 때 지속적으로 주의집중을 할 수 없음(예: 강의 대화 또는 긴 글을 읽을 때 계속해서 집중하기가 어려움).
    c. 종종 다른 사람이 직접 말을 할 때 경청하지 않는 것처럼 보임(예: 명백하

게 주의집중을 방해하는 것이 없는데도 마음이 다른 곳에 있는 것처럼 보임).

  d. 종종 지시를 완수하지 못하고, 학업, 잡일 또는 작업장에서의 임무를 수행하지 못함(예: 과제를 시작하지만 빨리 주의를 잃고 쉽게 곁길로 샘).

  e. 종종 과제와 활동을 체계화하는데 어려움이 있음(예: 순차적인 과제를 처리하는데 어려움, 물건이나 소지품을 정리하는데 어려움, 지저분하고 체계적이지 못한 작업, 시간관리를 잘하지 못함, 마감시간을 맞추지 못함).

  f. 종종 지속적인 정신적 노력을 요구하는 과제에 참여하기를 기피하고 싫어하거나 저항함(예: 학업 또는 숙제, 후기 청소년이나 성인의 경우에는 보고서 준비하기, 서류 작성하기, 긴 서류 검토하기).

  g. 과제나 활동에 꼭 필요한 물건들(예: 학습과제, 연필, 책, 도구, 지갑, 열쇠, 서류작업, 안경, 휴대전화)을 자주 잃어버림.

  h. 종종 외부자극(후기 청소년과 성인의 경우에는 관련이 없는 생각들이 포함될 수 있음)에 의해 쉽게 산만해짐.

  I. 종종 일상적인 활동을 잊어버림(예: 잡일하기, 심부름하기, 후기 청소년과 성인의 경우에는 전화 회답하기, 청구서 지불하기, 약속 지키기).

2. 과잉행동-충동성: 다음 9개 증상 가운데 6개 이상이 적어도 6개월 동안 발달 수준에 적합하지 않고 사회적, 학업적/직업적 활동에 직접적으로 부정적인 영향을 미칠 정도로 지속된다.

주의점: 이러한 증상은 단지 반항적 행동, 적대감 또는 과제나 지시 이해의 실패로 인한 양상이 아니어야 한다. 후기 청소년이나 성인(17세 이상)의 경우, 적어도 5가지 증상을 만족해야 한다.

  a. 종종 손발을 만지작거리며 가만두지 못하거나 의자에 앉아서도 몸을 꿈틀거림.

  b. 종종 앉아 있도록 요구되는 교실이나 다른 상황에서 자리를 떠남(예: 교실이나 사무실 또는 다른 업무 현장, 또는 자리를 지키는 게 요구되는 상황에서 자리를 이탈).

  c. 종종 부적절하게 지나치게 뛰어다니거나 기어오름(주의점: 청소년 또는 성인에서는 주관적으로 좌불안석을 경험하는 것에 국한될 수 있음).

  d. 종종 조용히 여가 활동에 참여하거나 놀지 못함.

e. 종종 '끊임없이 활동하거나' 마치 '태엽 풀린 자동차처럼' 행동함(예: 음식점이나 회의실에 장시간 동안 가만히 있을 수 없거나 불편해함. 다른 사람에게 가만히 있지 못하는 것처럼 보이거나 가만히 있기가 어려워 보일 수 있음).

f. 종종 지나치게 수다스럽게 말함.

g. 종종 질문이 끝나기 전에 성급하게 대답함(예: 다른 사람의 말을 가로챔, 대화 시 자신의 차례를 기다리지 못함).

h. 종종 자신의 차례를 기다리지 못함(예: 줄을 서 있는 동안).

I. 종종 다른 사람의 활동을 방해하거나 침해함(예: 대화나 게임, 활동에 참견함. 다른 사람에게 묻거나 허락을 받지 않고 다른 사람의 물건을 사용하기도 함. 청소년이나 성인의 경우 다른 사람이 하는 일을 침해하거나 꿰찰 수 있음).

B. 몇 가지의 부주의 또는 과잉행동-충동성 증상이 12세 이전에 나타난다.

C. 몇 가지의 부주의 또는 과잉행동-충동성 증상이 2가지 또는 그 이상의 환경에서 존재한다(예: 가정, 학교나 직장, 친구들 또는 친척들과의 관계, 다른 활동에서).

D. 증상이 사회적 · 학업적 또는 직업적 기능의 질을 방해하거나 감소시킨다는 명확한 증거가 있다.

E. 증상이 조현병 또는 기타 정신병적 장애의 경과 중에만 발생되지는 않으며, 다른 정신질환(예: 기분장애, 불안장애, 해리장애, 성격장애, 물질 중독 또는 금단)으로 더 잘 설명되지 않는다.

다음 중 하나를 명시할 것:

314.01(F90.2)복합형: 지난 6개월 동안 진단기준 A1(부주의)과 진단기준 A2(과잉행동-충동성)를 모두 충족한다.

314.00(F90.0)부주의 우세형: 지난 6개월 동안 진단기준 A1(부주의)은 충족하지만 A2(과잉행동-충동성)는 충족하지 않는다.

314.01(F90.1)과잉행동/충동 우세형: 지난 6개월 동안 진단기준 A2(과잉행동-충동성)는 충족하지만 A1(부주의)은 충족하지 않는다.

다음의 경우 명시할 것:

부분 관해 상태: 과거에 완전한 진단기준을 충족하였고, 지난 6개월 동안에는 완전한 진단기준을 충족하지는 않지만 여전히 증상이 사회적, 학업적 또는 직업적

기능에 손상을 일으키는 상태이다.

현재의 심각도를 명시할 것:

경도: 현재 진단을 충족하는 수준을 초과하는 증상은 거의 없으며, 증상으로 인한 사회적, 학업적 또는 직업적 기능의 손상은 경미한 수준을 넘지 않는다.

중등도: 증상 또는 기능적 손상이 "경도"와 "고도" 사이에 있다.

고도: 진단을 충족하는 수준을 초과하는 다양한 증상 또는 특히 심각한 몇 가지 증상이 있다. 혹은 증상이 사회적 또는 직업적 기능에 뚜렷한 손상을 야기한다.

(3) 진단적 특징

① ADHD 필수 증상은 기능 또는 발달을 저해하는 지속적인 양상의 부주의 또는 과잉행동-충동성이다.

② 부주의는 ADHD의 행동적 측면에서 과제를 수행하지 않고 돌아다니기, 인내심 부족, 지속적인 집중의 어려움, 무질서함과 같은 모습으로 발현되며, 이는 반항이나 이해의 부족에 기인한 것이 아니다.

③ 충동성은 심사숙고 없이 순간적으로 일어나는 성급한 행동과 연관이 있으며, 이러한 행동은 타인에게 해를 끼칠 가능성이 높다.
- 충동성은 즉각적인 보상 욕구나 만족을 지연시키지 못하는 것에 영향을 준다.
- 충동적 행동은 사회적 참견(예: 타인에 대한 지나친 방해)과 장기적 결과를 고려하지 않고 중요한 결정을 내리는 것(예: 적절한 정보 없이 취직하기)과 같은 양상으로 나타날 수 있다.

④ ADHD는 아동기에 시작된다.
- 후향적으로는 정확한 발병 시기에 대해 입증하기 어렵기 때문이다.
- 성인의 경우에는 아동기의 증상을 기억해 내는 것은 신뢰도가 떨어질 수 있으므로 보조적인 정보를 얻는 것이 좋다.

⑤ 장애의 발현은 한 가지 이상의 환경에서 나타나야 한다(예: 가정, 학교, 직장). 다양한 환경에서 증상이 나타나는지 정확히 확인하기 위해서는 이러한 환경에서 개인을 관찰하는 사람에게 자문을 구해야 한다. 증상은 보통 주어진 환경적 특성에 따라 다양한 모습을 보인다.

⑥ 장애의 징후는 적절한 행동에 대한 빈번한 보상을 받을 때, 세심한 감독하에 있을 때, 새로운 환경에 있을 때, 특별히 흥미로운 활동에 참여할 때, 지속적인 외부 자극이 있을 때(예: 전자식 화면), 혹은 일대일 상황에 있을 때(예: 임상의의 진료실) 최소한으로 나타나거나 나타나지 않을 수 있다.

달리 명시된 주의력결핍 과잉행동장애
(Other Specified Attention-Deficit/Hyperactivity Disorder)

① 사회적, 직업적, 또는 다른 중요한 기능 영역에서 임상적으로 현저한 고통이나 손상을 일으키는 주의력결핍 과잉행동장애의 특징적인 증상들이 두드러지지만, 주의력결핍 과잉행동장애 또는 신경발달장애의 진단 부류에 속한 장애 중 어느 것에도 완전한 기준을 만족하지 않는 발현 징후들에 적용된다.
② 달리 명시된 주의력결핍 과잉행동장애 범주는 발현 징후가 주의력결핍 과잉행 동장애 또는 어떤 특정 신경발달장애의 기준에 맞지 않은 특정한 이유에 대해 교감하기 위해 임상의가 선택한 상황들에서 사용된다. 이는 '달리 명시된 주의력결 핍 과잉행동장애'를 기록하고 이어서 특정한 이유(예: '불충분한 부주의 증상이 있는 경우')를 기록한다.

명시되지 않는 주의력결핍 과잉행동장애
(Unspecified Attention-Deficit/Hyperactivity Disorder)

① 이 범주는 사회적, 직업적, 또는 다른 중요한 기능 영역에서 임상적으로 현저한 고통이나 손상을 일으키는 주의력결핍 과잉행동장애의 특징적인 증상들이 두드 러지지만, 주의력결핍 과잉행동장애 또는 신경발달장애 진단 부류에 속한 장애 중 어느 것에도 완전한 기준을 만족하지 않는 발현 징후들에 적용된다.
② 명시되지 않는 주의력결핍 과잉행동장애 범주는 기준이 주의력결핍 과잉행동장 애 또는 특정 신경발달장애의 기준에 맞지 않은 이유를 명시할 수 없다고 임상의 가 선택한 상황들에서 사용되며, 좀 더 특정한 진단을 내리기에는 정보가 불충분 한 발현 징후들을 포함한다.

4) 운동장애

(1) 발달성 협응장애(Developmental Coordination Disorders) 진단기준

A. 협응된 운동의 습득과 수행이 개인의 생활연령과 기술 습득 및 사용의 기회에 기대되는 수준보다 현저하게 낮다. 장애는 운동 기술 수행(예: 물건집기, 가위나 식기 사용, 글씨 쓰기, 자전거 타기 또는 스포츠 참여)의 지연과 부정확성뿐 아니라 서투른 동작(예: 물건 떨어뜨리기 또는 물건에 부딪히기)으로도 나타난다.

B. 진단기준 A의 운동 기술 결함이 생활연령에 걸맞은 일상생활의 활동(예: 자기 관리 및 유지)에 현저하고 지속적인 방해가 되며, 학업/학교생활의 생산성, 직업활동, 여가, 놀이에 영향을 미친다.

C. 증상은 초기 발달 시기에 시작된다.

D. 운동 기술의 결함이 지적장애(지적발달장애)나 시각 손상으로 더 잘 설명되지 않으며, 운동에 영향을 미치는 신경학적 상태[예: 뇌성마비, 근육퇴행위축(muscular dystrophy), 퇴행성 질환]에 기인한 것이 아니어야 한다.

(2) 진단적 특징

① 발달성 협응장애의 진단은 과거력(발달력과 의학적 과거력), 신체 검진, 학교 또는 직장에서의 보고, 안정적이고 문화 수준에 적합한 표준화된 심리 검사들을 임상적으로 통합하여 진단할 수 있다. 운동 협응을 요구하는 기술의 손상은 연령에 따라 다르게 나타난다(진단기준 A).

② 어린 아동기에는 많은 아동이 전형적으로 운동 발달 이정표를 성취하는 반면, 발달 기술도 지연될 수 있고, 그 기술을 익히더라도 또래에 비해 움직임이 서투르고 느리거나 정확성이 부족할 수 있다.

③ 나이든 아동이나 성인에서는 자조 기술 수행과 같은 활동의 운동 영역에서 속도가 느리거나 부정확한 움직임을 보일 수 있다.

④ 발달성 협응장애: 운동 기술의 손상이 가정, 사회, 학교 또는 공동체에서의 일상적 활동의 수행이나 참여에 상당한 방해를 줄 때에만 진단할 수 있다(진단기준 B).

⑤ 진단기준 C에서는 발달성 협응장애의 증상 발병이 초기 발달 시기에 시작되어야 한다고 기술하고 있다. 그러나 전형적으로 발달성 협응장애는 5세 이전

에는 진단되지 않는데, 그 이유는 다양한 운동 기술을 습득하는 연령에 상당한 편차가 있고 아동기 초기에서는 측정 방법의 진단 지속성도 부족하기 때문이며(예: 일부 아동은 따라잡는다), 또는 운동 지연을 야기하는 기타 장애가 완전히 발현되지 않았을 수도 있기 때문이다.

⑥ 진단기준 D에서는 운동 협응의 어려움이 시각 손상으로 더 잘 설명되지 않고 신경학적 상태에 기인한 것이 아닐 때 발달성 협응장애로 진단할 수 있다고 명시하고 있다. 만약 지적장애(지적발달장애)가 있다면, 운동 문제가 정신연령에 기대되는 수준보다 더 과도해야 하나, 지능 지수의 절단점이나 일치하지 않는 기준에 대해서는 명시하지 않고 있다.

⑦ 발달성 협응장애는 별개의 아형은 없지만, 대근육 기술의 손상이 우세한 경우나, 또는 글씨 쓰기를 포함한 소근육 기술의 손상이 우세한 경우가 있을 수 있다.

⑧ 발달성 협응장애를 설명하기 위한 다른 용어로는 아동기 실행곤란(dyspraxia), 운동기능의 특정 발달장애(specific developmental disorder of motor function), 둔한아동증후군(clumsy child syndrome)이 있다.

5) 기타 신경발달장애

달리 명시된 신경발달장애
(Other Specified Neurodevelopmental Disorder)

이 범주는 사회적, 직업적, 또는 다른 중요한 기능 영역에서 임상적으로 현저한 고통이나 손상을 일으키는 신경발달장애의 특징적인 증상들이 두드러지지만, 신경발달장애의 진단 부류에 속한 장애 중 어느 것에도 완전한 기준을 만족하지 않는 발현 징후들에 적용된다. 달리 명시된 신경발달장애 범주는 발현 징후가 어느 특정한 신경발달장애의 기준에 맞지 않은 특정한 이유에 대해 교감하기 위해 임상의가 선택한 상황들에서 사용된다. 이는 '달리 명시된 신경발달장애'를 기록하고, 이어서 특정한 이유(예: '태아기 알코올 노출과 연관된 신경발달장애')를 기록한다.

'달리 명시된'이라는 지정 문구를 사용해 분류될 수 있는 발현 징후들의 예는 다음과 같다. '태아기 알코올 노출과 연관된 신경발달장애'는 자궁 내에서 알코올에 노출된 후에 발달장애를 보이는 것이 특징이다.

명시되지 않는 신경발달장애
(Unspecified Neurodevelopmental Disorder)

　이 범주는 사회적, 직업적, 또는 다른 중요한 기능 영역에서 임상적으로 현저한 고통이나 손상을 일으키는 신경발달장애의 특징적인 증상들이 두드러지지만, 신경발달장애의 진단 부류에 속한 장애 중 어느 것에도 완전한 기준을 만족하지 않는 발현 징후들에 적용된다. 명시되지 않는 신경발달장애 범주는 기준이 특정한 신경발달장애의 기준에 맞지 않은 이유를 명시할 수 없다고 임상의가 선택한 상황들에서 사용되며, 좀 더 특정한 진단을 내리기에는 정보가 불충분한(예: 응급실 상황) 발현 징후를 포함한다.

 참고문헌

권준수 외(2018). 정신질환의 진단 및 통계 편람(제5판). 서울: 학지사.

나선영(2012). 발레 공연 프로그램을 통한 특수아동의 적응행동 발달 및 변화에 관한 연구. 세종대학교 박사학위논문.

한진리(2019). 2008~2017년 국내 특수아동을 대상으로 하는 음악교육 관련 연구 동향 분석. 성신여자대학교 석사학위논문.

제4장

발달적 미술치료의 이해

1. 발달적 미술치료의 개념

발달적 미술치료는 발달이론에 근거한 미술치료의 발달적 접근을 말하는데, 특히 심리성적 정신분석 개념과 사회·심리적 발달, 특히 최근 분리-개별화 과정의 연구 등이 포함된다. 또한 인지적 성장의 연구(Bruner, 1964), 특히 Piaget(1951, 1954)의 인지발달을 포함한다(공마리아 외, 2004).

미술치료에 관한 발달이론들은 정상 발달단계에 있지 않는 내담자를 이해하고 조정하기 위한 기본 구조로서 정상발달에 초점을 두고 있는데, 전인적 성장을 목표로 하는 미술교육과 흡사하게 느껴질 수 있다. 하지만 발달적 미술치료는 인격적 성장을 목표로 하고 미술의 미적 요소나 제작기술의 습득과 같은 미적 성장은 치료 목표에 종속시킨다는 점에서 약간의 차이가 있다(Barlow, 1980; Kramer, 1980).

'발달적 미술치료(Developmental Art Therapy)'라는 용어는 Williams와 Wood (1977)가 최초로 만들어 사용하였는데, 인지능력과 운동능력은 정상이나 정서적으로 장애가 있는 아동에게 발달적 미술치료를 처음으로 적용하여 효과를 거둔 바 있다(김동연 외, 2000).

또한 발달적 미술치료에서의 미술은 내담자에게 비언어적인 표현 형태를 제공함으로써 의사소통능력을 확장시켜 주고, 이전까지 접해 보지 못했던 다양한 매체의 활용을 통해 내담자에게 흥미와 적극적인 참여를 자극하는 생생한 요인이 될 수 있다(오미자, 2007).

이러한 발달적 미술치료가 발달적으로 지체된 내담자들의 욕구를 충족시켜 주기 위해서는 '정형적인 미술매체'뿐만 아니라 '비정형적인' 재료들도 고려해야 하며, 미술치료 평가와 치료 집근법은 표현발달의 가장 초기 수준에서 기능하는 내담자에게 적당하다. 따라서 발달적 미술치료는 Piaget의 모델을 사용하여 정상발달 아동을 기준으로 출생부터 7세까지의 '감각운동기'와 '전조작기' 단계에 초점을 둔다(공마리아 외, 2004).

2. 발달적 미술치료의 평가

1) 연령에 따른 발달단계

발달적 미술치료는 Lowenfeld(1957), Kellogg(1970), Gardner(1980) 그리고 Golomb(1990) 등이 제시한 정상적인 미술발달단계와 Piaget(1959) 등이 제시한 인지발달의 원리를 많이 참조한다(Malchiodi, 2002).

여러 학자가 제시한 연령에 따른 발달단계는 〈표 4-1〉과 같다.

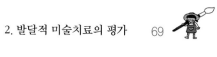

표 4-1 연령에 따라 기대되는 발달과업

이론가	0~2세	2~4세	4~7세
Erikson	신뢰감 vs 불신감 경험의 일관성 격리	자율성 vs 수치감 (2~3세) 통제와 해방(자율)의 학습	친밀감 vs 죄의식 (3~5세) 옳고 그름이 발달 부모로부터 받은 금지의 내재화
Piaget	감각운동기 신체를 통한 탐색 시행착오 과정 대상 연속성	전조작기(2~4세) 자아 중심적 상징적 물질을 사용하는 것을 배움 명료성 학습	
Lowenfeld		조작적 무작위적 난화 통제된 조작 명명된 조작 초기 형상	전도식기 사람을 그림, 머리와 다리가 그려진 사람. 집, 나무, 동물 특별한 도식이 없어짐
Hartley, Frank, & Goldenson	탐색과 실험 단계 조작하기 물놀이, 블록놀이	생산~과정 단계 의도 없는 조작과정 우연으로 형태를 창조 결과 그 자체가 중요, 설명은 하지 않음	심상의 표현 단계 의도가 있음 상상이 시작됨
Golomb	행위를 즐기는 단계 물질이 어떻게 움직이는지에 관심	낭만적 단계 형태를 가진 것처럼 매체를 이용	
Runbin	조작 단계 물질들을 입 안에 넣기 형태화 단계 좀 더 의식적 통제	형태와 관련된 이름 짓기 대상의 성질을 표현 내재화 단계 경계선 창조	실험 단계 일을 행하는 서로 다른 방법들을 탐구
Williams & Wood	단계 1 만족감을 가지고 환경에 반응 동기 유발의 수단으로 미술매체를 야기시키는 감각 신뢰를 배움	단계 2 성취감을 주는 능력을 배움 기초 미술도구들을 사용할 수 있는 형상이 출현하기 시작함	

출처: 공마리아 외(2004). 미술치료개론.

2) 평가 방법

전 상징적 단계에 있는 내담자의 경우 선택능력, 상징화, 어휘구사를 통해 감정을 표현하는 능력, 정형적인 미술매체를 사용하는 능력이 제한될 수 있다(오미자, 2007). 따라서 비지시적 면담법과 구조화된 면담이 내담자에게 유리할 수 있고, 진단적 평가를 통해 치료사는 재료를 사용하는 내담자의 능력과 조직수준에 관한 정보를 수집한다.

발달적 미술치료에서 진단적 평가 방법은 대부분 다음 3단계를 통해 내담자의 발달수준을 평가하게 된다.

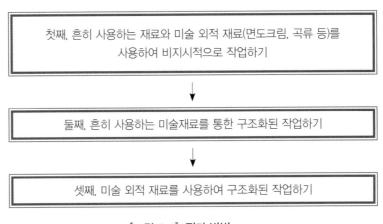

[그림 4-1] 평가 방법

내담자에 따라서는 위의 세 가지 경우를 다 사용해도 한두 시간 안에 사정(assessment)을 마칠 수도 있고 혹은 몇 회기에 걸쳐서 평가를 하는 경우도 있다. 이를 근거로 치료를 종결할 무렵 내담자가 얼마만큼 진보하였는지 재실시를 통한 평가(evaluation)를 할 수 있다(공마리아 외, 2004).

3. 발달적 미술치료의 치료 모형*

1) 발달적 미술치료의 장기목표

발달적 미술치료의 목표, 즉 장기목표는 내담자의 지연되어 있는 전반적 발달수준을 정상수준이 될 수 있도록 돕는 것이다. 이러한 장기목표는 다시 하위 단기목표로 세분화되고 가장 작은 단위의 하위 단기목표가 여러 개 모여 상위 단기목표가 된다.

[그림 4-2] 발달적 미술치료의 장기목표

2) 발달적 미술치료의 하위 단기목표

발달적 미술치료는 내담자의 현재 발달수준이 정확히 파악되어야 하고 구체적인 단기목표가 선정되어 목표에 따른 프로그램을 개발 적용 후 일정 기간과 회기 수를 구조화하여 수행하고 재평가를 실시하는 과정이다.

이때 개입되어야 할 목표가 단일목표일 경우 목표가 성취되면 발달적 미술치료는 종결되며, 이전 목표가 성취되었으나 평가를 통해 또 다른 단기목표가 필요한 경우 목표를 변경하고 이전의 과정을 되풀이하게 된다.

하지만 목표가 미성취되었을 때 이전 목표에 따른 프로그램을 반복하게 된다. 경우에 따라 같은 단기목표에 또 다른 프로그램을 개발하여 반복 수행하기도 한다.

이러한 기본적인 과정이 발달적 미술치료의 하위 단기목표 모형이며, 이를 A라고 지칭한다.

다음의 [그림 4-3]과 같다.

---

* 이 절의 내용은 중요하며, 제시된 그림들은 저자가 만든 것으로 무단 도용을 금합니다.

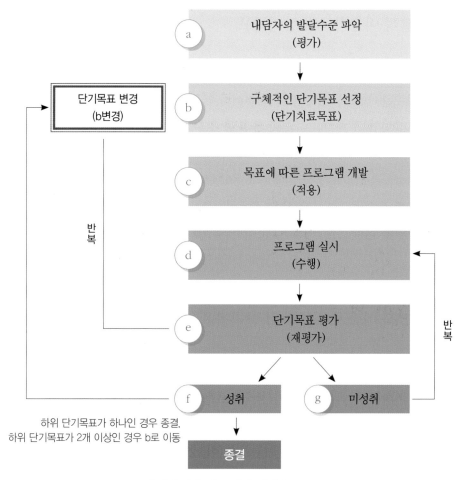

발달적 미술치료 하위 단기목표: A

[그림 4-3] 발달적 미술치료 하위 단기목표 모형

(1) 하위 단기목표 예시(단일목표 사례)

a: 내담자의 발달수준 파악

　김○○

　7세 여자

　평균지능: 88

　4세 경 어린이집 통학 차량 사고에 의해 손가락 골절로 소근육의 발달이 또래보다 3년 정도 지연되어 있다. 현재 끄적이거나 글자를 쓰거나 사물을 잡는 것에 어려움이 있다.

b: 단기목표(단일목표)

　소근육 발달 돕기

c: 목표에 따른 프로그램 개발

　1회기부터 12회까지 주 1회씩 3개월의 프로그램을 개발하였다.

　(색종이 찢기, 종이 붙이기, 밑그림 색칠하기, 점토 작업, 선 따라 그리기, 에어캡 포장지 그림, 사인펜 그림, 호일 그림, 점묘화, 습자지 그림, 프로타주, 비닐식탁보 그림)

d: 프로그램 실시

　구조화된 발달적 미술치료 프로그램을 3개월간 실시하였다.

e: 단기목표 재평가

　f: 성취 시: 단일목표 성취 시 치료 종결

　　　　2개 이상 목표 선정 시 b 과정의 또 다른 단기목표를 설정함

　　　　(예: 시지각 발달 돕기).

　　　　나머지 c-d-e 과정이 반복됨.

　g: 미성취 시: 단일목표 변경 없이 기존 d-e 과정이 반복됨.

　　때때로 c(예: 동일 목표에 따른 새로운 프로그램)-d-e 과정이 반복될 수 있음.

내담자는 3개월간의 발달적 미술치료를 통하여 소근육의 발달이 이루어졌으며 이름을 쓰고 끄적이기가 가능하였다. 하지만 색칠을 하거나 스스로 단추를 잠그는 등의 수행에 여전히 어려움을 보여 d-e의 과정을 3개월간 반복하였다. 총 6개월의 치료가 끝나고 내담자는 이름을 쓰고 색칠을 하거나 단추를 잠그는 일상생활 전반에 소근육 사용이 어려움이 없어 치료를 종결하였다.

(2) 하위 단기목표 치료 모형 예시(단일목표 사례)

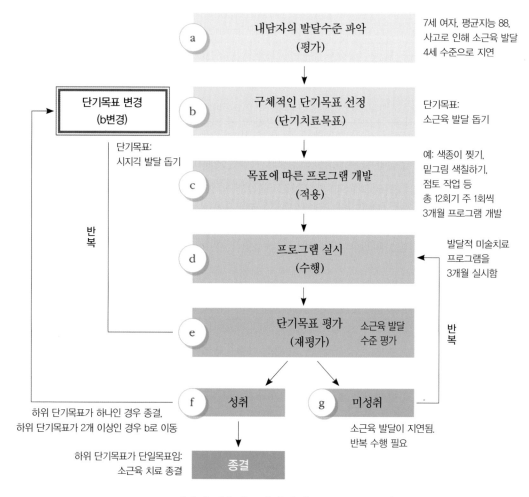

발달적 미술치료 하위 단기목표: A → 소근육

[그림 4-4] 발달적 미술치료 하위 단기목표 치료 모형 예시

3) 발달적 미술치료의 상위 단기목표

내담자는 하나의 단기목표 A를 가지고 있을 수도 있지만 때로는 여러 개의 단기목표 A를 가지고 있을 수 있다. 이때 평가와 부모 면담을 통해 우선적인 하위 단기목표들을 선정하고, 여러 개의 하위 단기목표가 모여 A-A-A...A의 형식을 가지며 이는 상위 단기목표가 된다.

이와 같은 발달적 미술치료의 모형(Developmental Art Therapy Model: DATM)을 [그림 4-5]와 같이 보고자 한다.

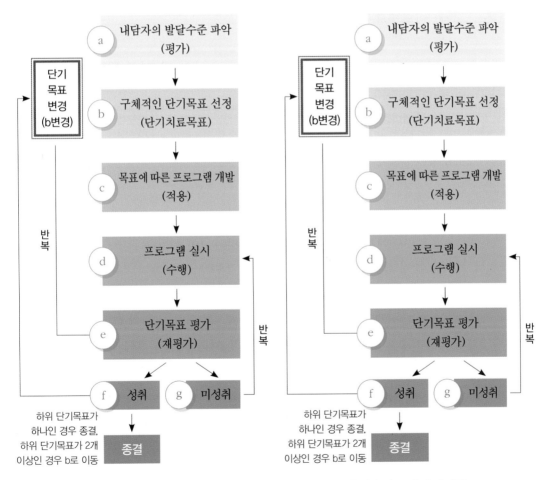

[그림 4-5] 발달적 미술치료 상위 단기목표 모형

주의: 하위 단기목표와 상위 단기목표의 가장 뚜렷한 차이는 시간차이며, 하위 단기목표
　　는 현재의 기능 수준에 따라 치료기간이 달라질 수 있다.
　　하위 단기목표는 평가를 통해 목표의 변경(b변경: 결과를 알 수 있을 때까지 시간
　　이 지나야 함)이 가능하지만 상위 단기목표는 복수의 하위 단기목표(A-A...A)가
　　동시간에 치료적 개입이 시작된다.

(1) 상위 단기목표 예시

a: 내담자의 발달수준 파악
　유○○
　6세 남자
　평균지능: 65
　지적장애아동으로 언어, 인지, 소근육, 집중력, 사고력, 공간구성 등 전반적 발달
　이 2년 이상 지연되어 있다. 평가와 부모 면담을 통해 우선적으로 접근할 치료영
　역은 소근육 발달과 집중력 향상이다.
b: 단기목표(단일목표)
　소근육 발달과 집중력 향상 돕기
　A = 소근육(하위 단기목표), A = 집중력(하위 단기목표)
　A-A 모형(상위 단기목표)
c: 목표에 따른 프로그램 개발
　A = 소근육 발달 향상 프로그램: 1회기부터 8회까지 주 1회씩 2개월의 프로그램
　개발(색종이 찢기, 종이 붙이기, 밑그림 색칠하기, 점토 작업, 에어캡 포장지 그
　림, 사인펜 그림, 습자지 그림, 프로타주)
　A = 집중력 향상 프로그램: 1회기부터 8회까지 주 1회씩 2개월의 프로그램 개발
　(전기테이프 그림, 투명테이프 그림, 랩 그림, 성냥 그림, 입체 수수깡 그림, 색종
　이 접어 이미지 표현, 색 빨대 그림, 건빵 그림)
d: 프로그램 실시
　구조화된 A-A 발달적 미술치료 프로그램을 2개월간 실시하였다.

e: 단기목표 재평가

> f: 성취 시: 단일목표 성취 시 치료 종결
>
> > 2개 이상 목표 선정 시 b 과정의 또 다른 단기목표를 설정함
> >
> > (예: 시지각 발달 돕기).
> >
> > 나머지 c–d–e 과정이 반복됨.
>
> g: 미성취 시: 단일목표 변경 없이 기존 d–e 과정이 반복됨.
>
> > 때때로 c(예: 동일 목표에 따른 새로운 프로그램)–d–e 과정이 반복
> > 될 수 있음.

내담자는 2개월간의 발달적 미술치료를 통하여 소근육 발달과 집중력 향상에 긍정적인 변화를 보였으나 스스로 종이를 구기거나 이름을 쓰는 소근육 발달과 한자리에 앉아서 수행을 지속하거나 주의 집중하는 수행에 여전히 어려움을 보여 c–d–e의 과정을 3개월간 반복하였다. 이때 3개월의 소근육과 집중력 프로그램을 추가로 개발하여 실시 수행하였다. 더불어 지연되어 있는 공간구성 능력의 추가적인 개입을 위하여 공간구성 프로그램을 총 3개월의 회기로 추가 실시하였다(A 추가).

주의: 이 책에 제시된 목표에 따른 프로그램은 예시로 제시된 모형으로 내담자의 특성에 따라 회기의 수와 치료기간이 수정 및 설정되어야 한다.

(2) 상위 단기목표 치료 모형 예시 (A-A 모형)

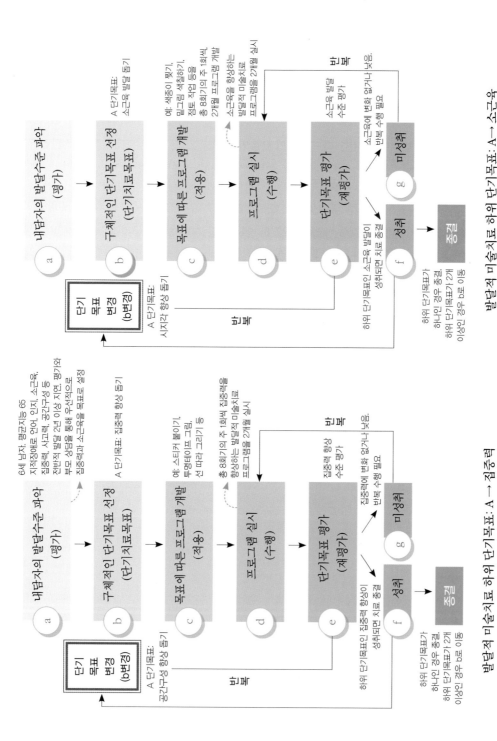

[그림 4-6] 발달적 미술치료 상위 단기목표 치료 모형 예시

참고문헌

공마리아 외(2004). 미술치료개론. 대구: 동아문화사.

김동연 외(2000). 미술치료의 이론과 실제. 한국미술치료학회.

오미자(2007). 정신지체아동의 자기표현을 위한 발달적 미술치료 사례연구. 대구대학교 석사
학위논문.

Barlow, G. (1980). Editorial-Art therapy and art education: A special issue. *Art Education, 33*(4).

Bruner, J. (1964). The Course of cognitive groth. *American Psychologist*, 19, 1–15.

Gardner, H. (1980). *Artful scribbles*. New York: Basic Books.

Golomb, C. (1990). *The child's creation of the pictorial world*. Berkeley: University of
Calfornia Press.

Kellogg, R. (1970). *Analyzing children's art*. Palo Alto, CA: Mayfield.

Kramer, E. (1980). *Art Therapy in Theory and Practice*. New York: Schocken Books.

Lowenfeld, V. (1957). *Creative and mental growth* (3rd ed.). New York: Macmillan.

Malchiodi, C. A. (2002). *The soul's palette: Drawing on art's transformative powers*.
Shambhala Publications.

Piaget, J. (1951). Play, dreams and imitation in childhood. New York: W. W. Norton.

Piaget, J. (1954). The construction of reality in the child. New York: Basic Books.

Piaget, J., & Inhelder, B. (1959). *La gense des structures logiques elementaries*. Neuchatel:
Delachaux & Niestle.

Williams, G. H., & Wood, M. (1977). Developmental art therapy. Baltimore: University
Park Press.

제2부
······

발달적 미술치료의 실제

제5장

소근육 향상을 위한 발달적 미술치료 프로그램

1. 소근육의 정의

소근육 기능은 몸 전체를 움직여 큰 운동을 하는 대근육 운동과 달리 몸의 상지, 특히 손과 손가락을 사용하는 작은 운동 기능을 말한다.

뇌의 가장 넓은 면적을 차지하고 관할하는 것이 손이다. 손은 인체 부위별 기능을 뇌에서 살펴보면 운동중추 면적의 30% 정도를 차지함을 알 수 있고(서유헌, 2003), 독일의 철학자 Kant는 손을 '밖으로 노출된 뇌'라고 정의하였다(이어령, 2015).

유아기에는 시지각의 협응이 이루어짐과 동시에 소근육의 통제도 급속히 발달하기 때문에 손을 사용하고 사물을 조작하는 능력이 점점 정교해진다.

소근육은 기초적인 운동 기능으로 0세부터 발달하여 9세쯤 되면 발달이 멈춘다고 하였다. 손동작은 집기 과정에서부터 시작되는데 집기 자세의 발달단계를 보면 다음과 같다.

0~4개월에는 눈과 마주칠 때 반사적으로 손바닥으로 물체를 잡는다. 4~8개월에는 세 손가락을 이용하여 잡는데, 이 시기에는 장난감을 흔들고 두드리고 만지작

거리고 바꾸는 활동을 경험하여 학습된다고 한다. 8~10개월에는 작은 것을 잡을 수 있고 검지를 펴서 지적하는 반응을 보인다. 생후 3개월에서 1년까지는 목적 없이 움직이는 시행착오를 거듭하면서 훈련하고 발달하게 된다. 눈과 손 협응에 의한 기본적 손 기능은 초기에 자극을 받으면 손이 위축되거나 회피 반응을 보이고, 피질 조절에 의한 자의적 손 기능이 12~13개월부터 시작되다가 12~18개월에의 운동 기술은 목표 지향적인 놀이를 통해서 정확한 집기가 발달되어 도구 사용이 시작된다. 18~24개월부터는 잡고 놓을 수 있게 되고, 24~36개월에는 쓰기 전 활동으로 수직, 수평선을 모방할 수 있으며, 36~48개월에는 가위를 사용할 수 있다.

Gesell은 3세가 되면 연필을 잡고, 4세에는 성인과 비슷하게 연필을 밑에서 받쳐 주면 연필 잡는 자세가 가능해진다고 하였다. 쓰기 도구 사용 등 학업준비와 장난감 조작, 공 던지고 받기 등 놀이 활동에 참여하는 것은 6~10세에 급격히 향상되고, 12세에는 거의 성인 수준에 도달하여 모든 섬세한 손가락 움직임이 발달하게 된다 (김미수, 2002).

이 소근육 기능으로 눈과 손의 협응, 양손 사용의 협응, 사물의 조작력, 그리고 민첩성과 힘의 4가지 주요 요소로 구성할 수 있다. 이들이 조화를 이루어 아동에게 기본적인 신변처리 기술과 손가락과 손바닥, 손목의 힘을 이용하여 습득할 수 있는 잡기, 들기, 옮기기, 긁적이기 등 그리고 사물을 정교하게 조작하여 단추 끼우기, 구슬 끼우기, 레고 조립하기, 다양한 재료를 사용하는 미술, 놀이, 요리, 학습에 필요한 섬세한 글쓰기 등의 활동이 가능하다(조윤경, 2007).

또한 소근육 운동을 통해 자조기술 습득이 생긴다. 자조기술은 스스로 여러 가지 생활에 필요한 기술을 혼자서 할 수 있게 되는 것을 말한다. 이와 같은 자조기술은 아동이 목적과 필요성을 알고 해 보려고 노력하면 성취할 수 있다. 즉, 일상에서 주어지는 먹기, 옷 입기, 씻기, 배설하기에 대한 경험 또는 반복을 통해 일정한 규칙이나 방법을 획득하여 아동 스스로 손을 사용하여 기본적인 생활을 할 수 있게 되는 것이다. 이를 통해 아동은 자신의 신체를 스스로 통제할 수 있고 자신의 독립성을 자랑스러워하며 만족감을 느끼며 성장할 수 있게 된다(김수희 외, 2012).

그러므로 아동에게 있어 소근육 발달은 아동이 표현하는 수단과 지각능력, 모방, 조작 기능이 향상되고 생활환경 적응력 더 나아가 타인과 상호작용하는 과정을 자연스럽게 습득시켜 주는 도구적 역할을 한다(오영매, 2005).

2. 소근육과 발달적 미술치료

Montessori는 '인간은 손으로 환경을 지배한다.'고 하여 인간의 손이 지성을 표현할 뿐만 아니라 환경과 특별한 관계를 가지는 것을 강조하였다. 특히 일상생활에서 유아들에게 손과 손가락을 사용할 수 있는 기회를 제공하고, 눈과 손의 협응이 이루어지도록 하는데 이는 곧 유아들이 삶을 살아가는 데 필요한 독립심, 자율성 및 질서감을 배우게 된다고 보았다(하정연, 김은주, 2000).

손을 이용한 활동들은 아동의 실제 생활과 학습활동을 원만하게 해결하도록 도와주며 아동의 전인적인 쓰기활동에 필요한 집중력, 자제력, 치밀함 등을 기를 수 있도록 도와준다(김정학, 2005).

소근육 운동은 잡기, 들기, 놓기, 옮기기 등 손과 손가락 운동을 중심으로 간단한 움직임부터 복잡한 기능과 도구의 조작 단계까지 발달을 향상시킬 수 있다. 이러한 손이나 손가락의 동작은 시각, 청각, 촉각, 왼쪽 손, 오른쪽 손의 협응이 이루어져야만 가능해진다.

특히 소근육 운동능력이 감소될 경우 일상생활의 모든 면에서 많은 문제가 발생하게 된다. 두뇌에서 일어나는 지각과 인식의 작용에 어려움이 발생하여 수용된 감각 정보를 분석하고 종합하는 운동 기능과 적절히 연결 짓지 못하는 일이 생긴다. 그중에서도 미술은 손을 움직이는 작업 형태로 다양한 활동을 경험해 볼 수 있다. 작품을 만들어 내는 과정에서 긁적이기, 주무르기, 두드리기, 밀기 등 단순 동작뿐 아니라 도구를 통한 오리고 찢고 자르고 붙이는 소근육 운동이 포함되어 있으므로 미세 근육의 조절 능력이 자연스럽게 습득된다. 따라서 대·소근육 운동에 문제를 갖는 특수아동들에게 직접적인 수지운동을 통해 손의 기능을 개선시킬 수도 있으나 쉽게 흥미를 잃어버리는 경우가 있으므로(심상욱, 2009) 흥미가 유발될 수 있는 미술 작업을 통해 손의 기능 향상을 도울 수 있다. 이는 목적상 상이한 면은 있지만 기능적인 측면에서 소근육 운동은 작업치료, 대근육 운동은 물리치료와 많은 연관을 가진다. 또한 미술 작업을 통해 상지기능의 향상과 개선 그리고 소근육의 운동에 도움이 된다는 연구 결과가 보고되고 있다(박대근, 2004).

결국, 소근육 발달은 학령 전 필수적인 습득 능력이고, 자아의식 형성과 인지발달

과도 관련되어 있으므로 지속적인 관심을 가져야 한다. 저하된 소근육 운동의 기능을 향상시키는 데 있어서 필요한 것은 활동과제를 쉽고 간편하게 작은 활동에서부터 시작하여 점진적으로 복잡하고 다양한 활동으로 발전시켜야 한다(유성민, 2010).

3. 소근육 향상을 위한 발달적 미술치료 사례

1) 내담자 인적 사항 및 행동 관찰 내용

이번 사례는 부산광역시에 위치한 S초등학교 3학년에 재학 중이고, □□ 센터에 다니고 있다. 아동은 단정한 옷차림으로 걸을 때 오른쪽 다리가 불편해 보인다. 3학년 또래보다는 키가 크고 체격이 있다. 아동은 눈 맞춤이 어렵고 전반적으로 타인의 이야기를 들을 때 언어적 표현보다 비언어적으로 대답하는 편이 많다.

성명	성별	나이	학력	의뢰자
김○○	여	10세	초등학교 3학년	모

행동 관찰 내용	아동은 키가 145cm 정도의 보통 또래보다 큰 키와 체격을 가지고 있으며, 단정하게 차려입은 모습이다. 치료실에 들어올 때는 걸음걸이가 오른쪽으로 기울면서 불안정해 보이며, 낯선 교실에 들어오기를 망설였지만 금세 "다녀오겠습니다."라고 말하며 들어왔다. 착석 과정에서도 의자를 꺼내기, 의자에 앉을 때 자세를 잡는 모든 행동에서 불편한 오른손은 사용하지 않고 왼손만 사용하는 모습을 보였다. 활동 과정에서도 전혀 오른손을 꺼내 사용하지 않으려고 하며 살짝 주먹을 쥐고 있는 모습을 유지했다. 또한 인사할 때를 제외하고는 눈 맞춤이 어렵고 긴장되어 있어 질문에 대답하기를 어려워하는 모습이 나타났다.

2) 내담자 발달사 및 의뢰경위

아동은 가정에서 자매 중 둘째로 태어났다. 한 달 전쯤에 병원에 방문하였는데, 소아과 의사 선생님이 뇌병변으로 의심된다며 큰 병원에 의뢰할 것을 권하였다. 대학병원 진단 결과 뇌병변이라는 진단명으로 오른쪽 손, 발 사용에 있어 불편함을 가지고 있다. 모(母)의 가장 큰 걱정은 어릴 때부터 지금까지 작업치료, 물리치료를 하고 있지만, 아동의 부자연스러운 손 사용이 타인에게 보여질까 봐 불안하고 걱정이 되어 아무것도 하려 하지 않는다.

아동은 또래와 관계형성의 어려움, 잘 따라가지 못하는 학습과정에 대해 타인과 비교하는 등 불안함과 불편함을 보인다. 또한 타인의 비난, 지적 등에 민감하게 반응하는 빈도수가 높아짐에 따라 정서적·심리적 개입이 필요했다.

아동은 소근육 정교성 및 힘과 조작부분에 있어 어려움을 느껴 사용하지 않으려하고, 어려운 상황을 회피하다 보니 소근육이 점점 굳어져 소근육 향상 및 증진을 위해서 의뢰되었다.

3) 내담자 가족사항

모가 주 양육자이며, 부(父)는 자영업으로 바쁘나 양육에 참여도와 협조도가 높다. 모는 신체적·심리적으로 힘들지만 씩씩하고 당당하게 아동을 돌보는 데 힘을 쏟고 있으며, 언니는 신체가 불편한 동생에게 친절하게 대해 주려고 노력한다.

가족관계	학력	나이	직업	특징
부	대졸	46세	자영업	양육에 주도적으로 협조함
모	대졸	43세	전업주부	양육에 관심이 많음
언니	초등학교 5학년	12세	초등학생	성실하고 친절함
내담자	초등학교 3학년	10세	초등학생	뇌병변

4) 내담자 호소문제

모가 바라본 아동의 주 호소문제는 학교 및 가정에서의 과제수행 시 의욕이 없고 소근육 사용이 원활하지 않으며, 가정에서 급격히 많아진 짜증과 공격성이 걱정된다고 호소하고 있다.

주 호소 문제	모	학교: 특수교사 선생님과 개별적으로 있을 때는 양손을 사용한 과제수행에 있어 빠른 포기, 소근육에 힘을 주어 사용하지 않는 깃을 주 호소문제로 보고 있다. 통합교육 상황에서는 과제수행을 하지 않고 가만히 있거나 짜증을 내는 모습, 또래 아이들과 상호작용하지 않으려는 태도를 주 호소문제로 말하고 있다. 가정: 모가 하는 것은 다 싫고 짜증을 내며 거부하는 행동이 부쩍 많아지고, 아기처럼 행동으로 표현하는 것이라고 하였다.
	아동	치료실에 대해서 특별한 흥미는 없으나, 놀고 싶다고 표현하였다.

5) 진단명

뇌병변(오른쪽 편마비)으로 진단받았다.

6) 치료자가 본 내담자의 문제(사례개념화)

- 안정적인 양육 환경에 노출되어 있지만, 신체적인 불편함으로 인해 새로운 것에 도전하지 않으려고 하며 위축과 불안 등 심리적인 문제를 보인다.
- 양손 사용에서 특히 오른손의 지지대 역할이 제대로 이루어지지 않고, 소근육의 정교성이 원활하지 못하여 또래보다 수행능력이 낮아 자존감이 많이 떨어져 있는 상태이다.
- 심리가 불안하여 과제수행에서 지속하고 집중하는 것이 어렵다.
- 강점: 미술활동에 대한 기대와 활동하고 싶은 마음은 가지고 있다.
- 취약점: 미숙한 오른손 기능과 낮은 자존감으로 인해 새로운 과제 도전을 두려워하였다.

7) 상담 목표 및 전략

목표
- 매체를 통한 흥미 유발과 수행 참여를 증진한다.
- 소근육 사용의 빈도수를 늘리고, 조작능력을 향상시킨다.

치료전략
- 아동의 심리상태를 이해하고, 아동의 감정을 공유할 수 있도록 부모와 상담을 지속적으로 유지한다.
- 활동 시, 치료사는 아동의 작은 움직임 및 표정, 언어적 표현에 관심을 가지고 일관되고 적극적으로 반응하여 소근육 사용을 재경험하도록 돕는다.
- 쉽고 간단하게 조작하는 경험을 통해 성취감을 충분히 갖도록 하고, 점차 어려운 과제에도 도전하여 양손을 쓸 수 있도록 지지하고 격려한다.
- 작품을 완성하는 과정에서 긍정적인 지지를 통해 아동이 성취감과 자신감을 가지도록 돕는다.
- 작품을 만드는 과정이나 완성한 후, 작품을 통한 정서적인 표현을 격려해 준다.

8) 치료기간 및 장소

치료는 20○○년 5월 1일부터 주 1회 40분간 □□ 센터 미술치료실에서 실시하였다.

9) 회기별 소근육 향상 프로그램

회차	활동명	활동내용	활동재료
1	입체 휴지 그림	• 라포 형성 • 활동에 대한 전반적인 소개 • 새로운 환경 탐색 • 자유롭게 그림을 그리고 휴지를 뭉치고 물감을 찍어 표현하기	켄트지, 물감, 붓, 물통, 휴지, 연필, 지우개, 색연필, 사인펜
2	습자지 그림	• 라포 형성 • 새로운 매체 탐색 • 습자지의 촉감을 느껴보고, 소근육의 힘을 사용하여 결대로 찢음 • 찢은 습자지를 붙여 나무로 형상화하기	습자지, 켄트지, 연필, 투명테이프, 수채도구
3	스티커 색종이 그림	• 라포 형성 • 새로운 매체 탐색 • 가위를 이용해 스티커 색종이를 오리기 • 스티커 색종이 조각의 필름지를 뜯은 후 제시된 이미지에 붙여 표현하기 • 완성한 이미지로 이야기 나누기	스티커 색종이, 가위, 켄트지, 색연필, 사인펜
4	접은 물방울 입체 그림	• 착석 유지 • 눈 마주치고 이야기 나누기 • 색종이를 길게 자르며 소근육 연습 • 최대한 간격을 맞춰 길게 자르기 • 긴 색종이를 물방울 모양으로 만들기	색종이, 가위, 투명테이프
5	에어캡 포장지 그림	• 눈 마주치고 이야기 나누기 • 에어캡 위에 속상하거나 싫어하는 것에 대한 이미지를 표현해 보기 • 양손을 사용해서 에어캡을 터트려 스트레스를 해소해 보기	에어캡 포장지, 매직, 아크릴물감, 뿅망치
6	칸에 점토 맞춰 붙이기	• 눈 마주치고 이야기 나누기 • 손의 압력을 사용해 점토를 주무르기, 누르기, 밀기 등 소근육 사용해 보기 • 색색의 점토를 통해 풍성한 작품 만들기	색 점토, 매직, 우드락
7	할핀 그림	• 착석 유지 • 눈 마주치고 이야기 나누기 • 우드락에 할핀을 자유롭게 끼우기 • 밑그림이 그려진 곳에 할핀을 끼워 이미지를 완성하기	우드락, 할핀, 켄트지, 물감, 붓, 물통, 매직

8	바느질 그림	• 착석 유지 • 눈 마주치고 이야기 나누기 • 밑그림에 바느질을 진행 • 완성된 바느질 그림에 채색하기	우드락, 플라스틱 바늘, 털실, 매직
9	모루 구슬 꿰기	• 착석 유지 • 좋아하는 동물을 통해 흥미 유발 • 동물의 꼬리 부분을 모루와 구슬로 표현 • 모루 안에 구슬을 넣는 과정 반복	구슬, 모루, 사인펜, 색연필, 투명테이프, 머메이드지, A4 용지
10	골판지 잠자리 만들기	• 착석 유지 • 긴 골판지를 동그랗게 말 때, 형태가 흐트러지지 않도록 손으로 고정하여 수행하기 • 색 나무막대 위에 말아 놓은 골판지를 붙여 잠자리로 형상화하기	색 골판지, 가위, 투명테이프, 색 나무막대, 눈알, 흰 종이, 글루건
11	밀가루 피자 만들기	• 좋아하는 음식을 통해 흥미 유발 • 소근육을 사용하여 밀가루 반죽하기 • 반죽과 색종이 조각으로 피자 완성하기	일회용 접시, 밀가루, 물, 반죽용 봉지, 색종이, 가위, 물감, 목공용 풀 (다양한 꾸밈재료)
12	색 고무줄 공예	• 색 고무줄을 이용하여 흥미 유발 • 색 고무줄을 당겨서 고정판에 끼우며 소근육 힘과 조작기능 향상 • 충분한 연습 후, 팔찌를 만들어 성취감 느끼기	색 고무줄, 막대, 고정찰흙, 고정판, 코바늘

단, 수행 거부가 심할 경우 또는 아동 상황에 따라 매체와 프로그램이 달라질 수 있다.

4. 소근육 향상을 위한 발달적 미술치료 프로그램 실제

이 절은 소근육 발달이 지연된 아동을 위해 소근육 기능 향상을 돕는 발달적 미술치료 프로그램으로 구성되어 있다. 다양한 미술매체를 이용하여 소근육뿐만 아니라 아동의 눈-손 협응, 양손 협응, 시각적 변별력, 시지각 등 부가적인 영역의 발달을 돕고 있다.

각 프로그램은 치료적 개입의 정도에 따라 ★의 개수로 명료하게 표기하고 있으며, 프로그램에서 사용되는 매체는 접근성이 좋고 아동의 소근육을 자극할 수 있는 매체를 사용하였으며, 주 1회, 월 4회의 총 12회기, 3개월 프로그램으로 구성되었다.

소근육

1 습자지 그림

소근육 및 양손 협응력 향상을 위한 미술치료 프로그램

소근육	★★★
양손 협응	★★★
촉지각	★★
집중력	★

습자지는 글씨 쓰기를 연습할 때 쓰는 얇은 종이로 가격이 저렴하고 여러 가지 색이 있어 미술활동을 할 때 다양한 활동이 가능하다. 그중 습자지의 장점으로는 결이 있어 결대로 종이를 찢는 작업을 할 수 있으며, 또한 종이가 얇아 구기거나 뜯는 작업이 용이하므로 이는 아동의 손끝 활동인 소근육과 양손 사용 증진을 자극한다.

🌸 **목적:** 소근육 발달 돕기, 촉지각 자극, 양손 협응력, 집중력 향상

🌸 **재료:** 습자지, 켄트지, 연필, 투명테이프, 수채도구

🌸 **제작과정**

1. 켄트지에 나무를 그린다.
2. 습자지를 세로로 길게 찢는다.
3. 아동이 그리고 싶은 그림을 여백에 자유롭게 그리도록 한다.
4. 색칠을 한다.
5. 길게 찢은 습자지를 투명테이프로 나뭇잎의 부분에 거꾸로 붙인다.
6. 손바닥을 이용해 습자지로 표현한 나뭇잎을 손으로 쓸어내려 완성한다.

1단계: 나무를 그린다.

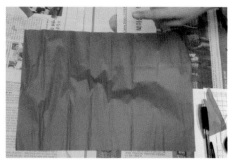

2단계: 습자지를 찢는다.

3단계: 찢은 습자지를 거꾸로 붙인다.

4단계: 손으로 쓸어내려 완성한다.

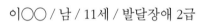 사례

이○○ / 남 / 11세 / 발달장애 2급

···▶ 아동은 나무 옆에 사람을 그렸고, 투명테이프를 뜯는 자극과 습자지를 찢는 자극에 높은 흥미를 보였다.

소근육

② 스티커 색종이 그림

소근육 및 공간지각 향상을 위한 미술치료 프로그램

소근육	★★★
공간지각	★★
양손 협응	★

특수아동들은 때때로 스티커를 떼어 내는 것에 힘듦을 호소하는데, 이는 손끝 활동을 반복해 소근육 발달을 촉진시켜야 하는 작업 중 하나이다. 그중 선명하고 다양한 원색의 스티커는 시각적인 자극을 통해 아동의 흥미를 유발할 수 있어 지루한 작업에 유용하게 사용될 수 있다.

또한 완성된 작품을 다른 화지에 그대로 모방해서 그려 보는 것은 공간을 이동시켜 재구성하고 형태를 인식하는 기능 향상에 도움을 줄 수 있다.

🌸 **목적:** 소근육 및 양손 협응, 공간지각 향상 돕기

🌸 **재료:** 스티커 색종이, 가위, 켄트지, 색연필, 사인펜

🌸 **제작과정**

1. 스티커 색종이를 마구 오린다.
2. 오린 스티커 색종이를 자유롭게 붙여 준다. 이때 이미지를 표현하여도 되고 특정 이미지를 표현하지 않아도 된다.
3. 스티커 색종이를 붙여서 표현한 그림을 보고 모방하여 그려 본다.
4. 완성된 작품을 보며 소감을 나눈다.

1단계: 스티커 색종이를 마구 오린다.

2단계: 스티커를 떼어 내고 붙여 준다.

3단계: 스티커 색종이를 마구 오린 뒤 붙여 표현하고 모방하여 그려 본다.

❀ 사례

이○○ / 남 / 8세 / 발달장애 2급

⋯▶ 아동은 유니콘을 표현하였는데, 시각적인 민감성이 낮고 주의집중이 어려웠다.

소근육

❸ 에어캡 포장지 그림

소근육 및 촉감각 경험을 위한 미술치료 프로그램

소근육   ★★★
촉감각   ★★
눈−손 협응 ★

에어캡 포장지는 비닐 안에 공기가 들어 있어 올록볼록한 질감을 가진다. 이러한 질감으로 인해서 그림을 그릴 때 평평하지 않아 위치를 잘 선정해야 하고, 그리기 쉽게 소근육 힘을 사용하여 중심을 잘 고정해 줘야 한다. 이 과정을 반복하였을 때 소근육 기능이 향상될 수 있으며, 공기방울을 터트리는 과정에서 아동의 흥미 유발과 촉감각 자극을 경험할 수 있다.

🌸 **목적:** 촉감각 자극, 소근육, 눈−손 협응 발달 돕기

🌸 **재료:** 에어캡 포장지, 매직, 아크릴물감

🌸 **제작과정**

1. 에어캡 포장지에 자유롭게 그림을 그린다.
   단, 연령에 따라 나쁜 기억과 같은 주제를 제시하는 것도 방법이 된다.
2. 그림을 그린 에어캡 포장지를 손끝으로 만지며 어떤 촉감이 느껴지는지 이야기 나눈다.
3. 완성한 그림 내용에 대해서 이야기 나누고, 먼저 손가락을 사용해 터트려 보고 손바닥, 손등, 주먹 등의 순으로 해 본다. 그 다음 책상 위에 올라가 발로 밟으며 감정을 표현한다.

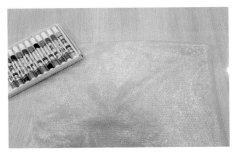 

에어캡 포장지에 자유롭게 그림을 그린다.

🌸 **사례 1**

문○○ / 남 / 17세 / 지적장애 3급

⋯ 아동이 싫어하는 것들을 표현하였다.
에어캡 포장지에 싫었던 기억을 간단한 형태로 표현(인지적인 이유로 이미지화가 어려움)하
고 손과 발로 터트리며 기억들을 지웠다.

🌸 **사례 2**

김○○ / 여 / 10세 / ADHD

⋯ 아동은 엄마에게 혼이 나는 장면을 그렸다.
동생과 비교당하며 늘 잔소리만 하는 엄마와의 갈등이 힘들
다고 하였고, 엄마에 대한 두려움을 표현하였다.

소근육

4 밀가루 피자 만들기

소근육 향상과 촉감각을 통한 흥미 유발 미술치료 프로그램

소근육	★★★
촉감각	★★★
흥미 유발	★★
양손 협응	★

밀가루는 반죽 전과 후로 나눌 수 있는데, 반죽 전에는 고운 입자로 부드러운 촉감을 제공하고 반죽 후에는 찐득하고 찰진 촉감을 경험할 수 있다. 가루 또는 반죽 상태의 밀가루 질감은 손끝 신경을 자극하고, 밀가루에 물을 붓고 반죽해 보면서 소근육 기능 향상에 도움을 줄 수 있다. 또한 반죽으로 변화하는 과정을 살펴보면서 촉감각과 흥미를 자극하고 작품 활동에 동기를 부여해 줄 수 있다.

✿ **목적:** 소근육, 양손 협응, 촉감각을 통한 흥미 유발

활동 1. 밀가루를 탐색하면서 촉감각을 자극하고, 반죽을 하며 소근육 기능의 향상을 돕는 활동

활동 2. 화지에 피자 이미지를 직접 창의적으로 구상하여 그린 후 이미지를 보고 모방하여 만드는 활동

[활동 1] 반죽을 통한 피자 만들기

✿ **재료:** 일회용 접시, 밀가루, 물, 반죽용 봉지(투명비닐봉지), 색연필, 색종이, 가위, 물감, 물통, 목공용 풀, 꾸밀 수 있는 다양한 재료

✿ **제작과정**

1. 밀가루 반죽 전과 후를 만져보며 소근육 사용과 촉감각을 경험한다.

단, 촉각 방어가 있는 아동은 투명비닐봉지 안에 넣어 만져보는 것으로 시작해
점차 밀가루를 직접 만지는 것으로 시도할 수 있다.

2. 밀가루에 물을 넣어 반죽을 한 후 접시에 눌러 담아 피자의 도우를 완성한다.

3. 완성한 도우에 물감으로 피자 소스를, 색종이로 토핑을 만들어 꾸며 준다.

1단계: 넓은 종이 또는 비닐 위에서 밀가루의 질감
을 탐색해 본다.

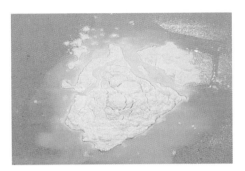

2단계: 밀가루를 반죽한다.

3단계: 밀가루 반죽을 접시에 담아 아동이 원하는
색으로 물들여 준다.

4단계: 색종이를 마구 잘라 꾸며 준다.

5단계: 4단계에서 마무리해도 되고, 접시를 꾸며
완성도를 높여도 된다.

❀ **사례**

강○○ / 여 / 9세 / ADHD

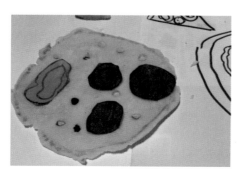

⋯▶ 아동은 손을 이용하여 밀가루 반죽을 하였으며, 엄마가 해 주는 감자전이라고 이야기하였다. 감자전에 색종이를 이용해서 꾸며 주었고, 접시는 필요하지 않아 생략하였다.

[활동 2] 시각적 자극을 통한 피자 만들기

❀ **재료:** A4 용지, 연필, 지우개, 색연필, 일회용 접시, 밀가루, 물, 반죽용 봉지(투명비닐봉지), 색종이, 가위, 물감, 물통, 목공용 풀, 꾸밀 수 있는 다양한 재료

❀ **제작과정**

1. 내가 만들고 싶은 피자를 A4 용지에 그림을 그리며 이야기 나눈다.
   (예: 어떤 재료가 들어갈 것인지, 모양은 어떻게 만들 것인지 구상하고 그려 본다.)
2. 투명비닐봉지에 밀가루와 물을 조금씩 넣으며 반죽을 한다.
3. 밀가루 반죽이 완성되면 일회용 접시에 밀가루 반죽을 놓고 눌러 준다.
4. 밀가루 반죽 도우에 물감을 이용하여 피자 소스를 발라 준다.
   피자 소스 색은 아동이 선택하게 하고, 굳이 빨간색이 아니라도 가능하다.
5. 다양한 재료(색종이, 빨대, 폼폼이 등)로 피자에 토핑을 만들어 준다.
   토핑뿐 아니라 목공용 풀을 이용하여 하얀색 치즈도 표현해 볼 수 있다.
6. 완성된 작품을 보며 소감을 나눈다.

1단계: 밀가루를 반죽한다.

2단계: 붉은색 물감을 칠해 토마토소스를 만든다.

3단계: 색종이를 이용하여 토핑을 올린다.

4단계: 목공용 풀로 치즈를 표현한다.

🌸 **사례**

이○○ / 여 / 11세 / 지적장애 3급

⋯▸ 아동은 평소에 보고 익숙한 피자 모양을 선호하며 먹지는 못하지만 피자에는 항상 피망이 들어 있기 때문에 피망을 꼭 만들어야 한다고 하였다. 손에 힘을 사용하여 반죽도 잘 만들고, 계획한 대로 야채, 올리브 등을 토핑으로 표현하고, 피망은 모양이 제대로 나오지 않아서 치료사의 도움을 받았고, 치즈를 뿌린 피자를 완성하였다.

소근육

5 색 고무줄 공예

소근육과 양손 협응 기능 향상을 위한 미술치료 프로그램

소근육	★★★
양손 협응	★★★
눈–손 협응	★★★
집중력	★★

색 고무줄은 소근육의 힘과 특히 손가락 사용을 필요로 하는 매체이다. 따라서 고무줄을 엮거나 꼬아서 만드는 작업을 통해 소근육 발달과 양손 협응 기능 발달을 촉진할 수 있다. 아동의 인지수준과 소근육의 정교성에 따라 점차 난이도가 높은 작품 활동으로 확장하여 적용할 수 있으며, 작업치료로 대체 가능하다.

✿ **목적:** 소근육 촉진, 양손 협응력, 눈–손 협응력, 집중력 향상

✿ **재료:** 색 고무줄, 막대, 고정찰흙, 고정판, 코바늘

✿ **제작과정**

1. 고정판을 이용하거나, 찰흙에 막대를 두 개 꽂아서 고정판을 만든 후 이용할 수 있다.
   소근육의 기능이 높아지면 고정판을 대신하여 두 개의 막대를 손가락에 고정하여 수행할 수 있다(p. 103 가장 마지막 사진 참조).
2. 고정판에 고무줄을 걸고 엮는 과정을 반복하여 작품을 만든다.
3. 아동 스스로 작품을 완벽하게 만들 수 있으면 난이도를 높여 다른 방법으로 작품을 만들 수 있다.
   인터넷에 올라 있는 도안을 참고하여 치료사가 지도하여도 된다.
4. 작품을 완성한 뒤 소감을 나눈다.

찰흙에 막대를 꽂아 고무줄을 엮는 모습이다.

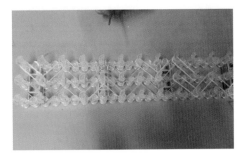

시중에서 쉽게 구할 수 있는 기성품 고정판을 이용하여 만든 모습이다.

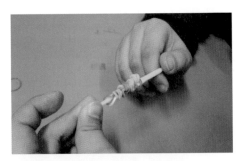

코바늘을 이용하여 색 고무줄 공예를 하는 모습이다.

소근육 강화를 위해 손가락에 막대를 고정하여 색 고무줄
공예를 하는 모습이다.

🌸 사례 1

김○○ / 남 / 8세 / 지적장애

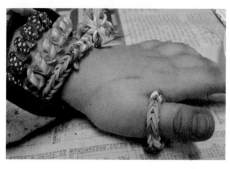

···› 아동은 소근육 사용이 원활하지 않아 3개
월 동안 짧게 엮는 방법으로 훈련하였다.
지속적인 반복을 통해 간단한 방법으로
고무줄을 엮어 반지를 완성할 수 있었다.

🌸 사례 2

최○○ / 여 / 9세 / 발달장애

···› 반지 만들기보다 더 많은 개수의 고무줄
을 사용하여 팔찌를 만들었다. 아동은 팔
찌를 완성하는 동안 집중하여 소근육을
사용하였고, 완성 후 작품에 대한 애착을
보였다.

🌸 사례 3

이○○ / 남 / 9세 / ADHD

···› 손가락으로 고무줄을 엮는 방법보다 조금
더 어려운 단계로, 도구(코바늘)를 사용해
고무줄을 엮어서 만드는 방법이다.
아동은 코바늘로 고무줄을 엮어서 꽃을
만들어 팔찌에 연결하여 완성하였다. 지
속적으로 소근육 사용의 반복 훈련을 통
해 완성도와 아름다움을 함께 느낄 수 있
는 작품으로 탄생되었다.

🌸 사례 4

강○○ / 남 / 12세 / 지적장애

···› 아동은 1년 동안 반복 수행을 통해 도구
사용이 가능해져 조금 더 정교한 작업 수
행에 도전하였다.

소근육

6 접은 물방울 입체 그림

소근육 향상과 눈-손 협응을 위한 미술치료 프로그램

소근육	★★★
양손 협응	★★★
눈-손 협응	★★★
집중력	★★

색종이는 아동이 친숙하게 다룰 수 있는 매체이다. 색종이를 타원형으로 말기 위해서는 눈-손 협응력과 양손 협응력이 필요하며, 소근육 발달이 미숙한 아동에게 도움을 줄 수 있다.

⚜ **목적:** 소근육 발달, 눈-손 협응력, 양손 협응력 향상

⚜ **재료:** 색종이, 가위, 투명테이프

⚜ **제작과정**

1. 색종이를 길게 잘라 준비한다.
   아동이 오리기 수행이 가능하면 아동이 색종이를 직접 자른다.
2. 길게 오린 색종이를 물방울 모양으로 말아서 투명테이프로 고정한다.
3. 만들어진 물방울 모양의 색종이를 이용해 형태를 만든다.
   아동의 발달수준을 고려하여 이미지 표현이 어렵다면 치료사가 밑그림을 제시한다.
4. 완성된 작품을 보며 소감을 나눈다.

1단계: 색종이를 길게 자른다.

2단계: 동그랗게 물방울 모양을 만든다.

3단계: 색종이 말기를 여러 개 만든다.

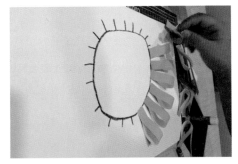

4단계: 이미지를 그리고 색종이를 붙인다.

5단계: 완성한다.

🌸 **사례 1**

김○○ / 남 / 10세 / 발달장애

⋯▸ 아동은 비행기라고 표현하였으며, 긴 색종이의 양끝을 붙이기 위해서 부단히 노력함이 보였다. 수행에 성공하자 아동은 자신감 있게 색종이를 말아 물방울 모양으로 만들었으며, 작품이 완성된 후에도 만족감이 컸다.

🌸 **사례 2**

이○○ / 여 / 8세 / 발달장애

⋯▸ 처음에는 아동이 풀을 이용하여 붙이려고 했으나, 손의 힘이 부족하여 수행에 어려움을 느껴 투명테이프를 이용하여 색종이로 물방울 모양을 만들었다. 색종이의 양끝을 하나로 만드는 과정에서 소근육의 힘이 약해 정확히 위치를 맞추기 어려웠다. 그래서 치료사의 도움을 받아 물방울 모양을 완성한 이미지를 보고 사자라고 이야기하여 귀를 만들어 작품의 완성도를 높였다.

소근육

7 입체 휴지 그림

소근육 향상 및 촉감각을 위한 미술치료 프로그램

소근육	★★★
촉감각	★★
눈-손 협응	★

　휴지를 구기거나 뭉쳐 만드는 과정은 소근육의 큰 힘을 필요로 하지 않으므로 소근육의 힘이 약한 아동이 쉽게 다룰 수 있는 장점이 있다. 휴지를 구기거나 뭉치기, 꼬아서 만든 조각들은 일정한 형태가 없고 쉽게 원하는 형태로 만들 수 있기 때문에 아동으로 하여금 흥미를 불러일으킬 수 있으며, 이를 이미지에 붙이는 활동을 통해 눈-손 협응 발달을 도울 수 있다.

🌸 **목적:** 촉감각 자극, 소근육, 눈-손 협응 향상

🌸 **재료:** 켄트지, 물감, 붓, 물통, 휴지, 연필, 지우개, 종이컵, 물

🌸 **제작과정**
1. 아동과 이야기를 나누고 자유롭게 그림을 그린다.
　아동이 그릴 수 없는 경우, 치료사가 그림을 선택하여 수행 진행에 도움을 준다.
2. 그림 중 아동이 마음에 드는 대표적인 형태 몇 가지를 고른다.
3. 휴지를 양손으로 뭉친다.
4. 휴지 뭉친 것을 그림 위에 올린다.
5. 종이컵에 물과 물감을 섞어 휴지 뭉친 것에 색칠한다.
6. 완성된 작품을 보며 소감을 나눈다.

1단계: 밑그림을 그린다.

2단계: 색칠하고 강조하고 싶은 부위에 휴지 뭉친 것을 붙여 준다.

3단계: 휴지에 물감을 흠뻑 적셔 준다.

🎨 사례

서○○ / 여 / 7세 / 지적장애 3급

⋯▸ 아동은 소근육 사용이 원활하지 못하여 여자 얼굴을 정교하게 색칠하지 못하고, 마구 색칠하였다. 휴지를 뭉치는 과정에서는 원하는 형태로 쉽게 만들어지자 양손으로 꾹꾹 누르며 뭉치는 활동을 즐겼다. 또한 물감이 휴지에 흡수되는 모습이 신기하고 재미있었는지 미소를 보이며 한참 동안 활동에 몰두하는 모습을 보였다.

소근육

8 칸에 점토 맞춰 붙이기

소근육 향상과 촉감각 경험을 위한 미술치료 프로그램

소근육	★★★
촉감각	★★★
눈-손 협응	★★
공간지각	★★

점토는 무른 특성을 가지고 있어 촉감각을 자극하고 심리적 안정감을 제공하며 퇴행을 도울 수 있다. 또한 점토를 주무르고 형태를 만드는 과정은 소근육 사용이 빈번하게 이루어지기 때문에 소근육 기능을 향상시키는 데 도움이 될 수 있으며, 제한된 공간에 점토를 붙여 구성을 한다면 시각 집중력 향상에도 도움을 줄 수 있다.

🖌 **목적:** 촉감각 자극, 소근육, 눈-손 협응력, 공간지각 향상 돕기

🖌 **재료:** 색 점토, 우드락, 매직

🖌 **제작과정**

1. 우드락에 매직으로 테두리를 그리고 자유롭게 칸을 나눈다.
2. 다양한 형태와 크기의 칸에 색 점토를 알맞게 뜯어 손으로 꾹꾹 눌러가면서 붙여 준다.
3. 작품을 완성한 뒤 소감을 나눈다.

우드락에 매직으로 칸을 나누고 색 점토를 붙여 완성한다.

🌸 사례 1

강○○ / 여 / 10세 / ADHD

⋯ 아동은 평소 주의가 산만하고 집중이 어려운
데, 점토를 통한 공간구성 수행 시 집중력이 높
았다. 손으로 누르는 작업에서 흥미를 보였다.

🌸 사례 2

박○○ / 남 / 10세 / 발달장애 2급

⋯ 아동은 양손 및 눈-손의 협응이 어려워 칸에
맞추어 점토를 붙이는 수행을 힘들어하였다.
하지만 점토를 주무르는 활동을 하면서 촉감
각 자극에 흥미를 보였고, 작품도 스스로 완
성하게 되어 만족감을 표현하였다.

소근육

9 모루 구슬 꿰기

소근육과 눈–손 협응을 위한 미술치료 프로그램

소근육 ★★★
눈–손 협응 ★★★
양손 협응 ★★

구슬 꿰기는 한 손으로 구슬을 잡고 다른 한 손으로 실을 잡아 꿰어야 하는 과정이 필수적이다. 이러한 구슬 꿰기 활동은 소근육 및 눈–손 협응 발달에 도움을 줄 수 있다.

모루는 안에 철사로 이루어져 있어 만든 형태를 잘 유지할 수 있는 장점이 있다. 따라서 실이나 낚싯줄보다 쉽게 조작할 수 있어 소근육의 정교성과 힘이 부족한 아동에게는 좌절경험을 덜어 줄 수 있으며, 그로 인한 성취감을 경험할 수 있도록 돕는다.

❋ **목적:** 소근육 발달, 눈–손 협응력, 양손 협응력 향상
　활동 1. 모루로 동물의 꼬리를 만들어 주고, 꼬리에 구슬을 꿰는 활동
　활동 2. 제공된 단서에 따라 동물을 선택하고, 제시된 개수의 구슬을 꿰는 활동

[활동 1] 동물 꼬리 꿰기

❋ **재료:** 구슬, 모루, 사인펜, 색연필, 투명테이프, 머메이드지 또는 우드락, 가위

❋ **제작과정**
1. 동물에 대해 이야기를 나누고 머메이드지 또는 우드락에 동물을 그려 가위로 오린다.

2. 동물 그림의 꼬리 부분에 모루를 연결한다.

3. 모루를 이용하여 꼬리에 구슬을 꿴다.

4. 완성된 작품을 보며 소감을 나눈다.

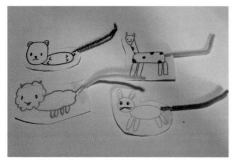
1단계: 동물을 만들어 꼬리에 모루를 붙인다.

2단계: 모루에 구슬을 꿴다.

🌸 **사례**

박○○ / 남 / 6세 / 발달장애

⋯▸ 아동은 언어적 표현이 많지 않고 소근육의 정교성이 낮은 특성이 있다.
치료사가 고양이 그림을 그려 주고 "이건 고양이야."라고 말하니, 아동은 "고" "야" "이"라고
한 음절씩 말을 하며 기분이 좋아 보였다. 또한 꼬리에 구슬을 꿰는 활동을 하면서 다소 시간
은 오래 걸렸으나, 천천히 구슬을 꿰어 완성하였다.

[활동 2] 단서에 맞춰 동물 꼬리 꿰기

🌸 **재료:** 구슬, 모루, 사인펜, 색연필, 투명테이프, 머메이드지 또는 우드락, A4 용
지, 연필, 가위

🌸 제작과정

1. 동물에 대해 이야기를 나누고 머메이드지 또는 우드락에 동물을 그려 가위로 오린다.
2. 동물 그림의 꼬리 부분에 모루를 연결한다.
3. A4 용지에 동물 이름 / 구슬의 개수 등을 적은 여러 종류의 카드를 만들어 내용이 보이지 않도록 뒤집어 놓는다.
4. 카드를 뽑은 후, 카드에 적혀 있는 동물 이름 및 구슬의 개수를 맞춰 꼬리에 구슬을 꿰는 작업을 한다.
5. 작업을 마치고 소감을 나눈다.

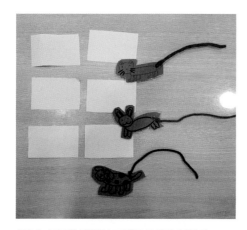

1단계: 동물을 만들어 꼬리에 모루를 붙인다.

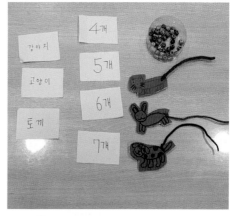

2단계: 종이에 동물 이름, 구슬의 개수를 적어서 준비한다.

3단계: 동물 이름, 구슬 개수 카드를 뽑아 동물의 꼬리를 완성해 준다(반복하여 작업이 가능하다).

★ 사례 1

서○○ / 여 / 9세 / 발달장애

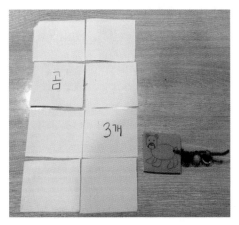

⋯▶ 치료사는 아동이 좋아하는 동물들을 우드락에 그려 주었다.
아동은 카드를 뽑은 후, 제시된 내용에 따라 동물을 변별하고 구슬의 개수도 정확하게 꿰어
완성하였다.

★ 사례 2

황○○ / 여 / 7세 / 발달장애

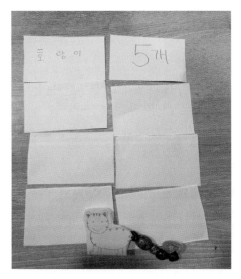

⋯▶ 치료사가 아동과 이야기를 나눈 후 호랑이, 강아지, 토끼, 고양이의 네 마리 동물을 그려 주었
다. 아동은 손에 힘은 있으나 정교성이 부족하여 모루에 구슬을 꿰는 수행을 어려워하였다.
하지만 아동이 꼬리에 구슬을 넣고 싶어 포기하지 않고 도전하여 수행에 오랜 시간이 걸렸지
만 완성하여 성취감을 느꼈다.

소근육

10 골판지 잠자리 만들기
소근육과 양손 협응력 향상을 위한 미술치료 프로그램

소근육	★★★
양손 협응	★★★
눈–손 협응	★★

골판지를 말아서 고정하면 손쉽게 입체감을 줄 수 있으며, 다양한 매체와 접목해서 꾸미기가 용이한 장점이 있다. 그러나 골판지를 말아 동그란 형태로 만들기란 쉽지 않다. 그 이유는 원의 형태가 잘 유지될 수 있도록 양손의 협응력과 소근육의 정교성이 요구되기 때문이다. 따라서 골판지를 말아서 작품을 만드는 과정은 조금 더 어려운 과제 수행을 통해 소근육의 정교성과 양손의 협응력을 연습하는 아동에게 좋은 활동이 될 수 있다.

❀ **목적:** 소근육 향상, 양손 협응력, 눈–손 협응력 돕기

❀ **재료:** 색 골판지, 가위, 양면테이프, 투명테이프, 색 나무막대, 글루건, 눈알

❀ **제작과정**
1. 아동에게 골판지를 마는 모습을 보여 준다.
2. 아동이 스스로 골판지를 끝까지 말아 골판지 끝을 투명테이프로 고정시켜 준다. 이때, 손을 중간에 떼면 골판지가 풀릴 수 있어서 끝까지 잡고 있어야 한다.
3. 골판지를 반으로 자르고 작게 말아 잠자리의 눈을 만들어 준다.
4. 여러 개의 골판지를 동그랗게 말아 몸통으로 사용한다.
5. 눈과 몸통을 붙이기 전, 색 나무막대 중간 부분에 물방울 모양으로 만든 날개를 미리 붙여 놓는다.

6. 만들어진 색 나무막대에 작은 크기의 눈 두 개를 붙이고 나머지는 몸통으로 잠
   자리를 만든다.

   나무막대에 양면테이프를 사용해 붙일 수 있으나, 글루건을 사용 시 치료사의
   도움을 받는다.

7. 완성된 작품을 보며 소감을 나눈다.

1단계: 긴 골판지를 눈, 몸통, 날개로 나누어 준비
한다.

2단계: 골판지를 손으로 동그랗게 만다.

3단계: 작은 동그라미는 눈, 큰 동그라미는 몸통으
로 사용한다.

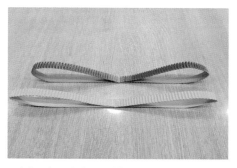

4단계: 긴 골판지를 물방울 모양으로 만든다.

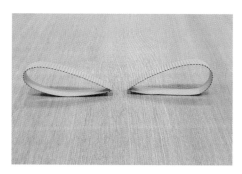

또는 4단계에서 반으로 잘라 각각의 물방울 모양으
로 만들어도 무방하다.

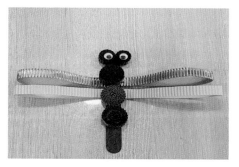

5단계: 색 나무막대에 눈, 날개, 몸통을 붙여 완성
한다.

❋ **사례 1**

김○○ / 남 / 15세 / 발달장애

⋯▶ 아동은 골판지를 마는 수행은 잘하나, 원으로 완성된 골판지에 풀로 붙여 마감을 하는 과정에서 계속 모양이 흐트러져 다시 수행해야 하는 상황이 반복되었다.

❋ **사례 2**

김○○ / 여 / 10세 / 발달장애

⋯▶ 아동은 어려운 과제나 활동 시, 긴장과 위축이 높아지는 특성이 있다. 따라서 골판지를 마는 활동을 시도하기까지 10~15분 정도 시간이 걸렸으나, 하나씩 완성해 나가면서 자신감을 보이는 모습이 보였다.

❋ **사례 3**

이○○ / 여 / 9세 / ADHD

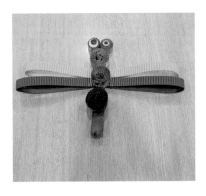

⋯▶ 아동은 산만함으로 인해 골판지를 말면서 계속 골판지가 풀리는 과정이 반복되었다. 그러나 포기하지 않고 연습을 거듭해서 결국 골판지 말기에 성공하여 잠자리를 완성할 수 있었다.

소근육

▣ 바느질 그림

소근육과 양손 협응력 향상을 위한 미술치료 프로그램

소근육	★★★
눈－손 협응	★★★
양손 협응	★★
집중력	★★

바느질은 높은 기능의 눈－손 협응과 집중력을 요구하며, 완성된 작품을 통해 아동의 만족도가 높다. 또한 실생활에서 떨어진 단추를 꿰는 등의 자조능력 향상에 도움을 줄 수 있으며, 다양한 작품에 응용이 가능한 장점이 있다.

특수아동의 경우 소근육의 조절능력이 미숙하므로 처음부터 바늘을 사용하기에는 위험성이 따른다. 따라서 안전한 플라스틱 바늘로 바느질을 연습할 수 있는 기회가 필요하다.

🎨 **목적:** 소근육, 눈－손 협응력, 양손 협응력, 집중력 향상

🎨 **재료:** 우드락, 플라스틱 바늘, 털실, 매직

🎨 **제작과정**

1. 우드락에 매직으로 간단한 그림을 그린다.

　(홈질기법이 가능한 아동은 바느질을 통하여 바로 그림을 표현하여도 된다.)

2. 밑그림에 홈질을 통한 바느질을 한다.

3. 여백에 어울리는 그림을 그리고 마무리한다.

　(뒷면이 엉키거나 바느질이 서툴러도 지적하지 않도록 한다.)

우드락에 홈질을 하는 모습이다.

홈질을 통해 바느질을 하는 모습이다.

⭐ 사례 1

이○○ / 여 / 7세 / 발달장애 2급

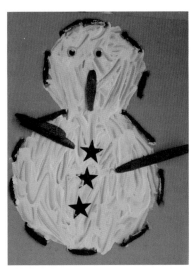

⋯ 아동은 평소 상동행동으로 인하여 활동이 지속되지
못하고, 높은 집중을 요구하는 바느질 수행에 다소 힘
들어하였다. 하지만 시간이 지날수록 능숙해졌으며,
작품을 통해 만족감을 나타내었다.

✿ 사례 2

이○○ / 여 / 8세 / 지적장애 3급

⋯▶ 아동은 지적장애로 눈과 손의 협응이 어려웠다. 작품을 완성해 가면서 눈과 손의 협응 및 높은 집중을 보였다.

✿ 사례 3

문○○ / 여 / 15세 / 발달장애 3급

⋯▶ 아동은 미술활동을 좋아하고 그림을 잘 그린다. 평소 관심이 많은 컴퓨터를 그림으로 그렸고 테두리를 홈질로 완성하였다.

소근육

12 할핀 그림

소근육과 눈–손 협응력 향상을 위한 미술치료 프로그램

소근육	★★★
눈–손 협응	★★★
집중력	★★

할핀은 만들기를 하거나 그림 재료를 연결하고 고정하는 용도로 사용되어진다. 할핀으로 종이나 다른 재료를 고정할 시, 소근육의 정교한 사용과 많은 힘이 요구되기 때문에 소근육과 시각 협응에 도움이 될 수 있다.

❀ **목적:** 소근육 발달, 눈–손 협응력, 집중력 향상

❀ **재료:** 우드락, 할핀, 아크릴물감, 물통, 붓, 매직

❀ **제작과정**
1. 우드락에 할핀을 자유롭게 꽂는다.
2. 할핀이 꽂힌 자리를 매직을 이용해 선으로 연결하여 본다.
   또 다른 작업으로 밑그림을 그리고 할핀을 꽂아 완성해도 된다.
3. 할핀을 통해 나타난 그림에 대한 의미를 부여한다.
   (예: 사자 같이 생겼으면 눈과 갈기를 그려 사자로, 딸기 같이 생겼으면 딸기의 형태로 만들어 준다. 커다란 동그라미가 되었으면 눈, 코, 입을 그려 얼굴로 만들어 준다.)
4. 완성된 그림을 아동이 인지할 수 있도록 유도한다.
   모호한 형태일수록 아동이 인지하기 어렵다.

❋ 사례 1

김○○ / 남 / 8세 / 지적장애 2급

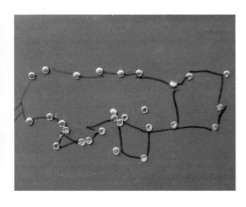

···▶ 아동이 자유롭게 할핀을 꽂고 선으로 연결한
　　그림이다. 아동은 '기차'라고 인지하였다.

❋ 사례 2

문○○ / 남 / 17세 / 지적장애 3급

···▶ 아동은 할핀으로 연결된 그림을 '크리스마스트리'라고
　　반응하였다. 아동이 미술치료에 참여한 시기가 12월이
　　었으므로 크리스마스 느낌이 나도록 크리스마스트리를
　　색칠하고 꾸며 주었다.

🌸 **사례 3**

장○○ / 남 / 9세 / 자폐스펙트럼장애

⋯▸ 평소 아동은 딸기를 무척 좋아하는데, 할핀으로 연결된 그림을 '딸기'라고 반응하였다. 아동이 좋아하는 딸기의 형태로 표현될 수 있도록 빨간색과 초록색으로 색칠하여 완성하였다.

🌸 **사례 4**

유○○ / 여 / 7세 / 아스퍼거증후군

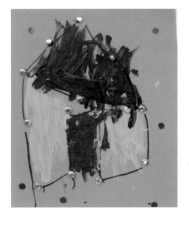

⋯▸ 아동은 할핀이 꽂힌 형태를 보고 '집'이라고 표현하였다. 아동은 제한되어 있는 관심사로 인해 늘 집을 그리고 표현하는 등의 상동반응이 나타난다.

🌸 **사례 5**

김○○ / 남 / 7세 / 아스퍼거증후군

⋯▸ 아동은 미리 '비행기'의 형태로 밑그림을 그리고 할핀을 꽂았다. 할핀을 우드락에 꽂는 반응 자체에 흥미를 보였다.

참고문헌

김미수(2002). 미술활동이 경도정신지체아동의 소근육운동 능력과 시지각 발달에 미치는 효과. 인제대학교 교육대학원 석사학위논문.

김수희, 김지현, 나용선, 권오균, 전대성(2012). 아동발달. 경기: 양서원.

김정학(2005). 상지 동작 훈련 프로그램이 뇌성마비 아동의 소근육 운동 능력에 미치는 효과. 인제대학교 석사학위논문.

박대근(2004). 유아기 대·소근육 운동 발달의 과정적 특성. 중앙대학교 박사학위논문.

서유헌(2003). 천재 아이를 원한다면 따뜻한 부모가 되라. 서울: 문학과 인식.

심상욱(2009). 특수학생의 치료적 미술교육. 부산: 테스피아.

오영매(2005). 종이접기 활동이 근디스트로피 학생의 소근육 운동에 미치는 효과. 영남대학교 석사학위논문.

유성민(2010). 미술치료가 건강장애 아동의 소근육 운동능력에 미치는 효과: 후기 합병증이 있는 단일 대상 연구. 한양대학교 석사학위논문.

이어령(2015). 가위바위보 문명론. 경기: 마로니에북스.

조윤경(2007). 장애아동의 소근육 운동과 미술지도. 서울: 서울장애인종합복지관.

하정연, 김은주(2000). 유아를 위한 손끝놀이프로그램의 적용사례. 영유아보육연구. Vol. 6, No. 1. 85-109.

제6장

협응력 향상을 위한 발달적 미술치료 프로그램

1. 협응력의 정의

협응이란 효율적으로 움직이기 위하여 다양한 감각적 양식을 통합하는 능력을 말하며, 우리가 일상적으로 하는 모든 활동은 협응기능을 바탕으로 움직임을 만들어 낸다. 협응력은 두 가지 이상의 감각기관이 협조하여 지각능력과 인지능력을 한꺼번에 높이는 것을 의미하며, 효율적인 동작 패턴을 위한 다양한 감각양식을 가진 개별 운동시스템을 통합하는 능력을 말한다(박정민, 2015).

1) 눈-손 협응

시지각발달검사(DTVP-3)에 따르면, 시지각의 하위영역에 눈-손 협응(Eye-Hand Coordination), 따라 그리기(Copying), 도형-배경(Figure-Ground), 시각 통합(Visual Closure), 형태 항상성(Form Constancy)으로 분류될 수 있다. 그중 눈-손 협응은 시지각 발달의 중요한 요소가 된다(문수백, 2016).

눈은 시각적으로 대상을 바라보고 지각하며, 손은 눈과 뇌의 시지각 작용에 의해 묘사하고 움직이고 수행한다. 눈-손 협응은 어떤 것을 눈으로 보고 손을 갖다 대려면 손이 시각에 의해 안내되는 것이며, 장애물을 넘을 때 눈이 다리동작을 지시하는 것을 말한다. 이는 눈과 손의 양자 간의 협동이 되어 상호 협응 활동을 의미하는 것이다. 눈-손 협응은 시각정보와 운동정보가 효율적으로 적응하여 움직이는데, 일상생활에서 많은 것이 눈-손 협응과 연관이 있다(Turvey, 1990). 따라서 우리가 모든 동작을 자유롭게 할 수 있는 것은 시각과 운동의 적절한 협응에 의한 결과물인 것이다. 그러나 눈-손 협응 발달이 시체되면 일상생활에서 동작 수행에 어려움을 느낄 수 있다.

Gesell과 Amatruda(1941)는 눈-손 협응 발달단계를 네 가지로 나누었다.

- 0~16주 시기: 정적인 시각탐색으로 유아는 움직이는 손을 눈으로 따라가 탐색한다.
- 17~28주 시기: 시각에 의해 능동적으로 탐색하며 손은 덜 움직인다.
- 28~40주 시기: 집중적으로 탐색하며 조작하는 능력이 형성된다.
- 40주 이후 시기: 눈-손 협응이 세련되며 다양한 과제를 수행할 수 있다.

2) 양손 협응

Holt(1975)에 따르면, 양손 협응은 좌·우 양손을 사용하는 것으로 일상생활에 걸친 모든 움직임을 말하며, 양손이 각각 필요한 형태로 움직이며 효과적으로 수행할 수 있는 것을 뜻한다(김선진, 2000). 예를 들면, 그림을 그릴 때 한 손은 그림을 그리고 나머지 한 손으로는 종이를 고정시키기, 양손으로 수수깡 부러뜨리기 등이 있다.

양손 협응은 비대칭에서 대칭으로 발달하며 다시 양손을 사용하여 각기 분화된 비대칭적인 움직임으로 발달한다(이초희, 2014). 3개월에서 10개월이 된 유아는 손을 양측으로 뻗고 입으로 가져갈 수 있다. 10개월이 된 유아는 어깨의 근위부 움직임이 가능하고 손뼉치기를 할 수 있다. 17개월에서 18개월이 된 유아는 한 손으로 장난감을 고정하고 다른 한 손으로 물체를 만지거나 조작할 수 있다(Ramsay & Weber, 1986). 18개월에서 24개월이 된 유아는 좀 더 세밀한 활동이 가능해지며 손을 뻗어 잡고 놓는 조작기술들이 늘어나 매우 중요한 시기이다. 2~3세에는 양손을 동시에 사용하는 것이 가능하다(Connor, Williamson, & Siepp, 1978). 아동은 놀이, 학습, 일상생활에서 양손 협응을 많이 시도하게 되고 반복하여 더욱 협응적으로 기술을 향상시켜 나간다(Holt, 1975).

2. 협응력과 발달적 미술치료

발달이 지연되는 아동의 경우, 감각정보들을 잘 통합하지 못하게 되면 사회성 발달, 언어 발달 등 전반적인 성장과 더불어 놀이와 운동, 단추 꿰기나 운동화 끈 묶기 등 일상생활에서 수행의 어려움을 겪을 수 있으며 다양한 방면에서 아동의 성장을 저해시키는 요인이 되기도 한다.

일상생활에서 원만하게 과제를 해결하기 위해서는 과제의 특성에 맞는 협응 구조를 형성하고 수행하는 것이 중요하다. 협응기능은 학습발달의 기초가 되며, 학습에 직접적인 영향을 미치며, 학습지연을 일으키는 원인이 되기도 한다(박정민, 2015). 이렇듯 눈-손 협응과 양손 협응은 일상생활에서 삶을 영위하기 위해 필요한 핵심적인 요소이다. 하지만 협응 단계의 발달이 지연되어 있을 경우, 인지적·신체적 요소가 결합되지 못하여 적절한 상황에 운동 기술을 사용하기가 어렵다. 이러한 결과는 소근육 발달의 지연을 가져올 수 있으며, 운동 기술을 상황에 적절하게 사용하지 못하므로 일상생활에서의 수행이 어렵게 되며 자존감 하락, 자신감 결여, 학습지연 등 정서적인 측면에서도 문제가 나타날 수 있다.

지적장애아동은 자극변별력이 낮고 집중력이 낮으며 감각을 통해 받은 자극들을 연결 및 통합하여 반응으로 나타내는 것에 어려움을 보일 수 있다. 또한 지적장애아동은 전반적인 운동기능의 지연을 보이고 있는데, 지연이 심할수록 운동 발달이 느리다. 이러한 운동 발달의 지연은 눈-손, 양손 등 함께 사용하는 활동에 문제를 야기하고 전반적인 일상생활과 학습에도 문제를 일으킬 수 있다.

학습장애아동의 경우, 협응능력의 지연이 쓰기 학습영역에서 영향을 미칠 수 있다. 변별력, 해석, 기억 등에 영향을 주어서 읽기, 쓰기 이해 등 학습영역에서 영향을 끼치게 된다.

자폐스펙트럼장애아동은 외부의 자극을 과대하거나 둔감하게 받아들이는 것으로 알려져 있다. 이러한 특성은 외부로부터 오는 자극을 조절 · 통합하지 못하여 정보처리기능에 영향을 미치게 된다. 이처럼 감각을 처리하는 과정이 제대로 이루어지지 않을 때 운동 계획 능력의 발달이 저해될 수 있으며(박경숙, 1987), 이로 인해 대 · 소근육의 운동기능이 약화되어 눈-손, 양손 협응 발달에도 영향을 미칠 수 있다.

3. 협응력 향상을 위한 발달적 미술치료 사례

1) 내담자 인적 사항

내담자는 부산광역시에 위치한 B초등학교에 다니는 13세 남학생이다.

2) 의뢰경위

아동은 모(母)에 의해 의뢰되었으며, 전반적인 인지적 기능의 결함과 충동성이 보일 때가 있다고 하였다. 또한 눈-손 협응력 및 양손 협응력, 소근육이 정교하지 않아 손으로 하는 활동을 잘하지 못하고 단추 꿰기, 매직뚜껑 열기, 신발 끈 묶기 등 자조기술이 부족하여 일상생활에 많은 어려움을 겪고 있다고 하였다.

3) 내담자 발달사

외아들로 가족 모두 함께 살고 있다. 주 양육자는 모이고, 정상 분만을 하였으며 낳기 전까지는 별다른 이상은 없었다. 그러나 아동이 성장하면서 또래보다 운동기능과 언어발달이 느려 병원에 내원하게 되었고, 그때 발달장애 2급을 판정받았다.

4) 내담자 가족사항

내담자의 가족은 아버지와 어머니, 내담자로 구성되어 있다.

가족관계	직업	나이	학력
부	회사원	50세	대졸
모	자영업	48세	대졸
내담자	초등학교 6학년	13세	초등학생

5) 내담자 주 호소문제

모가 느끼고 있는 아동의 주 호소문제는 협응력과 대 · 소근육의 전반적인 기능이 약해 일상생활에 필요한 기본적인 자조기술에 많은 어려움을 느끼는 것이다.

6) 내담자 행동 관찰

아동은 키가 큰 편으로 점퍼와 청바지를 단정하게 입고 있었다. 치료실 문을 열고 몸을 구부정하게 숙여서 들어오며 주변을 탐색하지 않고 바로 자리에 앉았다. 치료사와 눈 맞춤은 원활했고 자리에 앉아 몸을 끊임없이 움직이는 모습을 보였다.

7) 내담자 사정을 위한 척도검사

아동은 현재 발달장애 2급으로 진단을 받았으며, 행동상에서 보여지는 산만함과 충동성으로 인해 척도검사를 사용하였다.

■ K-ADHDDS(한국 주의력결핍 과잉행동장애 진단검사)

주의력 결핍 · 과잉 행동장애가 의심되는 아동 · 청소년의 증상 및 심도를 평가하기 위한 도구이다. 하위검사는 과잉행동, 충동성, 부주의 등 3개의 영역으로 이루어져 있다. 검사 문항은 미국정신의학회의 『DSM-Ⅳ-TR』 진단기준을 토대로 구성되어 있다.

내담자의 척도는 ADHD 지수가 115점으로서 평균 이상의 산만함이 나타났다.

8) 사례개념화

- 눈과 손의 협응력이 낮아 수행을 할 때 눈으로 보지 않고 손만 움직여 작업이 원활하게 이루어지지 않는다.
- 충동성이 높고 대·소근육의 발달이 지연되어 있어 작업 수행의 속도가 느리다.
- 전반적인 인지기능에서 결함이 보이며 시지각의 민감성이 부족해 색 변별, 도형 변별, 사물 변별 등이 어렵다.
- 강점: 치료 매체를 보면 "이거 히고 싶어요."라고 말하며 활동에 참여하고자 하는 의지가 있으며, 자신이 하고 싶은 것에 대해 명확하게 표현한다.
- 취약점: 수행을 하는 도중 다른 생각을 하거나 충동성을 보일 때가 있으며, 중간에 활동을 멈추고 가만히 있는 경우도 있다.

9) 상담 목표 및 전략

장기목표
- 눈-손 협응 및 양손 협응 기능을 향상시킨다.
- 소근육의 정교성을 향상시킨다.

단기목표
- 작품을 만드는 활동은 아동이 성취하기 쉬운 단계에서 점차 어렵고 복잡한 단계로 계획하여 지연된 소근육 기능과 눈-손 협응 및 양손 협응 기능이 향상될 수 있도록 돕는다.
- 메인 활동으로 들어가기 전에 5분 정도 와이셔츠 단추 꿰기, 똑딱단추 붙이기 등 아동의 자조기술이 연습될 수 있도록 기회를 제공한다.

치료전략
- 아동의 현재 수준을 파악하여 프로그램을 계획해 반복훈련을 하도록 한다.
- 치료실에 입실 후 자연스럽게 자신의 티셔츠 색과 그림 등에 대해 이야기를 하며 모형 변별을 시도해 보고 시각적 민감성을 기른다.

- 수업 마무리를 할 때 손가락 마사지를 통해 소근육을 이완하도록 도와준다.
- 미술 작업 과정을 긍정적으로 지지함으로써 자신감 향상과 동기부여를 돕는다.

10) 치료진행 및 회기별 프로그램

회차	일자	주제	활동내용
1	1월 2일 18:00~18:40	지퍼백 그림	동그라미, 세모, 네모 도형으로 바다 생물을 만들고 물을 채운 지퍼백 안에 넣어 주었으며, 떠오르는 심상 (물고기와 배)을 지퍼백 위에 매직으로 그려 주었다.
2	1월 9일 18:00~18:40	뻥튀기 그림	뻥튀기 위에 세모와 네모를 그려 나비를 만든 후 이쑤시개를 이용하여 도형을 분리하였다.
3	1월 16일 18:00~18:40	색 물풀 그림	물풀을 신기해하였으며, 물풀을 누르는 것을 어려워 하였다. 치료사가 달팽이를 그려 주고, 색 물풀을 이용하여 색칠하였다.
4	1월 23일 18:00~18:40	달력 따라 그리기	숫자, 글은 따라 그렸으나, 한 손으로 달력을 잡는데 손으로 달력을 지지하지 못하여 달력이 흐트러지는 모습을 볼 수 있었다.
5	2월 8일 18:00~18:40	우드락 판화	치료사가 나무를 그려 주고, 아동은 스케치 선에 맞춰 젓가락으로 구멍을 내어 판화를 찍어 보았다.
6	2월 13일 18:00~18:40	면봉 점묘화	치료사가 나비 이미지를 제공하고, 아동은 이미지에 점을 찍어 점묘화를 완성해 보았다.
7	2월 20일 18:00~18:40	일회용 접시 만다라	매직으로 일회용 접시에 있는 꽃과 문양을 색칠하고 구멍을 내어 실로 꿰었다.
8	2월 27일 18:00~18:40	프로타주	동전을 화선지 밑에 두고 긁어 프로타주를 한 후, 잘라서 물고기로 만들어 보았다.
9	3월 6일 18:00~18:40	똑딱단추 카드 그림	밑그림과 단서카드를 매칭시켜 각 카드에 있는 똑딱 단추를 끼워 보았다.
10	3월 13일 18:00~18:40	먹지 그림	치료사가 먼저 배 도안을 그린 후 아동은 도안을 보고 먹지 위에 모방하여 그림을 그렸다.
11	3월 20일 18:00~18:40	펀치 모자이크	펀치를 이용하여 보라색 색종이 조각을 만든 후 포도 이미지에 맞춰 조각을 붙였다.
12	3월 27일 18:00~18:40	신문지 거미줄	신문지를 찢어서 가로와 세로를 교차하여 붙여서 거미줄을 만들고, 색종이로 거미도 만들어 보았다.

4. 협응력 향상을 위한 발달적 미술치료 프로그램 실제

이 절은 협응능력이 부족한 아동의 협응기능 향상을 목적으로 한 발달적 미술치료 프로그램으로 구성되어 있다. 시각적 정보와 손의 운동적 기능을 함께 사용하며, 양손을 효과적으로 사용할 수 있도록 프로그램을 계획하였다. 또한 다양한 미술매체를 활용하여 협응력뿐만 아니라 소근육, 시각적 변별력, 시지각, 집중력 등 부가적인 영역의 발달을 돕고자 하였다.

각 프로그램은 치료적 개입의 정도에 따라 ★의 개수로 명료하게 표기하고 있으며, 프로그램에서 사용되는 매체는 쉽게 구할 수 있고, 아동의 지연된 협응기능을 향상시킬 수 있도록 주 1회, 월 4회의 총 12회기, 3개월 프로그램으로 구성되었다.

협응기능

1 지퍼백 그림

눈-손 협응력과 시각적 민감성 향상을 위한 미술치료 프로그램

눈-손 협응	★★★
시각적 민감성	★★★
촉지각	★★

비어 있는 종이에 무엇을 그린다는 것은 심리적인 상태에 따라 부담스럽고 어려운 일이 될 수도 있다. 낮은 인지적 수준을 보이는 특수아동의 경우에도 빈 화지에 그림 그리기는 막연하고 힘들 수 있다. 따라서 그림이나 사진을 보고 모방하여 그리는 것은 심리적으로 안정감을 제공할 수 있으며, 그리기에 대한 방어를 감소하는 데 도움이 된다. 이때 책, 사진, 잡지 등을 준비하여 아동이 그리기를 하는 데 참고할 수 있도록 한다.

❀ **목적:** 눈-손 협응력, 시각적 민감성 향상, 흥미 유발

❀ **재료:** 8절 켄트지, 크레파스, 연필, 지우개, 매직, OHP필름, 지퍼백

❀ **제작과정**

1. OHP필름에 먼저 단서그림이 될 밑그림을 그린다.
   정확한 사물이나 형태의 묘사가 어려운 경우 잡지, 책 등을 통해 아동이 보고 그릴 수 있도록 한다.
2. 형태뿐만 아니라 색도 아동이 선택하도록 한다.
3. 지퍼백에 물을 담고 단서그림을 지퍼백 안에 넣는다.
4. 지퍼백 안에서 흔들리는 단서그림을 보고 떠오르는 심상을 지퍼백 위에 매직으로 그려 준다.

지퍼백에 먼저 배경을 그리고 단서그림을 넣어 완성해도 된다.

5. 마무리 작업 시 소감을 나눈다.

1단계: 단서그림을 그린다. 그리기 쉬운 간단한 사물이나 사람의 형태를 표현하는 것이 좋다.

2단계:
1. 지퍼백에 물을 넣는다.
2. 단서그림을 보고 떠오르는 심상을 표현한다
   (지퍼백에 배경을 먼저 그려도 된다).

3단계: 단서그림을 지퍼백에 넣고 지퍼백 위에 그림을 그려 완성한다.

❀ 사례 1

김○○ / 여 / 6세 / 지적장애 3급

⋯ 아동은 소근육 발달 및 양손 협응력은 원활하나 주의집중력이 매우 짧다. 평소 그리기 활동을 매우 싫어하고 그림 그리기에 방어가 많았으나, 지퍼백에 물을 채워 넣고 자신이 그린 사람 그림을 띄우며 즐겁게 참여하였다.

❀ 사례 2

박○○ / 남 / 14세 / 지적장애 2급

⋯ 아동은 소근육 발달 및 양손 협응력이 원활하지 못하고 짧은 주의집중력을 보이며 충동성이 있다. 미술활동을 싫어하는 아동이지만 지퍼백 안에서 흔들리는 물 위에 그림을 그리자 높은 흥미를 보였다.

2 뻥튀기 그림

눈-손 협응력과 집중력 향상을 위한 미술치료 프로그램

눈-손 협응	★★★
집중력	★★★
소근육	★★

　　과자의 종류인 뻥튀기는 일상생활에서 친숙하게 접할 수 있는 음식이지만 쉽게 부서지는 특성으로 미술 매체로 사용할 때 많은 정교함과 주의집중력이 요구되는 매체이다. 따라서 지속적인 과제수행이 어렵고 소근육과 대근육 발달이 미숙한 특수아동에게는 쉽지 않은 과제이므로 소근육의 강도를 조절하며 그림을 그리는 뻥튀기 그림은 특수아동의 눈-손 협응과 집중력 향상에 도움이 될 수 있다.

❋ **목적:** 눈-손 협응력, 집중력 향상

❋ **재료:** 뻥튀기, 물감, 매직, 성냥

❋ **제작과정**

1. 뻥튀기에 간단한 도형을 그리고 성냥을 이용하여 콕콕 찍어 도형을 분리한다.
2. 다른 뻥튀기에 매직으로 밑그림을 그리고 물감을 이용하여 색칠한다.
3. 뻥튀기 도형 분리에 성공한 아동은 매체인 뻥튀기를 먹어도 보고 소감을 나눈다.

1단계: 간단한 도형을 그리고 성냥을 이용하여 찍는다.

2단계: 도형을 분리한다.

🌸 사례 1

김○○ / 남 / 15세 / 발달장애 2급

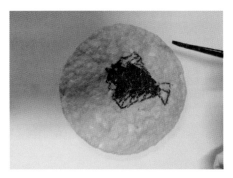

⋯⋯ 아동이 평소 즐겨 그리는 물고기를 그렸다.

🌸 사례 2

이○○ / 남 / 13세 / 다운증후군

⋯⋯ 아동이 배를 만들고 싶다고 이야기하여 치료사가 밑그림을 그려 주었고, 아동이 색칠하여 완성하였다.

🌸 사례 3

남○○ / 남 / 11세 / 아스퍼거증후군

┈▶ 제한된 관심을 보이는 아동으로 자동차를 그렸다.

❸ 신문지 거미줄

양손 협응력과 눈-손 협응력 향상을 위한 미술치료 프로그램

양손 협응	★★★
눈-손 협응	★★★
시각적 변별력	★

신문지는 일상생활에서 접할 수 있는 친숙한 재료이다. 신문지를 얇고 길게 찢기 위해서 신문지의 두께와 간격을 살펴보아야 하기 때문에 양손 협응과 눈-손 협응에 도움을 줄 수 있다.

육각형 모양의 거미줄 인식이 어려운 아동들은 먼저 격자무늬의 거미줄을 만드는 것이 좋으며, 기본 도형을 인식할 수 있는 아동들은 대각선과 가로선을 통해 육각형을 그릴 수 있도록 지도하여 거미줄의 형태를 인지할 수 있도록 도와줄 수 있다.

❀ **목적:** 양손 협응력, 눈-손 협응력, 시각적 변별력 향상

❀ **재료:** 신문지, 도화지, 색연필, 색종이, 연필, 지우개

❀ **제작과정**

1. 신문지를 양손으로 길게 자른다.
2. 도화지에 길게 자른 신문지를 이용하여 거미줄을 만든다.
3. 색종이를 이용하여 거미를 만든다.
4. 신문지로 만든 거미줄 위에 색종이로 만든 거미를 붙인다.
   거미를 붙일 때 흰색 바탕이 아닌 신문지 거미줄 위에 붙일 수 있도록 지도한다.
5. 완성된 작품을 보며 소감을 나눈다.

♠ 격자무늬 신문지 거미줄 만들기

1단계: 신문지를 길게 찢는다.

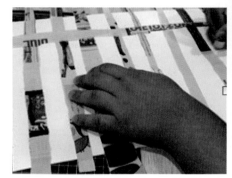

2단계: 격자무늬로 신문지를 붙인다.

3단계: 거미를 그려 거미줄에 붙여 준다.

♠ 육각형 신문지 거미줄 만들기

1단계: 대각선과 가운데 선을 그어 준다.

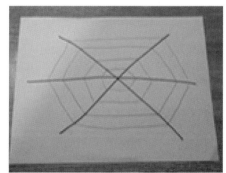

2단계: 각 선을 연결해 준다.

3단계: 선 위에 신문지를 붙이고 거미를 그려 붙인다.

사례 1

김○○ / 남 / 15세 / 발달장애 2급

⋯⋅▶ 아동은 신문지를 보지 않고 찢어 수행에 오랜 시간이 걸렸으며, 거미를 만들 때 치료사에게 도와달라고 이야기하였다.

사례 2

이○○ / 남 / 14세 / ADHD

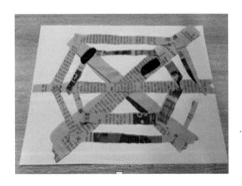

⋯⋅▶ 아동은 각 선을 연결하여 육각형을 만드는 부분을 어려워하였으며, 신문지를 찢을 때 중간에 잘려 다시 신문지를 찢느라 시간이 오래 걸렸다.

협응기능

4 색 물풀 그림

눈–손 협응력과 촉지각 향상을 위한 미술치료 프로그램

눈–손 협응	★★★
촉지각	★★★
집중력	★★

물풀은 흔하게 볼 수 있고 쉽게 다룰 수 있는 매체로서 부드러운 재료에 속하여 아동들이 선호하는 매체이다. 물풀에 물감을 섞는 과정을 통해 흥미를 유발하고 촉각을 자극할 수 있다. 밑그림을 보고 찍는 활동을 통하여 눈–손 협응력과 집중력 향상에 도움을 줄 수 있다.

❀ **목적:** 눈–손 협응력, 집중력 향상, 촉지각 향상 돕기

❀ **재료:** 물풀, 물감, 켄트지, 색칠도구, 연필, 지우개, 트레싱지

❀ **제작과정**

1. 물풀에 여러 가지 색의 물감을 각각 넣어 잘 흔들어 섞이도록 해 준다(뒤집어 놓으면 잘 섞임).
   특수아동의 경우에는 투명한 물풀보다 색이 나타날 경우 풀을 붙이는 단순한 작업도 훨씬 용이해진다.
2. 밑그림을 자유롭게 그리거나 특수아동의 경우 치료사가 밑그림을 제시한다.
3. 밑그림 위에 다양한 색의 물풀을 찍어 표현한다.
4. 얇은 트레싱지로 찍어 판화 작업으로 응용하여 본다.
5. 소감을 나눈다.

1단계: 물풀에 물감을 넣는다.

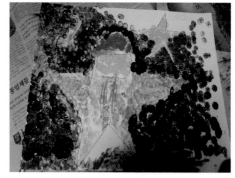

2단계: 밑그림 위에 색 물풀을 찍어 표현한다.

🌸 사례 1

정○○ / 여 / 8세 / 지적장애 2급

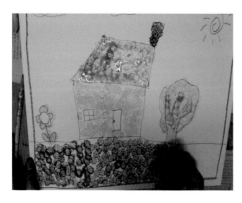

⋯ 아동은 자신이 살고 싶은 집을 그리고 색 물풀을 찍어 표현하였다. 수행한 지 30분이 지나자 반복수행으로 매우 지겨워하였고 힘들어하였으나 아동은 작품을 완성하고자 하는 만족감과 치료사의 지지로 마무리가 가능하였다.

🌸 사례 2

김○○ / 남 / 5세 / ADHD

⋯ 아동은 평소 산만하고 충동성이 많으나, 물풀을 찍는 수행을 하면서 "속이 시원해요."라고 말하며 즐거워하였다.

협응기능

⑤ 달력 따라 그리기
눈-손 협응력과 시각집중력 향상을 위한 미술치료 프로그램

눈-손 협응	★★★
시각집중력	★★★
시각적 민감성	★★

달력은 일상생활에서 늘 접하는 매체로서 글자와 숫자, 그림이 적절히 조합되어 있어 특수아동의 미술매체로 활용이 가능하다. 달력의 숫자와 글자를 따라 그려 봄으로써 시각적 민감성과 집중력을 향상할 수 있다.

❀ **목적:** 눈-손 협응력, 시각적 민감성, 집중력 향상

❀ **재료:** 달력, OHP필름, 매직

❀ **제작과정**
1. 달력 위에 OHP필름을 붙이고 매직으로 따라 그린다.
2. 완성된 달력을 보고 좋아하는 달과 요일에 대해 피드백한다.

✤ 사례

김○○ / 남 / 10세 / 자폐스펙트럼장애

···→ 아동은 침착하고 집중해서 달력을 완성하였다. 아동은 평소 달력을 모두 외우고 있었으며 자신은 토요일을 좋아한다고 하였다.

✤ 그룹 사례

···→ 지적장애 청소년 집단으로 복지관에서 주의집중 훈련을 하는 상황이며, 집단원이 각자의 달력을 완성하였다.

협응기능

6 우드락 판화

눈-손 협응력과 소근육 향상을 위한 미술치료 프로그램

눈-손 협응	★★★
소근육	★★★
집중력	★★

우드락은 작은 힘에도 쉽게 부수어지거나 무언가를 꽂고 찌르는 작업이 용이해 아동의 소근육과 대근육 발달을 돕는 미술매체로 적합하며, 아동들이 선호하는 매체 중 하나이다.

또한 이미지를 표현하기 위해 지속적으로 젓가락을 이용하여 구멍을 내는 과정에서 집중력 향상에 도움을 줄 수 있다.

🌸 **목적:** 눈-손 협응력, 집중력 향상, 소근육 발달

🌸 **재료:** 우드락, 나무젓가락, 채색도구, 켄트지, 연필, 지우개

🌸 **제작과정**

1. 켄트지에 자유롭게 떠오르는 심상을 그린다.
2. 우드락 위에 켄트지를 올리고 밑그림을 따라 나무젓가락으로 꾹꾹 눌러 찍어 구멍을 뚫어 준다.
3. 구멍 뚫린 우드락에 물감을 칠하고 종이로 찍어 낸다.
4. 작품을 완성한 뒤 소감을 나눈다.

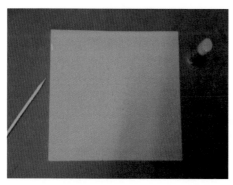

1단계: 우드락을 준비한다.

2단계: 나무젓가락을 뾰족하게 깎아 준비한다.

3단계: 켄트지에 밑그림을 그린다.

4단계: 밑그림에 나무젓가락으로 구멍을 낸다.

5단계: 구멍난 우드락에 물감을 칠하고 종이로 찍어 낸다.

🌸 사례 1

유○○ / 여 / 10세 / 경계선 지적장애

⋯⋯ 아동은 눈-손 협응력이 우수하고 차분히 집
중해서 수행하였다. 찍혀진 판화작품에서 형
태가 선명히 보인다.

🌸 사례 2

강○○ / 남 / 10세 / 발달장애 2급

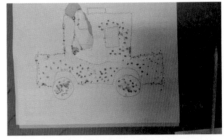
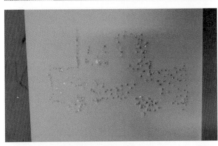

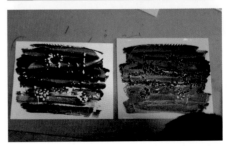

⋯⋯ 아동은 평소 자신이 좋아하는 자동차를 그리고 표현하였다. 찍혀진 작품에서 비교적 정확하
게 실루엣이 표현되었다.

협응기능

⑦ 면봉 점묘화

눈-손 협응력과 집중력 향상을 위한 미술치료 프로그램

눈-손 협응	★★★
집중력	★★★
시각적 변별력	★

　점묘화는 붓, 사인펜, 색연필, 지우개가 있는 연필 뒤 촉 등 다양한 매체를 이용하여 만들 수 있다. 면봉을 이용한 점묘화는 면봉이 물감을 잘 머금을 수 있으며, 붓과는 달리 일정하게 점을 찍을 수 있다는 점에서 손쉽고 균일하게 점묘화를 만들 수 있다.

❊ **목적:** 눈-손 협응력, 집중력, 시각적 변별력 향상

❊ **재료:** 도화지, 면봉, 물감, 종이컵, 연필, 지우개, 붓, 팔레트, 물통, 검정색 사인펜

❊ **제작과정**

1. 아동과 이야기를 나누고 도화지에 연필로 밑그림을 그린다.

2. 연필로 스케치를 한 그림에 검정색 사인펜으로 선을 따라 그린다.

3. 점묘화를 찍을 물감을 준비할 때 종이컵에 물감을 덜고 물을 충분히 넣어 섞어 준다.

4. 그림을 보고 면봉을 이용하여 색깔을 찍어 점묘화를 표현한다. (이때 면봉을 종이에 문지르지 않고 콕콕 찍을 수 있도록 지도한다.)

5. 완성된 작품을 보며 소감을 나눈다.

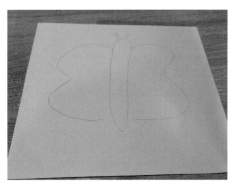

1단계: 밑그림을 그린다.

2단계: 면봉으로 선에 맞춰 찍는다.

사례 1

김○○ / 남 / 16세 / 발달장애 3급

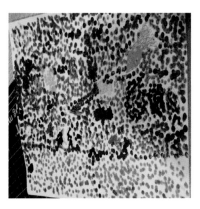

⋯⋯▶ 아동이 처음에는 "쉽네"라고 이야기를 하였으나 시간
이 지나자 점을 찍어야 하는 면적이 많을수록 힘들다
고 표현하였다. 중반부를 지나서 색깔을 찍을 때 다른
색으로 찍는 실수를 하는 경우도 여러 번 있었다. 아
동에게 끝까지 집중력을 가지고 하도록 격려하였으
며, 완성되자 점묘화의 형태가 뚜렷하게 보인다.

사례 2

박○○ / 여 / 10세 / 발달장애 3급

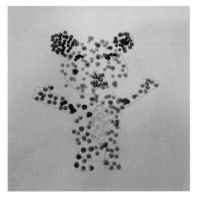

⋯⋯▶ 아동이 곰돌이를 하고 싶다고 이야기하여 치료사가 곰
돌이를 그려 주었다. 점묘화를 할 때 선에 맞춰서 수행
은 잘하였으나 꼼꼼하게 점을 찍지는 못하였다.

8 일회용 접시 만다라

눈–손 협응력과 시각적 민감성 향상을 위한 미술치료 프로그램

눈–손 협응	★★★
시각적 민감성	★★★
집중력	★★

만다라는 반복적이고 단순한 모양으로 인해 심리적 치료를 위한 도구로서 많이 사용되고 있다. 일회용 접시에 있는 모양은 접시와 똑같은 흰색으로 입체적으로 그려져 있어 모양과 모양이 아닌 부분을 구별하면서 색칠해야 하기 때문에 눈–손 협응력 향상과 시각적 민감성에 도움을 줄 수 있다.

❋ **목적:** 눈–손 협응력, 시각적 민감성, 집중력 향상

❋ **재료:** 일회용 접시, 매직, 실, 펀치

❋ **제작과정**

1. 일회용 접시 안에 그려진 모양을 주의 깊게 살펴보고 이야기를 나눈다.
2. 접시 안의 모양을 매직으로 색칠한다. (힘을 세게 주면 접시가 부서질 수 있으므로 힘을 조절하면서 색칠한다.)
3. 접시 위의 모양도 꾸며 준다.
4. 다 만든 접시 만다라의 윗부분을 펀치로 뚫어 실을 걸어 준다.
5. 완성된 작품을 보며 소감을 나눈다.

1단계: 접시 안의 모양을 살펴본다.

2단계: 모양을 매직으로 칠한다.

3단계: 접시 위의 모양을 꾸며 준다.

4단계: 접시 윗부분을 실로 연결한다.

💐 사례 1

이○○ / 남 / 16세 / 발달장애 3급

⋯⋯ 아동은 눈-손 협응력이 우수하고 집중력이 있다. 작품을 다 만든 후 자기의 방문에 걸어 놓고 싶다고 표현하였다.

💐 사례 2

강○○ / 남 / 7세 / 언어장애

⋯⋯ 아동은 눈-손 협응력이 약하다. 처음에는 선을 보고 색칠하였 지만 시간이 지나자 선 밖에 색칠하는 모습이 보였다.

협응기능

9 프로타주

양손 협응력과 촉감각을 위한 미술치료 프로그램

양손 협응	★★★
촉감각	★★★
소근육	★★

프로타주는 나무·돌·금속 등의 거친 표면을 이용하여 종이에 대고 문질러서 고유의 형태를 그대로 베끼는 기법으로, 한 손으로 문질러 표현할 때 다른 한 손은 종이가 움직이지 않도록 많은 힘이 들어가기 때문에 양손 협응력에 도움이 될 수 있다. 매체의 거친 면은 아동의 촉감각을 자극하는 데 좋다.

❋ **목적:** 양손 협응력 향상, 촉감각 향상 돕기, 소근육 발달

❋ **재료:** 화선지, 색연필, 크레파스, 가위, 풀, 켄트지, 동전

❋ **제작과정**
1. 켄트지에 간단한 밑그림을 그린다.
2. 여러 종류의 동전을 놓고 화선지에 문질러 표현한다.
3. 본뜬 동전을 오린다.
4. 오린 동전을 밑그림에 붙여 표현한다.
5. 완성된 작품을 보며 소감을 나눈다.

 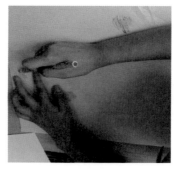 

1단계: 동전을 화선지 밑에 두고 긁어 표현한다.

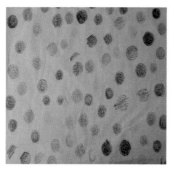 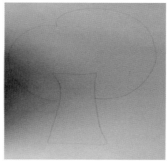 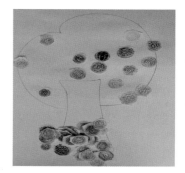

2단계: 본뜬 동전을 오려 붙여 표현한다.

3단계: 배경을 꾸미고 완성한다.

🌸 사례 1

양○○ / 여 / 12세 / 발달장애 3급

⋯▶ 발달장애 아동으로 긁거나 찢는 자극에 높은
홍미를 보인다. 아동은 긁어서 표현하는 프로
타주 기법에 평소와 달리 높은 홍미와 관심을
보였고 주의집중하였다.

🌸 사례 2

김○○ / 여 / 8세 / ADHD

⋯▶ ADHD 아동으로 충동성이 높고 부주의한 성
향이다.
동전을 밑에 깔고 화선지로 덮은 뒤 마구 색칠
하여 세 장의 화선지가 찢어졌으나 시간이 지
날수록 주의집중하여 완성하였다.

10 똑딱단추 카드 그림

양손 협응력과 사물 변별력을 위한 미술치료 프로그램

양손 협응   ★★★
사물 변별력   ★★★
눈-손 협응   ★★

똑딱단추는 일상생활에서 옷이나 악세사리 등에 자주 쓰이며, 양손의 협응력과 소근육의 발달이 늦은 아동의 자조기술에 도움이 될 수 있으며, 똑같은 그림을 찾아 똑딱단추로 붙이는 작업은 사물 변별력과 눈-손 협응력에 도움이 될 수 있다.

🎨 **목적:** 양손 협응력, 사물 변별력, 눈-손 협응력 향상

🎨 **재료:** 도화지, A4 용지, 똑딱단추, 가위, 투명테이프, 양면테이프, 색연필, 사인펜

🎨 **제작과정**

1. 아동과 이야기를 나누고 도화지에 아동의 발달수준에 맞게 밑그림을 그린다 (바닷속, 숲속, 집 안 등 자유롭게 표현한다).
2. 밑그림과 관련된 동물, 사물 등을 이야기하며, A4 용지에 동물과 사물을 그린다.
3. A4 용지에 그린 그림을 잘라 카드로 만들어 뒤에 똑딱단추의 한 면을 투명테이프로 붙인다.
4. 밑그림에도 카드에 그린 그림과 똑같이 그려 주며, 아동의 변별력을 위해 새로운 동물이나 사물을 추가적으로 그린다(사물 변별이 어려운 아동에게는 새로운 것을 추가로 그리기보다 그렸던 것들을 색깔을 바꾸어 추가하는 것이 좋다).
5. 밑그림에 그린 동물, 사물에 나머지 똑딱단추 한 면을 양면테이프로 붙여 고정한다.

6. 아동이 똑딱단추의 사용을 어려워하는 경우 먼저 똑딱단추를 여닫는 연습을 해 본다.

7. 카드에 그린 그림과 똑같은 바탕 그림을 찾아 똑딱단추를 붙인다.

8. 완성된 작품을 보며 소감을 나눈다.

1단계: 밑그림을 그린다.

2단계: 밑그림과 관련된 동물을 그린다.

3단계: 밑그림에도 카드에 그린 그림과 똑같이 그려 주며 추가적으로 새로운 동물을 그려 준다.

4단계: 똑딱단추를 달아 준다.

5단계: 똑같은 그림을 찾아 똑딱단추를 달아 준다.

6단계: 완성된 작품을 보며 이야기 나눈다.

✿ 사례 1

박○○ / 남 / 15세 / 발달장애 2급

⋯▸ 아동은 충동성이 높고 부주의한 성향이다.
바다 하면 생각나는 것을 불가사리, 뱀, 물고기
라고 이야기하였으며, 파란색 물고기와 똑같은
모양과 색깔에 똑딱단추를 붙이라고 했을 때
초록색 미역에 붙이려는 모습을 보였다. 똑같
은 색깔과 모양을 찾았으나 손에 힘이 없어서
똑딱단추를 붙이는 작업을 매우 어려워하였다.

✿ 사례 2

김○○ / 남 / 10세 / 발달장애

⋯▸ 아동이 눈사람을 만들고 싶다고 하여 치료사가
기본적인 도형을 이용하여 눈사람을 그려 주
고, 아동은 그 도형에 색칠하여 눈사람을 완성
하였다. 눈사람에 있는 모자, 목도리, 장갑, 단
추를 카드로 만들어 똑딱단추를 여닫는 과정
에서 아동은 처음에 힘들다고 표현하였으나,
수행에 성공하자 자신감 있게 활동하였다.

11 먹지 그림

눈─손 협응력 향상과 집중력을 위한 미술치료 프로그램

눈-손 협응	★★★
시각적 변별력	★★★
집중력	★★

　도화지에 색을 칠해 다른 종이에 연필로 누르면 그림이 찍혀 나오는 모습을 보고 흥미를 느낄 수 있으며, 눌러 그리기는 아동의 수준에 따라 다양한 방법으로 활용할 수 있다. 먹지 위에 연필이나 선이 보이는 매체를 이용하여 그릴 수도 있으며, 나무 젓가락이나 막대를 통해 선이 보이지 않는 매체를 이용하여 계속 집중하여 따라 그리는 방법도 있다.

❋ **목적:** 눈─손 협응력, 집중력, 시각적 변별력 향상

❋ **재료:** 먹지, A4 용지, 도화지, 뾰족한 연필

❋ **제작과정**

1. A4 용지에 진한 미술용 연필로 가득 색칠해 준다.
2. 도화지 위에 연필로 칠한 A4 용지를 덮어주고 그림 도안을 위에 놓는다.
3. 그림 도안을 보며 뾰족한 연필로 따라 그린다.
4. 따라 그린 그림을 보며 선이 끊긴 부분은 어디인지, 그림 중 놓친 부분은 어디인지 확인하며 다시 그려 준다.
5. 완성된 작품을 보며 소감을 나눈다.

 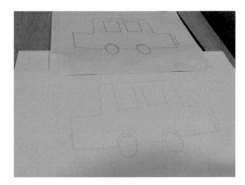

종이에 진한색 연필로 가득 색칠해 눌러 그린다.

먹지에 눌러 연필로 그린다.

🌼 사례

이○○ / 남 / 15세 / 발달장애

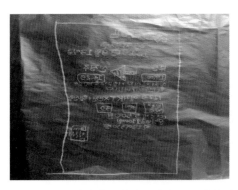 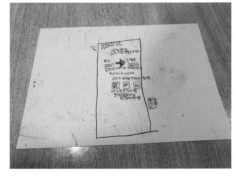

⋯⋯ 아동은 먹지에 눌러 나무막대로 그리니 어디에 하고 있었는지 어려웠다고 표현하였다. 아동이 기차를 좋아해서 코레일 기차표를 보고 그렸다. 먹지에서는 기차표 안에 바코드를 그렸으나 먹지가 움직이고 제대로 잡지 않아 그림에서는 기차표 밖에 바코드가 있는 모습이다.

협응기능

12 펀치 모자이크

양손 협응력과 주의집중력을 위한 미술치료 프로그램

양손 협응	★★★
집중력	★★★
흥미 유발	★★
소근육	★★

여러 가지 재료와 다양한 방법을 통해 모자이크를 만들 수 있는데, 펀치를 이용한 모자이크는 동글하고 균일한 색종이 조각이 나와 아동들의 흥미를 유발할 수 있다. 손으로 펀치를 누르는 과정에서 눈-손 협응과 소근육의 발달에 도움이 될 수 있다.

🎨 **목적:** 양손 협응력, 집중력 향상, 흥미 유발, 소근육 발달

🎨 **재료:** 색종이, 펀치, 손 코팅지, 매직

🎨 **제작과정**
1. 색종이를 펀치로 뚫어 동그란 색종이 조각을 만들어 낸다.
2. 손 코팅지 앞에 매직으로 밑그림을 그린다(손 코팅지를 벗겨내는 필름 면이 아닌 코팅이 되는 면 위에 그림을 그려야 한다).
3. 손 코팅지의 필름 면을 벗겨내어 접착면에 색종이 조각들을 붙인다.
4. 완성된 작품 위에 필름 종이를 붙인다.
5. 작품을 보며 소감을 나눈다.

1단계: 펀치로 색종이 조각을 만든다.

2단계: 손 코팅지에 매직으로 스케치한다.

3단계: 색종이 조각을 붙인다.

⭐ 사례 1

김○○ / 남 / 10세 / 발달장애

⋯▶ 아동은 손 코팅지의 접착면에 손이 계속 달라붙어 수행이 어려웠고, 매직으로 꽃을 그려 꽃 모양 안에 색종이 조각들을 붙이는 과정에서 색종이의 색을 동일하게 맞추기 위하여 집중해서 활동하였다.

⭐ 사례 2

김○○ / 남 / 17세 / 발달장애

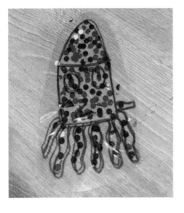

⋯▶ 아동은 펀치를 이용하여 색종이 조각을 만드는 것을 어려워하였으며, 왼손으로는 펀치를 누르지 못하였다. 처음에 색종이 없이 손동작만으로 펀치를 누르기 연습을 한 다음, 나중에는 색종이를 넣어 실제로 펀치를 사용하였다.
아동이 오징어를 만들고 싶다고 이야기하여 치료사가 오징어를 만든 후 오징어 윤곽선 안에 색종이 조각을 붙이도록 하였다.

참고문헌

김선진(2000). 운동학습과 제어. 서울: 대한미디어.

문수백(2016). K-DTVPⅢ. 서울: 학지사.

박경숙(1987). 자폐아의 감각통합기능 증진에 관한 연구. 이화여자대학교 박사학위논문.

박정민(2015). 미술치료가 전반적 발달장애 유아의 자기 표현력 증진과 눈-손협응력 발달에 미치는 영향. 동국대학교 석사학위논문.

이초희(2014). 양손 협응 활동이 지적장애아동의 시지각 기능에 미치는 효과. 대구대학교 석사학위논문.

Connor, F. P., Williamson, G. G., & Siepp, J. M. (1978). *Program guide for infants and toddlers with neuromotor and other developmental disabilities.* New York, London: Teachers College Press Columbia.

Gesell, A., & Amatruda, C. S. (1941). *Developmental diagnosis; normal and abnormal child development.* Oxford, England: Hoeber.

Holt, K. (1975). *Movement and Child development. Clinics in Developmental Medicine.* Philadelphia; Lippincott.

Ramsay, D. S., & Weber, S. L. (1986). Infants' hand preference in a task involving complementary roles for the two hands. *Child Development, 57*, 300-307.

Turvey, M. T. (1990). Coordination. *American Psychologist, 45*, 938-995.

제7장

시지각 향상을 위한 발달적 미술치료 프로그램

1. 시지각의 정의

지각(perception)은 외부세계로부터 유입되는 다양한 현상을 의미하는데(이화도, 2009), 그중에서 시지각(visual-perception)은 사람이 보는 것을 해석하는 능력, 특수한 시각과 인지 사이에서 상호작용의 결과로 나타나는 행동이며, 개념화되는 개인의 태생적인 기술이다. 또한 환경과 목적이 있는 상호작용을 통해 발달되는 능력이다(김경미 외, 2007).

아동은 성장하면서 시지각적 경험을 통해 물체가 어떠한 것인지 배우게 되며, 학교에 입학하면서 정확한 시지각을 통해 읽기와 쓰기 그리고 셈하기 학습 기능을 배우며 시각적 상징을 인지하고 행할 수 있게 된다(여광응 외, 2003).

다시 말하면, 인간의 움직임은 환경에서 오는 자극과 정보를 통합하여 반응하고 복잡한 정보전달 체계를 통해 발현되는데, 이때 사용되는 정보전달 체계의 종류에는 시각, 청각, 미각, 후각, 촉각 등이 있고, 이를 통해 전달받은 정보들은 통합하여 움직임을 생성한다고 할 수 있다(Payne & Isaacs, 2012). 즉, 움직임 생성에 필요한 정보 통합과정을 시지각이라고 한다.

2. 시지각과 발달적 미술치료

시지각은 심리학, 작업치료, 시력 측정, 교육에서는 매우 중요한 영역이다.

일반적인 아동의 시지각은 일상생활활동 및 학습활동에 영향을 미치며, 특히 읽기와 같은 중요한 기능을 수행하는 요소이다(양영애 외, 2009). 학령기 아동들은 학교나 가정에서의 학습을 통해 많은 지식을 습득하는데, 이때 학습의 대부분이 시지각에 영향을 많이 받는 읽기와 쓰기가 바탕이 된다(박성현 외, 2005). 그리고 사물의 길이나 크기에 따라 감소 혹은 증가하는 순서대로 배열하고 서열화하는 능력이 발달한다(김수희 외, 2012).

이러한 아동의 발달은 연속적인 과정 속에서 이루어지기 때문에 비슷한 연령대에서 유사한 발달 특성을 나타낸다. 특히 유치원과 초등학교 1~2학년까지의 아동의 발달과정은 연속적인 특성이 강해 신체, 사회, 정서, 인지적 측면에서 유사한 점이 많이 나타난다(곽노의 외, 2012).

하지만 특수아동의 발달 양상은 일반아동과 공통점이 많으나, 특수아동이 일반아동과 다른 것은 속도가 완만하며 연령이 증가함에 따라서 그 발달 차이가 커져 간다는 것과 장애 정도가 심각할수록 이른 시기에 한계에 도달하게 된다는 점이다(여광응 외, 2003).

특수아동에게 흔히 나타나는 장애 중 시지각 및 인지기능의 장애는 독립적인 일상생활을 수행하기 어렵게 만들 뿐 아니라, 환경적 자극의 처리에도 문제가 생겨 환경 내의 조직화를 어렵게 만든다(Bottcher, 1989). 시지각 및 인지기능의 손상을 가지는 특수아동들은 초등학교 입학 후 장애로 인한 문제들이 분명해질 수 있다. 특히 일상생활활동의 요구가 증가함에 따라 이러한 문제들이 좀 더 확연해진다(박소원, 2014).

발달론적 관점에서는 기본적인 인지구조나 인지요인에 있어서 특수아동과 일반아동이 근본적인 차이가 없다고 말한다. 그들의 인지적 수준이 동일한 정신연령의 일반아동에 비해 낮은 것은 단순히 특수아동의 발달이 지체되기 때문이다(여광응,

2005; Hodapp & Zigler, 1997). 그러므로 특수아동의 동기나 노력 여부에 따라서 일반 아동과 똑같은 발달수준에 이를 수 있다고 설명한다(송준만 외, 2016).

반대로, 차이론적 접근에서는 특수아동과 일반아동과는 인지구조나 인지요인이 확연하게 다르며, 정신연령이 동일한 특수아동과 일반아동과는 인지능력에서의 분명한 차이가 있다고 본다. 그렇기 때문에 차이론자들은 특수아동의 인지적 결함을 제대로 파악하지 않고서는 그들의 인지적 특성을 제대로 설명할 수 없으며, 연령이 증가할수록 특수아동과 일반아동 사이의 인지적 차이도 커진다고 주장한다 (Hodapp & Zigler, 1997).

이런 인지발달이론(Theory of cognitive development)은 인간의 인지발달을 유기체와 환경의 상호작용으로 파악한 Piaget와 Vygotsky의 이론 등 다양한 인지적 발달이론들을 일반적으로 통칭하는데, Piaget는 사고의 발달에는 일정한 단계(stage)가 존재한다고 정의하며 여기서의 단계란 지적 능력의 뚜렷한 발전적 변화를 말한다 (Inhelder & Piaget, 1958).

정동영 등(1996)은 발달론적 관점을 적용하여 특수아동이 비록 발달단계를 통과하는 속도가 느리고 도달하는 한계점이 낮아도 일반학생과 동일한 단계를 거치기 때문에 동일한 발달연령의 일반학생들에게 적용하는 발달 과제를 그대로 적용해 볼 수 있다고 말한다.

따라서 시지각 향상을 위한 발달적 미술치료는 지연되어 있는 시지각의 수준을 일반아동의 수준과 같게 혹은 가까워질 수 있도록 돕는 프로그램으로 구성되어야 한다.

3. 시지각 향상을 위한 발달적 미술치료 프로그램 계획서 예시

치료계획서

수업명	미술치료	강사명	유지원
작성일	20○○년 6월 30일	기 간	20○○년 7~8월
요일 및 시간	월요일 3:00~3:50	대 상	윤 ○ ○

1. 교육목표
   ① 장기목표
     - 전반적인 인지적 발달의 향상 돕기
   ② 목표
     - 시지각 발달 돕기
2. 교육내용

월	주	일자	주제	내용	준비물
7~8월	1	7/8	호일 그림	호일에 나무젓가락으로 그림을 그리고 이미지를 변별하여 매직으로 색칠해 본다.	호일, 나무젓가락, 매직
	2	7/15	짧은 선으로 그림	밑그림을 화지에 자유롭게 그리고 짧은 선으로 색칠한다.	8절 켄트지, 사인펜, 화선지, 연필, 지우개
	3	7/22	손가락 이미지 그림	치료사가 손가락으로 허공에 간단한 이미지를 그리면 아동은 기억하고 그려 본다.	A4 용지, 연필, 지우개, 색연필
	4	7/29	라이스페이퍼 그림	라이스페이퍼에 사인펜과 매직으로 그림을 그리고 분무기로 물을 뿌려 그림을 변별하여 본다.	라이스페이퍼, 매직, 사인펜, 분무기
	5	8/5	선 따라 그리기	치료사가 연필로 다양한 선을 그리고 아동이 따라 사인펜으로 그려 본다.	8절 켄트지, 연필, 사인펜
	6	8/12	티슈 점묘화	화지에 밑그림을 그리고 티슈로 덮은 뒤 매직으로 점을 찍어 표현한다.	8절 켄트지, 매직, 티슈
	7	8/19	난화	연필로 마구 난화를 그리고 심상을 찾아 본다.	8절 켄트지, 사인펜, 색연필, 연필
	8	8/26	이미지 변별 그림	OHP필름에 치료사와 아동이 각각 매직으로 그림을 그리고 겹쳐서 하나의 그림을 변별해 색칠한다.	OHP필름, 매직

○○종합사회복지관

주의: 본 계획서의 양식은 예시로 내담자의 기능과 발달수준을 고려하여 회기수와 프로그램이 수정될 수 있다.

앞의 계획서는 특수아동을 대상으로 부산의 ○○종합사회복지관에서 의뢰된 발달적 미술치료 프로그램 계획서이다. 예시의 치료계획서는 매주 50분, 주 1회, 2개월간의 발달적 미술치료 프로그램으로 구성되었다.

4. 시지각 향상을 위한 발달적 미술치료 프로그램 실제

이 절은 발달이 늦은 아동의 시지각 향상을 돕는 발달적 미술치료 프로그램으로 구성되어 있고, 다양한 매체를 이용하는 미술치료의 특성상 시지각뿐만 아니라 소근육, 협응력, 집중력, 흥미 유발과 같은 다양한 부가적인 영역의 발달도 돕고 있다.

각 프로그램은 치료적 개입의 정도에 따라 ★의 개수로 명료하게 표기하고 있으며 주 1회, 월 4회의 총 12회기로 구성되었다. 그리고 프로그램에서 사용되는 매체는 일상생활에서 쉽게 구할 수 있는 접근성 좋은 매체와 시각기능을 극대화하여 사용하도록 만들어졌다.

또한 제시된 12회기의 시지각 향상을 위한 발달적 미술치료 프로그램은 또 다른 다양한 매체와 방법을 통한 시지각 프로그램이 많이 있으나 발달적 미술치료의 이해를 돕고자 제시된 것이다.

시지각

1 호일 그림
시각적 민감성과 집중력 향상을 위한 미술치료 프로그램

시각적 민감성	★★★
집중력	★★★
소근육	★★

　시각적 민감성은 높은 시각적 집중력을 요하는데, 호일에 나무젓가락을 이용하여 그림을 그리면 변별이 어렵고 아동들은 이미지를 변별하며 시각적 집중력을 향상하게 된다. 쉽게 찢어지고 구겨지는 호일의 특성은 신중함과 민감성을 향상하는 매체로 적합하다.

🌸 **목적:** 시각적 민감성 향상 돕기

🌸 **재료:** 호일, 나무젓가락, 매직

🌸 **제작과정**
1. 나무젓가락의 끝을 칼로 뾰족하게 잘라 준비한다.
2. 호일에 준비된 나무젓가락으로 단순한 이미지부터 복잡한 이미지까지 아동의 수준에 맞추어 그린다.
3. 호일에 표현된 이미지를 변별하여 명명하여 본다.
4. 아동이 호일에 그려진 이미지를 모두 인지하면 매직으로 따라 그린다.
5. 색칠하여 완성한다.
6. 작품을 감상하며 소감을 나눈다.

1단계: 호일에 그림을 그린다.

2단계: 변별하여 매직으로 그림을 따라 그린다.

3단계: 색칠하여 완성한다.

🌸 사례

김○○ / 여 / 16세 / ADHD

⋯▶ 아동은 충동성이 높고 부주의한 성향이다. 매사 집중이 어려운 아동은 호일에서 이미지를 변별하는 것에 몹시 짜증을 냈지만 그림이 완성되어 가며 높은 흥미를 보였다.

시지각

② 짧은 선으로 그림

시지각 및 소근육 향상을 위한 미술치료 프로그램

시지각	★★★
소근육	★★★
집중력	★★

짧은 선을 긋는 작업은 가장 간단하고 쉬운 작업수행이지만 많은 내적 통제성과 높은 시각기능을 요구하여 소근육의 발달을 돕는다. 하지만 시간이 오래 걸리는 단점이 있어 쉽게 포기하는 성향의 특수아동이라면 완성하는 데 다소 힘들 수 있다. 이럴 때는 치료사의 적극적인 언어적 지지가 필요하며 완성 후의 작품 감상을 통해 긍정적 피드백을 주는 것이 도움이 된다.

✿ **목적:** 시지각 향상 돕기

✿ **재료:** 4절 또는 8절 켄트지, 화선지, 연필, 지우개, 사인펜, 색연필

✿ **제작과정**

1. 밑그림은 아동이 자유롭게 그리도록 한다(설사 정확한 사물이나 형태의 묘사가 어려워 난화의 표현이라도 아동 스스로 자유롭게 그리도록 한다).
2. 색의 선택 또한 아동이 선택하도록 한다.
3. 2단계는 아동의 인지발달 수준에 따라 생략이 가능하여 바로 4단계로 넘어가도 된다.
4. 아동이 쉽게 포기하면 언어적 지지를 한다.
5. 마무리 작업 시 소감을 나눈다.

1단계: 밑그림을 그린다.

2단계: 화선지를 준비하여 완전히 덮는다.

3단계: 색칠하여 완성한다.

🌸 **사례 1**

김○○ / 여 / 14세 / 지적장애 2급

⟶ 아동은 소근육 발달 및 양손의 협응력은 원활하나 주의집중이 매우 짧고 충동성이 있다.

🌸 **사례 2**

강○○ / 남 / 13세 / 지적장애 3급

⟶ 아동은 양손의 협응력 및 소근육 발달이 미숙해서 짧은 선으로 표현하는 것을 매우 힘들어하였으나 시간이 지날수록 선의 길이와 크기가 작아지며(꽃의 선) 소근육의 통제가 원활하였다.

🌸 **사례 3**

이○○ / 남 / 14세 / 발달장애 2급

⟶ 아동은 불안이 높고 강박적인 성향이 있으며 충동성이 매우 높다. 미술활동을 좋아하며 주의집중이 원활하였는데, 때때로 자리에서 벌떡 일어나 소리를 지르는 행동을 보여 내적 통제로 인한 어려움이 있어 보였다. 총 2회기에 걸쳐 회기를 실시하였고, 2회기에서는 안정된 심리상태를 보였다.

시지각

3 손가락 이미지 그림

시각적 민감성과 주의집중 향상을 위한 미술치료 프로그램

시각적 민감성 ★★★
시각집중력 ★★★
소근육 ★★★

시지각은 시각과 지각을 아울러 이르는 말로 눈이 받아들인 정보를 뇌가 종합하는 것을 말한다. 시각적 민감성은 높은 시각적 집중력을 요하는데, 손가락으로 허공에 그림을 그리게 되면 이미지의 형태가 보이지 않아 시각적 집중력을 향상하는 데 도움이 된다.

🌸 **목적:** 시각적 민감성 향상, 시각집중력 향상 돕기

🌸 **재료:** 켄트지, 연필, 지우개

🌸 **제작과정**

1. 4~8개의 작은 종이를 준비한다.
2. 단서그림: 준비된 종이에 치료사와 아동이 자유롭게 그림을 그린다(어떤 그림을 그리는지 상대방이 알지 못하도록 한다).
3. 치료사가 먼저 단서그림을 보고 허공에 손가락을 이용하여 이미지를 표현한다.
4. 아동은 치료사가 손가락으로 그린 그림을 보고 켄트지에 모방하여 그린다.
5. 반대로 아동이 허공에 손가락으로 이미지를 표현하면 치료사가 모방하여 그림을 그린다.
6. 반복 훈련하고 단서그림과 모방그림을 비교하여 본다.

단서 그림을 준비한다.

단서그림을 보고 손가락으로 허공에 이미지를 표현한다.

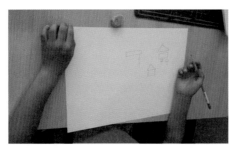

치료사가 그린 이미지를 보고 화지에 모방하여 그림을 그린다.

왼쪽은 아동이 그린 모방그림이고, 오른쪽은 치료사가 그린 단서그림이다.

🌸 사례

전○○ / 남 / 13세 / 유창성장애

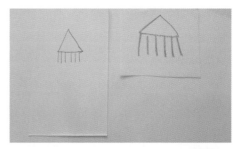

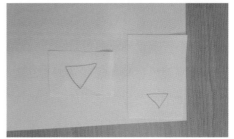

⋯ 치료사가 초록색으로 그린 이미지를 보고, 아동이 모방하여 그림을 그렸다. 아동은 직선으로 표현된 이미지는 정확히 표현하였으나 곡선으로 이루어진 이미지는 오반응이 나타났다.

시지각

❹ 티슈 점묘화

시지각과 집중력 향상을 위한 미술치료 프로그램

시지각	★★★
양손 협응	★★
집중력	★★

　티슈는 화장할 때 쓰는 얇고 부드러운 종이로 일상생활에서 친숙하게 접하고 있는 사물이며, 쉽게 찢어지는 특성으로 미술매체로 사용할 때 많은 정교함과 주의집중력이 요구되는 매체이다. 따라서 지속적인 과제수행이 어렵고 소근육과 시지각 발달이 미숙한 특수아동에게는 쉽지 않은 과제이다.

　또한 점묘 작업은 소근육 발달을 돕고 높은 시각기능을 요구하기 때문에 휴지에 표현하는 점묘 작업은 특수아동의 시지각 향상에 도움이 될 수 있다.

❋ **목적:** 시지각 향상 돕기

❋ **재료:** 티슈, 매직, 켄트지, 다양한 스티커, 투명테이프

❋ **제작과정**
1. 밑그림을 그린다(단순한 선이나 도형으로 표현하여도 된다).
2. 밑그림 위에 티슈를 덮고 투명테이프로 고정을 시킨다(아동의 인지능력이 우수하다면 밑그림을 생략하고 바로 점묘로 표현한다).
3. 완성된 작품에 다양한 스티커를 이용하여 꾸며 준다.

1단계: 밑그림을 그린다.

2단계: 밑그림에 티슈를 덮고 매직으로 점을 찍어 표현한다.

🌸 사례 1

박○○ / 남 / 11세 / 경계선 지적장애

⋯▶ 아동은 총 3주에 걸쳐 완성(1회 40분, 주 1회) 하였고, 불안이 매우 높고 자존감이 낮아 과 제수행 시간이 지나치게 오래 걸렸다.

⚜ **사례 2**

박○○ / 남 / 10세 / 발달장애 2급

⋯› 아동은 인지기능의 저하로 형태를 표현하기 어
려웠으나, 아동은 자유롭게 선을 그리고 점묘
로 표현하였다.

⚜ **사례 3**

강○○ / 남 / 12세 / 발달장애 2급

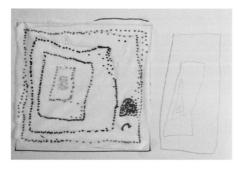

⋯› 아동은 불안이 높고 매우 제한적인 관심(트로
트 노래가사)만 보이며, 평소 산만하고 불안정
한 심리상태를 보였다. 과제수행 중 차분하게
안정된 심리상태를 보였으나 점들의 간격이 벌
어져 충동성이 나타난다.

⚜ **그룹 사례**

⋯› 높은 주의력을 요하는 수행으로 그룹 작업이
가능하다. 이 사례는 지적장애 2급 아동들의
그룹이다. 그룹 수행 시 명상 음악을 들려주는
것이 도움이 된다.

시지각

5 라이스페이퍼 그림
시지각 및 흥미 유발을 위한 미술치료 프로그램

시지각	★★★
흥미 유발	★★
소근육	★★

라이스페이퍼는 식재료로서 물에 녹는 성질을 가지고 있어 다양하게 활용이 가능하기 때문에 아동의 심리적 상처나 지우고 싶은 기억을 라이스페이퍼에 그리게 하여 지워 봄으로써 대리만족을 느낄 수 있다. 또한 익숙한 식재료를 이용하여 그림을 그려 봄으로써 아동의 흥미를 유발할 수 있고 잘 부서지는 성질 때문에 아동은 많은 주의를 기울여야 한다.

❀ **목적:** 시지각 향상, 흥미 유발, 자기표현, 욕구탐색 돕기

❀ **재료:** 라이스페이퍼, 사인펜, 매직, 붓, 분무기

❀ **제작과정**
1. 두 장의 라이스페이퍼를 준비한다.
2. 한 장에는 사인펜으로 지우고 싶은 기억을 그리고, 나머지 한 장에는 매직으로 '앞으로의 멋진 나'를 그리도록 한다(특수아동의 경우, 한 장의 라이스페이퍼에 사인펜으로 자유롭게 그리고 매직으로 아동이 좋아하는 그림을 그리고 난 뒤 물을 칠하면 사인펜이 녹아 매직으로 그린 그림의 배경이 된다).
3. 두 장의 라이스페이퍼에 분무기나 붓을 이용하여 물을 칠하고 반응을 살핀다.
4. 사인펜으로 그린 지우고 싶은 그림이 사라지면 소감을 나눈다.

★ 사례 1

김○○ / 여 / 10세 / 또래관계에 어려움을 겪는 아동

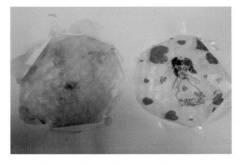

⋯▶ 왼쪽은 지우고 싶은 기억을 그린 그림이
다. 동생은 맛있는 음식을 먹고 있는데,
아동은 치료실을 오는 상황이 몹시 짜증
난다고 하였다.
오른쪽은 미래의 멋진 내 모습을 그린 그
림이다. 아동은 공주가 된 자신을 표현하
였다.

⋯▶ 왼쪽 그림은 물에 의해 지워지고, 오른쪽
의 아동의 바람을 그린 그림만 남았다.

★ 사례 2

김○○ / 여 / 9세 / 자기표현이 어려운 아동

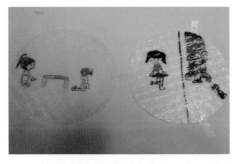

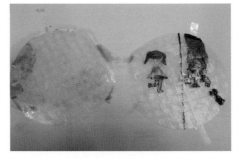

⋯▶ 왼쪽은 지우고 싶은 기억을 그린 그림이
다. 엄마에게 혼이 나는 기억을 그렸다.
오른쪽은 미래의 멋진 내 모습을 그린 그
림이다. 아동은 여왕이 된 자신을 표현하
였다.

⋯▶ 왼쪽 그림은 물에 의해 지워지고, 오른쪽
의 아동의 바람을 그린 그림만 남았다. 아
동은 여왕이 되어 심부름을 하지 않고 가
만히 있고 싶다고 하였다.

✽ **사례 3**

박○○ / 남 / 11세 / 또래관계가 어려운 경계선 지적장애 아동

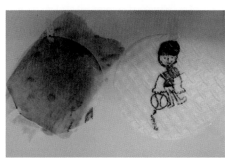 

⋯ 아동은 지우고 싶은 기억에서 왕따를 당했던 자신의 모습과 자신을 괴롭히던 친구들을 그렸다.
미래의 멋진 내 모습에서는 멋진 축구 선수가 된 자신의 모습을 그렸는데 물에 지워진 (지우고
싶은 기억) 라이스페이퍼를 찢어버렸다. 아동은 기분이 후련하다고 말하며 자기의 기억이 정말
로 지워지면 좋겠다고 하였다.

✽ **사례 4**

강○○ / 남 / 10세 / 아스퍼거증후군

 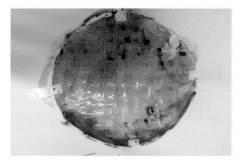

⋯ 아동은 나무에 대한 공포증이 있는데, 나무를 그리고 지워 봄으로써 대상에 대한 공포를 극복해
보았다.

❋ 사례 5

장○○ / 남 / 9세 / 자폐스펙트럼장애

⋯⟩ 아동은 라이스페이퍼에 사인펜으로 자유롭게 그리고 매직으로 좋아하는 자동차를 그렸다. 붓에 물을 묻혀 지우자 사인펜으로 색칠한 부분은 녹아서 배경으로 칠해지고 매직으로 그린 자동차의 형태만 나타났다.

시지각

6 선 따라 그리기
시지각 및 소근육 운동 발달을 위한 미술치료 프로그램

시지각	★★★
소근육	★★★
정교성	★★

선 그리기는 가장 단순한 작업이며 특별한 기술없이 누구나 쉽게 그릴 수 있다. 하지만 선을 그리기 위해서는 눈과 손의 협응, 시각적인 집중력, 소근육의 조작력이 필요한데, 전반적인 인지발달에서 미숙함을 나타내는 특수아동에게는 단순히 선을 그리는 작업도 어려운 과제수행이 될 수 있다. 따라서 선을 따라 그리는 수행을 통해 시각적인 집중력, 소근육의 발달을 도울 수 있다.

🌸 **목적:** 시지각, 소근육 향상 돕기

🌸 **재료:** 8절 켄트지 또는 4절 켄트지, 연필, 색연필 또는 매직

🌸 **제작과정**
1. 켄트지에 연필로 치료사가 단순한 선들을 그려 제시한다.
2. 아동이 사인펜이나 색연필, 매직을 이용하여 제시된 선을 따라 그린다.
3. 치료사는 곡선, 사선, 지그재그선과 같이 점점 복잡한 선들을 겹쳐 제시한다.
4. 아동은 혼란스러운 선들 사이에서 제시된 자극선을 찾아 따라 그린다.
5. 간단한 형태의 그림을 그리고 선들 위에 붙인 뒤 그림을 찾도록 한다(예: 물고기를 그리고 찾아보기).

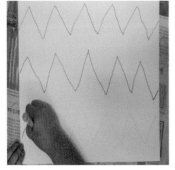

1단계: 겹쳐서 자극선을 제시한다.

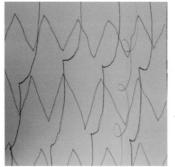

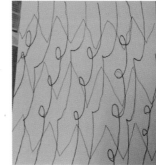

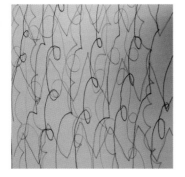

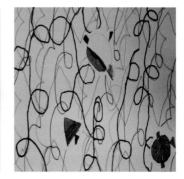

2단계: 간단한 형태를 그린다.   3단계: 혼란스러운 선들 속에서 형태를
찾는다.

🌸 사례 1

정○○ / 여 / 9세 / 지적장애 2급

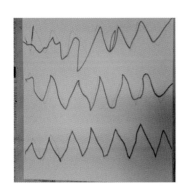

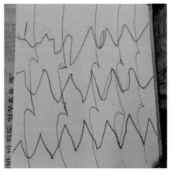

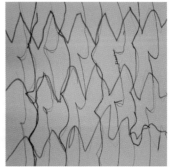

⋯⋯ 아동은 자극선을 정확히 따라 그리기 어려우며 혼란스러운 선들 속에서 심상을 찾는데 오래 걸렸다.

🌸 사례 2

김○○ / 남 / 11세 / ADHD

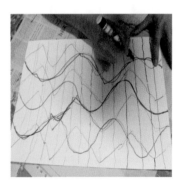
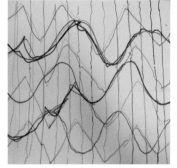

⋯⋯ 매우 산만하고 경계선 지적수준을 보이는 아동으로 급하고 산만하여 선들을 따라 그리기 어려웠다. 빠른 스트로크(stroke)와 파선들은 아동의 충동성을 나타낸다.

🌸 사례 3

박○○ / 남 / 9세 / 발달장애 2급

⋯⋯ 아동은 정확하게 제시된 자극선을 따라 그렸고 자극선을 조금만 벗어나도 불안해하였다.

7 난화
시지각 및 시각집중력 증진을 위한 미술치료 프로그램

시지각	★★★
시각집중력	★★★
공간지각	★★

난화는 '끌적거리기'란 의미를 가지고 있는데, 일정한 형태를 묘사하지 않으며 손 가는 대로 낙서하듯이 그리는 기법으로 스스로 심상을 찾고 그리는 과정이다.

또한 자유롭게 선을 그리는 것만으로도 스트레스 해소에 도움이 되며 시각기능과 집중력 증진에 효과가 있다.

🖌 **목적:** 시지각, 시각집중력, 추상적 사고력 향상 돕기

🖌 **재료:** 8절 켄트지 또는 전지, 연필, 색연필 또는 매직, 물감

🖌 **제작과정**

1. 켄트지에 연필로 마구 낙서하듯이 선을 그린다(난화).
2. 치료사가 난화에 심상을 숨긴다(아동의 인지발달 수준에 따라 진한 선으로 아동이 찾기 쉽게 심상을 그리거나 연하게 하여 심상을 찾기 어렵게 한다).
3. 아동이 심상을 찾아 색칠을 하면 검정색 물감으로 나머지 선을 정리하여 지운다(아동의 성취감을 향상시킬 수 있다).
4. 심상 찾기가 가능하면 아동 스스로 난화를 그리고 심상을 찾는다.

1단계: 마구 그린다.　　　　　2단계: 치료사가 숨긴 심상을 찾아 색칠한다.

🎨 사례 1

김○○ / 남 / 10세 / 사회성이 부족한 아동

⋯▶ 아동은 물고기를 찾았고 가운데 심상은 밤이다. 물고기들이 밤을 먹기 위해 달려든다고 하였다.

🎨 사례 2

김○○ / 여 / 11세 / 스트레스가 높은 아동

⋯▶ 인지발달 수준이 매우 높은 아동으로, 아동의 심상은 매우 높은 수준으로 표현되어 있다. 평소 동생에 대한 스트레스가 높았다.

사례 3

박○○ / 남 / 8세 / 지적장애 2급

⋯⋙ 아동은 간단한 형태인 나비와 물고기 심상을 찾았다.

사례 4

유○○ / 여 / 7세 / 발달장애 2급

⋯⋙ 아동은 치료사가 제시한 심상을 찾을 수는 있으나 정확
히 색칠하기는 어려웠다.

시지각

⑧ 스티커 모자이크 그림

시지각과 집중력 향상을 위한 미술치료 프로그램

시지각	★★★
집중력	★★★
형태 항상성	★★

스티커를 이용한 모자이크는 점묘화와 같은 방식으로 작품이 만들어져 초점 맞추기 훈련이 가능하며, 각 모눈종이의 칸 안에 제시된 다양한 도형은 형태 항상성의 향상을 돕는다.

또한 스티커를 칸 안에 붙이는 과정을 통하여 눈-손 협응력을 도울 수 있으며, 작은 스티커를 붙여 표현하는 모자이크 기법은 시지각의 향상을 돕는다.

🌸 **목적:** 시지각, 집중력, 형태 항상성 향상 돕기

🌸 **재료:** CANDY 모자이크(굿에듀) 워크지

🌸 **제작과정**

1. 아동의 수준에 맞는 워크지의 단계를 선택한다.
2. 명상 음악을 들으며 이완된 상태에서 스티커를 떼어 각 도형에 맞게 붙인다.
3. 실수가 나타났을 때는 밝은 불빛 밑으로 가져가 종이를 밑에서 위로 들어 보며 틀린 곳을 찾아 아동이 스스로 고치도록 한다.
4. 완성된 작품이 무엇을 나타내는지 알아맞혀 본다.
5. 단계별로 꾸준히 작품을 완성한다.

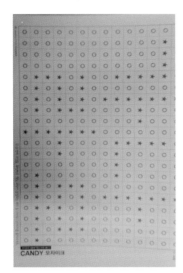
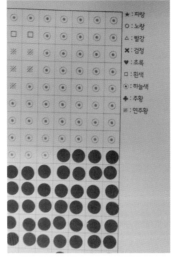
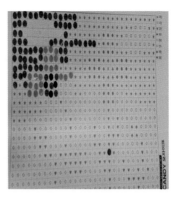

★ : 파랑
○ : 노랑
△ : 빨강
✕ : 검정
♥ : 초록
□ : 흰색
◎ : 하늘색
✚ : 주황
※ : 연주황

각 도형이 나타내는 색의 ○스티커를 선택해 붙인다.

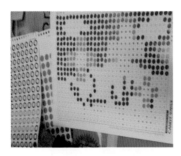

스티커를 붙여 완성한 뒤 어떤 그림이 보이는지 알아맞혀 보고 제목을 붙여 본다.

🖌 사례 1

박○○ / 남 / 13세 / ADHD

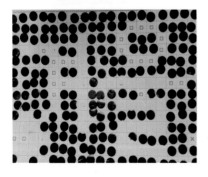

⋯▸ 아동은 산만하고 충동적인 성격으로 도형에 정확히
반응할 수 있으나 정교성이 낮다.

❋ 사례 2

박○○ / 여 / 7세 / 취학 전 아동

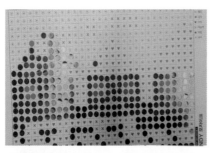 

⋯ 아동은 형태 항상성 및 변별력, 주의집중, 수행 지속성 모두 우수하며, 완성된 작품에 성취감을 나타내었다.

❋ 사례 3

김○○ / 여 / 17세 / 발달장애 2급

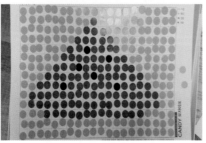

⋯ 아동은 형태 항상성 및 변별력, 주의집중, 수행 지속성 모두 우수하였고, 완성된 작품에 성취감을 느꼈다.

9 선 이어 그림 완성하기

시각집중력과 시지각 향상을 위한 미술치료 프로그램

시각집중력	★★★
시지각	★★★
성취감	★★

시각적인 자극이 약한 흐릿한 선은 아동의 시지각 훈련에 적합하다. 시지각과 시각집중력이 낮은 아동은 끊어진 선들을 통해 이미지를 변별하기 어려우며 점점 진하게 또는 점점 흐리게 자극을 주어 다양한 개입이 가능하다.

❋ **목적:** 시각집중력, 시지각 향상 돕기

❋ **재료:** 켄트지, 연필, 채색도구, 크레파스

❋ **제작과정**

1. 선을 흐리고 선의 간격을 넓게 이미지를 표현하여 제시한다.
2. 아동이 이미지를 인지하지 못하면 진하고 선의 간격을 좁게 선을 그려 제시한다.
3. 아동이 이미지를 인지하면 연필로 선을 연결해 그림을 완성한다.
4. 채색도구를 이용하여 자유롭게 색칠하고 완성한다.
5. 작품을 감상하고 소감을 나눈다.

제시된 이미지: 집과 나무

흐린 선과 넓은 간격의 단서그림을 인지하기 어렵게 제시하였다.

진한 선과 좁은 간격의 단서그림을 인지하기 쉽게 제시하였다.

선을 연결하여 이미지를 완성한다.

채색한다.

사례

김○○ / 남 / 12세 / 발달장애 2급

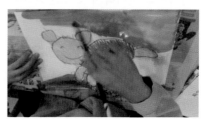

⋯⋯ 아동은 이미지 변별(3회 진하기와 간격 조절함)이 가능하였고 선을 이어 형태를 완성하고 색칠을 하였다. 아동은 '곰이에요' 하며 이미지에 제목을 정해 주었으며, 총 한 달 동안 5회에 걸쳐 시지각 향상을 위해 훈련하였다.

시지각

10 이미지 변별 그림

시각집중력과 시지각 향상을 위한 미술치료 프로그램

시각집중력	★★★
시지각	★★★
소근육	★★

　복잡한 형태 속에서 특정 이미지를 찾는 수행은 아동의 시각적인 변별력과 민감성, 집중력을 필요로 하는데, 개별적인 작업과 그룹 작업이 모두 가능하며 아동의 인지기능을 고려해 다양한 방법으로 응용이 가능하다.

❋ **목적:** 시각집중력, 시지각, 소근육 향상 돕기

❋ **재료:** OHP필름 3장(1인 기준), 매직

❋ **제작과정**

1. 아동이 1장의 OHP필름에 검정색 매직을 이용하여 자유롭게 그림을 그린다(난화로 표현되더라도 치료사는 개입하지 않는다).
2. 두 번째 OHP필름에 치료사가 그림을 그린다(예: 바닷속 풍경).
3. 치료사가 그린 그림을 3~4초간 아동에게 보여 주고 기억하도록 한다.
4. 두 장의 그림을 겹쳐서 그 위에 남은 1장의 OHP필름을 덮어 아동에게 제시한다.
5. 치료사가 그린 그림만 변별하여 매직으로 색칠하게 한다. 그 이유는 아동이 그린 그림은 변별이 너무나 쉽기 때문에(익숙하고 상동적인 이미지 반응일 가능성이 높음) 상대방이 그린 그림을 변별하도록 한다.

> **Tip** 그룹 작업이라면 각 아동이 그린 그림을 서로 겹쳐 상대방 아동이 그린 그림을 변별하여 색칠하도록 한다.

6. 치료사가 개입하지 않는다.

7. 기능 향상을 위해 수행이 원활하지 않다면 반복 수행하도록 한다.

8. 완성된 작품을 보며 소감을 나눈다.

아동이 그린 자유화이다.

치료사가 그린 자유화이다.

두 장의 OHP필름 그림과 세 번째 OHP필름을 겹쳐 제시한다.

치료사가 그린 그림만 변별하여 색칠한다.

완성된 작품이다.

🖌 **사례 1**

김○○ / 여 / 6세 / ADHD

┈┈ 첫째 줄에서 왼쪽은 아동이 그린 그림이며, 오른쪽은 치료사가 그린 그림이다. 아동은 치료사가
제시한 이미지에 모두 반응하지 못하였으며 언어적으로 매우 산만하였다.

🖌 **사례 2**

문○○ / 여 / 14세 / 발달장애 2급

⋯▶ 아동은 치료사가 그린 이미지에 모두 반응하였
다. 평소 충동적이고 급한 성격으로 인하여 수행
지속시간이 짧은데 반해, 정교하고 천천히 수행
에 참여가 가능하였다.

✿ 사례 3

박○○ / 여 / 13세 / 지적장애 3급

⋯▶ 아동은 충동성이 높고 주의집중이 어려운 성향으로 인하여 시각적인 변별력도 낮았다. 3회의
반복 수업으로 치료사가 그린 이미지를 찾을 수 있었으며(정교성은 낮음), 색의 다양성도 나타
났다.

11 이미지 기억 그림

시지각 향상을 위한 미술치료 프로그램

시지각	★★★
시각집중력	★★
시각적 민감성	★★

　시각적 기억 보유력과 구성요소를 조직하는 기능을 향상하기 위한 접근으로 세 개의 연속 화상을 제공하여 그리게 한다. 이는 단일 회기에 두 장 이상의 그림을 연속으로 그리는 것이 한 장으로 그리는 것보다 더 많은 정보를 얻게 하고, 그림의 구성요소를 조직하는 통합력을 나타낼 수 있기 때문이다.

🎨 **목적:** 시지각, 시각집중력, 시각적 기억 보유력, 구성요소를 조직하는 기능 향상 돕기

🎨 **재료:** 켄트지, 연필, 지우개, 색연필

🎨 **제작과정**

1. 치료사가 화지에 완전한 이미지의 그림을 그려 제시한다(예: 어항 속 물고기).
2. 완전한 이미지가 그려진 자극그림 1(이하 그림 1)을 제시하여 아동이 과제를 수행하도록 한다(예: 색칠).
3. 윤곽선만 그려진 자극그림 2(이하 그림 2)를 제시한다(예: 어항만 그려 제시한다).
4. 백지(이하 그림 3)를 제시한다.
5. 아동이 수행을 이해하지 못하면 반복 수행한다.
6. 아동이 세 개의 그림을 그려 수행이 가능하면 다른 이미지를 제시한다(예: 화분의 꽃).

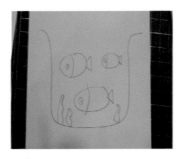

그림 1

그림 1에 색칠하여 완성한 작품이다.

> **Tip** 　그림 1에 색칠을 하는 이유는 아동에게 자극그림을 더 오랜 시간 동안 노출하기 위해서이다.

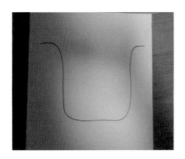

그림 2

그림 3(백지)

🌸 사례

허○○ / 남 / 9세 / 발달장애 2급

⋯▶ 아동은 충동성이 높고 주의력이 낮으며 소근육의 발달이 매우 늦다. 아동은 그림 1에 반응해서 색칠하여 완성하였다. 그림 2에서는 제시된 틀인 어항을 왜곡되게 표현하였고, 백지로 제시된 그림 3은 반응하지 못하였다.

시지각

12 화선지 그림
시지각 및 시각집중력 향상을 위한 미술치료 프로그램

시지각	★★★
시각집중력	★★
양손 협응	★★

화선지는 붓글씨를 쓰거나 그림을 그릴 때 쓰는 한지의 하나로 다른 말로는 선지라고도 부르는데, 먹 또는 물감을 잘 빨아들이고, 잘 번지며, 내구성이 매우 뛰어난 특성이 있어 아동들의 미술 작업에서 용이하게 사용할 수 있다.

❀ **목적:** 시지각, 시각집중력 향상 돕기

❀ **재료:** 켄트지, 연필, 지우개, 사인펜, 화선지, 먹물, 분무기, 색연필, 크레파스

❀ **제작과정**
1. 8절 또는 16절 켄트지에 연필로 연하게 밑그림을 그린다.
   아동이 스스로 그려도 되고 치료사가 그려 주어도 된다.
2. 밑그림을 사인펜으로 굵고 진하게 따라 그린다.
3. 색연필 또는 크레파스로 색칠을 하고 화선지로 덮는다.
4. 화선지 위에 먹물로 다시 밑그림을 따라 그린다.
5. 분무기로 물을 뿌리면 선명하게 색이 나타나며 코팅을 한 듯 반짝인다.
6. 완성된 작품을 보며 소감을 나눈다.

밑그림을 그리고 사인펜으로 선을 따라 그려 선명하게 만든 뒤 색연필로 색칠한다.

화선지로 덮고 먹물로 밑그림을 다시 따라 그린 뒤 물을 뿌리면 색이 드러나며 완성된다.

🌸 사례 1

남○○ / 남 / 8세 / 경계선급 지적장애

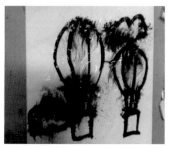

⋯› 아동은 주의집중을 하지 못해 그림에 반응하여 색칠하기가 어려웠으나 분무기로 물을 뿌려 색이 드러나자 높은 관심을 보였다. 또한 먹선을 그리며 선을 벗어나지 않기 위해 스스로를 통제하는 모습을 보였다.

❋ 사례 2

유○○ / 남 / 10세 / 지적장애 3급

⋯ 아동은 평소 좋아하는 과일을 치료사에게 그려 달라 하였는데 연하게 그린 과일을 사인펜으로 정교하게 따라 그릴 수 있었고, 먹선을 그리며 밑그림에서 벗어나지 않기 위해 짧은 선을 사용하는 등 스스로를 통제하는 모습을 보였다.

참고문헌

곽노의, 김창복, 이경순(2012). 누리과정과 2009개정 초등교육과정에 기초한 유아교육기관과 초등학교의 연계교육. 서울: 창지사.

김경미, 장문영, 홍은경(2007). 청각자극의 세기에 따른 노인의 인지 반응시간 분석. 대한감각통합치료학회지, 5(1), 1-10.

김수희, 김지현, 나용선, 권오균, 전대성(2012). 아동발달. 경기: 양서원.

박성현, 박소정, 박수희, 정혜림, 장문영(2005). MVPT-R을 이용한 한국과 미국 전학령기 아동의 시지각 능력 비교를 위한 기초 연구. 대한감각통합치료학회지, 3(1), 49-56.

박소원(2014). 아동용 전산화 인지재활 프로그램이 학령기 발달장애 아동의 시지각, 인지 및 일상생활활동에 미치는 효과. 대구대학교 박사학위논문.

송준만, 강경숙, 김미선, 김은주, 김정효, 김현진, 이경순, 이금진, 이정은, 정귀순(2016). 지적장애아교육. 서울: 학지사.

양영애, 김신영, 김정기, 김태훈, 김한수, 박경영, 박수희, 오혜원, 이인경, 이혜경, 정복희, 정현애, 조미술, 지석연, 채경주, 최혜숙(2009). (물리ㆍ작업치료사를 위한) 인간발달과 수행: 성장과 발달. 서울: 정담미디어.

여광응(2005). 정신지체아동의 학습과 인지. 서울: 도서출판특수교육.

여광응, 김나영, 추연구(2003). 지적장애아의 발달과 인지ㆍ행동. 경기: 양서원.

유지원(2013). 캔디모자이크. 서울: 굿에듀.

이화도(2009). 유아인지발달. 서울: 창지사.

정동영, 김영환, 김부용(1996). 정신지체학교 고등부 기능적 생활중심 지도자: 기능적 생활중심 교육 과정의 이론과 실제. 경기: 국립특수교육원.

Bottcher, S. A. (1989). Cognitive retraining: A nursing approach of the brain injured. *Nursing Clinics of North America, 24*(1), 193-208.

Hodapp, R. M., & Zigler, E. (1997). New issues in the developmental approach to mental retardation. In W. E. MacLean, Jr. (Ed.), *Ellis' handbook of mental deficiency, psychological theory and research* (3rd ed., pp. 115-136). Mahwah, NJ: Lawrence Erlbaum Associaters.

Inhelder, B., & Piaget, J. (1958). *The growth of logical thinking from childhood to adolescence: An essay on the construction of formal operational structures* (Vol. 22). Psychology Press.

Payne, V. G., & Isaacs, L. D. (2012). Human Motor Development A Lifespan Approach (8. baskl). New York.

제8장

공간지각 향상을 위한 발달적 미술치료 프로그램

1. 공간지각의 정의

공간지각은 삶을 살아가는 모든 생활의 공간을 이해하는 데 중요한 요소 중 하나이며, 우리가 일상적인 생활을 하는 데 없어서는 안 될 능력이다.

공간지각능력에 관한 수많은 연구에서 공간지각 용어들을 살펴보면 학자마다 조금씩 의견 차이는 있지만 대부분 비슷한 의미를 가진 공간지각(spatial perception), 공간능력(spatial ability), 공간관계(spatial relation), 공간적 시각화(spatial visualization) 등으로 사용되고 있다.

공간의 경험은 영아·유아부터 시작하여 시각, 촉각, 청각 등의 감각을 통해서 공간적 범위를 감지하고 그중에서도 시각적 자극을 통해서 지각되는 공간을 가장 명확하게 인식한다(구은희, 2010). 그 후에 일반적으로 지각된 공간으로는 자기 자신의 신체를 중심으로 좌우, 상하, 전후의 방향으로 나뉘며 3차원의 거리나 원근을 구별하게 된다.

이렇게 3차원으로 구성된 사물 또는 형체들은 주변에서 쉽게 경험할 수 있고, 특히 그림을 그리는 과정에서 선의 병합, 색, 도형의 모양, 형태 활용, 원근감의 요소 등을 통해 공간지각능력을 증진시키고, 기저선의 유무에 따른 인식, 사물 크기 비교, 공간의 적절한 배치, 여백의 활용을 통해서 공간지각능력을 증진시킬 수 있는 경험을 한다(지성애, 2001).

또한 도형을 바탕으로 하는 전개도, 도형의 회전, 위치에 따른 변화, 유추하기 경험과 공간상의 구성하기 등 평면에서 입체로 해석하는 학습 방법을 통하여 공간지각능력이 증진된다.

Del Grande(1987), Linn과 Petersen(1985)은 공간지각능력을 공간적 정보와 공간으로부터 주어지는 자극을 인식하고 식별하여 표상하고 변화하고 다시 결합하고 이해하는 능력을 설명하는 것이라고 말한다.

결국 공간지각능력은 전반적인 발달에서 보고 듣고 말하고 읽고 쓰며 학습하는 모든 것이 서로 밀접한 관련과 도움(김영은, 2012)을 받고 있기 때문에 없어서는 안 될 중요한 능력이며, 공간을 알기 위해서는 시각적 인식을 통한 해석뿐만 아니라 시각적·공간적 정보를 통합하여 인출해 내는 과정을 통해 발달되므로 반복적인 학습을 지속적으로 노출하기 위해서는 다양한 방법을 통하여 학습의 기회가 필요하다.

2. 공간지각과 발달적 미술치료

공간에 대한 개념은 자라나면서 자연스럽게 형성되는데, 주변세계의 능동적인 탐색이 기초가 된다. 즉, Smith(2006)는 유아가 바깥의 공간에서 기구를 가지고 놀이하고, 여러 크기의 공간에서 생활하며 공간 개념 형성에 대한 기회를 가지며 발달한다고 말하고 있다.

이 공간감각은 인지적 발달에 중요한 매개체 역할을 하는 동시에 중요한 상관관계를 가지고 있다.

또한 공간지각능력은 지적 수준을 측정하는 지능검사의 하위영역에 공간지각력, 시간-공간 지각력, 동시처리(공간정보와 유추적 정보의 통합), 시공간 사고와 같은 중요한 부분으로 자리 잡아 사용되고 있다.

영아기 · 유아기까지의 발달과정을 보면, Honmann(1991)은 감각운동기 말인 2세
경이 되면 정신적으로 공간을 표상하는 능력이 발달하며, 3~4세경이 되면 위상학
적 특성의 관점에서 공간관계를 이해하게 되고, 5~7세경이 되면 사물 모양의 특징
을 인식하게 되며, 초등학교 저학년이 되어야 그림자와 거울상(Mirror image), 관점
의 이해 능력과 공간과 사물의 거리, 부피, 면적에 대한 이해가 가능하다고 하였다.

　　Piaget도 공간의 지각은 점차적으로 구성되며 정신 발달의 초기부터 만들어져 있
는 것이 아니라 사물과의 상호작용과 시행착오를 거듭하며 발달하기 때문에 유아
는 태어날 때부터 공간지각능력을 가지며 자기중심적인 공간의 인식과 표상에서부
터 타인중심적 인식과 표상으로 발달한다고 한다(홍혜경, 2010).

　　공간 개념의 발달과정에서는 감각운동기 말인 2세경이 되면 정신적으로 공간을
표상할 능력이 발달하며, 3~4세경이 되면 어떤 사물이 다른 사물과의 관계 속에서
가지는 위치나 상태 특성의 관점에서 공간관계를 이해하게 되고, 5~7세경이 되면
모양의 특징을 인식하게 되며, 초등학교 저학년이 되어야 관점의 추리능력과 공간
의 양적과의 이해가 가능하다고 보았다(홍혜경, 1999).

　　발달론적 관점에서 특수아동도 비록 발달단계를 통과하는 속도가 느리고 도달하
는 한계점이 낮아도 일반학생과 동일한 단계를 거치기 때문에 동일한 발달연령의
일반학생들에게 적용하는 발달 과제를 그대로 적용할 수 있다고 보고 있다(정동영
외, 1996).

　　공간에 있어 형태와 크기에 대한 항상성이 잘 발달되지 않은 아동은 일반적으로
외양의 변화에 불안해지기 쉬울 뿐만 아니라 문자 학습에서도 심한 어려움을 겪는
다. 특정한 형태나 구조 속에서는 잘 알아보는 숫자나 문자, 낱말이라도 그것을 다
른 방법으로 제시하게 되면 그 숫자나 문자를 같은 것으로 알아보지 못한다. 이러한
장애를 가지고 있는 아동은 문자나 숫자가 여러 가지 형태나 색으로 변화되어 나타
나면 같은 것으로 지각하기 어렵기 때문에 문자 학습에 곤란을 갖는다.

　　또한 공간의 위치에 대한 장애가 있는 아동은 시각적 세계가 혼동되어 움직임이
불안정하고 머뭇거리는 모습을 볼 수 있다. 또 '위' '아래' '좌' '우' 등과 같은 말이 무
슨 의미인지 잘 이해하지 못한다. 문자를 학습할 때 공간의 개념이 많이 들어가는
데, 특히 글자, 문자, 낱말, 숫자, 그림들이 왜곡되고 혼란스러워지기 때문이다. 가
장 간단하고 자주 사용되는 예시로, 자신의 신체를 중심으로 어떤 사물이나 물체를

지각하기 어려워하는 아동은 '어'를 '아'로, '오'를 '우'로, '6'을 '9'로, '52'를 '25'로 혼동하여 지각되기 쉽다. 결국 이것은 읽고, 쓰고, 수학적인 학습과 일상적인 공간을 이해하는 것에 큰 지장을 초래할 수 있다(여광웅, 2003).

공간지각능력의 부진은 미술 교육뿐만이 아니라 실생활 혹은 현 사회와 학습하는데 아주 중요하게 인식되는 문제이다(고우리, 2016). 일상생활에서 방을 정리하거나 꾸미는 것, 거리의 폭을 인식하여 시·공간적으로 가늠하는 것, 지도를 통해 길을 찾는 것, 기계의 구조를 파악하는 것, 작동 방법을 이해하는 것 등 공간을 인식하고 해야 하는 일이 많다.

그러므로 전반적인 공간지각의 발달과 인지발달에 따른 학습이 뒷받침되지 않는다면 인지의 발달과 표현이 동시에 상승하기는 어렵다. 공간지각능력을 개발하고 향상시킬 수 있도록 많은 교육의 기회와 흥미롭고 다양한 방법이 제공되어 공간지각능력 향상을 신장시켜야 할 필요성이 있다(홍미정, 2018).

3. 공간지각 향상을 위한 발달적 미술치료 프로그램 계획서 예시

본 프로그램 계획서 및 자료들은 기관의 고유 양식으로 제작되었으며, 의뢰기관에 따라 그 양식은 변형될 수 있다. 집단 프로그램 계획서, 결과보고서, 청구서 양식을 예시로 제시하였다.

공간지각 향상을 위한 발달적 미술치료 집단 프로그램 계획서

프로그램명	모-자 미술치료	일 시	20○○년 06월 22일 토요일
장 소	건강가정지원센터	소요시간	10:00 ~ 12:00
대 상	8~10세 아동	인 원	10~12가족
목 표		• 모-자가 함께하는 작업을 통해 우연한 작품 표현과 더불어 규칙과 질서가 있는 공간적인 지각을 배워 나가는 시간을 가진다.	
진 행	내 용		
도 입	1. 집단 내 구성원들과 인사 및 강사 소개시간과 라포를 형성한다. 2. 진행될 세부내용을 간략히 소개하며 프로그램에 대한 흥미와 관심을 갖는다.		
전 개	'자유롭게 색종이 조각 만들기' ① 모-자는 색종이를 자유롭게 자르는데 의도해도 되고 의도하지 않고 자유롭게 자르는 방법에 대해서 이야기를 주고받는다. ② 의견을 정하였으면 모-자가 협동하여 지정한 방법(모: 가위 ↔ 아동: 색종이)으로 번갈아 가며 5분 동안 협동 자르기를 경험해 본다. ③ 협동 자르기 경험 후, 자유롭게 자른 종이를 8절 또는 16절 켄트지에 접착면이 위로 하게 하여 붙여서 종이조각을 붙여 본다. 이때 종이조각을 붙이며 공간을 구성하고 종이조각들의 배열에서 규칙과 순서가 있는 작품을 만들 수 있다. ④ 모-자가 완성된 작품을 멀리 두고 작품에서 느낀 부분을 이야기 나눈다. '단서에 맞춰 컵 쌓기' ① 색이 있는 종이컵을 준비하여 각 모-자에게 빨간색, 주황색, 노란색, 초록색, 파란색, 하늘색, 분홍색, 보라색, 검은색의 9개 컵을 제공한다. ② 먼저 모가 아동에게 단서그림을 제공하여 아동이 만들어 볼 시간을 충분히 주고, 역할을 바꾸어 아동이 모에게 단서그림을 보여 준다. (단, 똑같은 위치 공간을 완성해 내면 다음 단계, 아니면 반복하여 인식) ③ 모-자가 충분히 공간을 구성해서 3차원적인 요소를 충분히 경험하였으면 이제 치료사가 제공하는 단서그림을 통해 집단에서 어떤 모-자가 협동하여 컵 쌓기를 먼저 성공해 내는지 경험해 보는 시간을 가진다. (단, 단계별로 진행 또는 단계 조절 가능) ④ 모-자 간의 대화를 나누며 마무리한다.		
마무리	서로 긍정적인 격려와 피드백으로 소감을 나눈다.		
강사 및 재료	강사: ○○○, △△△심리치료센터 팀장 보조강사: ○○○ 재료: 가족당 색종이 한 묶음, 색 종이컵 9개, 8절 켄트지 2장, 손 코팅지 2장, 채색도구, 가위, 카세트, 동요 테이프, 단서그림, 매직		

△△△심리치료센터
○○○건강가정지원센터

직인

공간지각 향상을 위한 발달적 미술치료 집단 프로그램 결과보고서

프로그램명	모-자 미술치료	회기	단회기
일 시	20○○년 06월 22일 토요일 10:00~12:00	장 소	건강가정지원센터
소요시간/인원	120분 / 24명	참석자 명단	건강가정출석부 참조
주제	모-자가 함께하는 공간지각 향상을 위한 발달적 미술치료		
재료	가족당 색종이 한 묶음, 색 종이컵 9개, 8절 켄트지 2장, 손 코팅지 2장, 채색도구, 가위, 카세트, 동요 테이프, 단서그림, 매직		
목표	• 모-자가 함께하는 작업을 통해 우연한 작품 표현과 더불어 규칙과 질서가 있는 공간적인 지각을 배워 나가는 시간을 가진다.		
집단 상담내용	'자유롭게 색종이 조각 만들기' 작업을 할 때 • 모-자가 쉽게 접할 수 있는 색종이를 소개하며, 언제 모와 색종이로 만들기를 했는지, 언제 색종이를 사용했는지 등 질문을 나눈다. • 모-자가 협동하여 가위랑 종이 잡는 역할을 나눈 것에 있어 어려움을 호소하며, '어떻게 해요?' '너무 어려워요.' '할 수 있는 거 맞죠?' 등 다양한 반응을 보이지만 결국 종이를 잘 라내는 모습을 보였다. • 양손 협응 또는 조작능력이 원활하지 않으면 모와 함께 연계하여 진행하였다. • 모-자가 자른 종이조각을 마구 붙이는 팀, 공간을 보고 하나의 그림이 되게 만드는 팀, 종이의 규칙을 정한 팀 등 다양한 작품을 만날 수 있었으며, 모-자가 계속 소통할 수 있 게 이야기 나눈다. '단서에 맞춰 컵 쌓기' 작업을 할 때 • 모-자의 연습이 평면적인 단서그림을 공간적으로 인식하고 3차원적인 쌓기를 성공할 수 있는 열쇠인데, 전부 놀라운 집중력으로 연습하였다. • 컵이 손에 잡히고 입체적인 매체라서 흥미와 집중력을 동시에 높여 쉬운 단계를 반복하 니 전체를 보는 힘들이 생겼다. • 전체 경기를 진행하였을 때는 모-자가 힘을 합쳐 하나의 컵을 쌓다 보니 서로 손이 부딪 히고, 컵이 넘어지는 모습을 보였지만 누구 하나 포기하지 않고 끝까지 만들어 내는 모습 을 볼 수 있었다.		
집단분석	모-자가 함께하는 작업으로 모두 능동적이고 참여적인 모습을 보였다. 공동 작업이다 보니 개인적인 이야기나 어려움에 대해 호소하지 않으나, 전반적으로 공간을 구성해 내는 작업에서 모-자가 의사소통이 원활하지 않고 아동이 조작기능을 주체적으로 해 나가는 경우가 미비하여 못하는 것은 아니지만 다양한 방법을 경험하는 것이 요구된다.		
총 평가	모-자는 일상적인 생활에서 필요한 상호 보완적인 의사소통하는 방법과 전반적으로 주체 적인 작업을 경험하는 등 지속적인 개입이 필요하다.		

△△△심리치료센터
○○○건강가정지원센터

직인

(경유) ○○○담당자

제목 20○○년도 06월 집단상담 프로그램 청구서

1. 귀 재단의 무궁한 발전을 기원합니다.

2. ○○○건강가족지원센터에서는 공간지각 향상을 위한 미술치료 프로그램 집단치료 상담비용을 청구합니다.

    1. 치료기간: 20○○. 06. 22

    2. 치료비청구내역: 집단상담

      6/22: 강사: 200,000

          보조강사: 120,000

    3. 총 치료금액: 집단상담 320,000원 = 320,000원

    4. 지급방법: ○○○건강가정지원센터 청구요청

첨부 1. 프로그램 계획서, 결과보고서 2부.

△△△심리치료센터　[직인]

담당 ○○○　　소장 □□□　　　　　　　공문번호 20○○-06

시행 △△△심리치료센터 (20○○. 06. 30.)

우 ×××-×××× ○○시 ○○구 ○○동 1234-5 /

전화 (051) ×××-××××　　전송 (051) ×××-×××× ××12345@hanmail.net　　／ 공개

4. 공간지각 향상을 위한 발달적 미술치료 프로그램 실제

이 절은 발달이 늦은 아동의 공간지각 향상을 돕는 발달적 미술치료 프로그램으로 구성되어 있다. 다양한 미술매체를 활용하여 공간을 이해하는 감각을 익히고 경험하여 공간에 대한 장을 넓힐 수 있도록 해 주어야 한다. 그러기 위해서 유아기부터 발달하는 공간지각은 물체의 크기와 작고 큼에 개념, 길이의 길고 짧음, 위, 아래, 앞, 뒤와 같은 물체 또는 사물의 공간을 거리직으로 느낄 수 있어야 한다. 공간으로 인식된 것을 공간으로 구성하여 아동의 시지각인 부분과 공간적인 부분이 동시에 개입이 되어지기 때문에 공간지각, 공간위치지각, 공간관계지각, 크기변별 등으로 영역을 나누어 부가적인 발달에 도움을 줄 수 있게 만들었다.

각 프로그램은 치료적 개입의 정도와 아동의 난이도에 따라 ★의 개수로 명료하게 표기하고 있으며, 프로그램에서 사용되는 매체는 접근성이 좋고 아동의 공간지각을 자극할 수 있는 매체를 사용하였으며, 주 1회, 월 4회의 총 12회, 3개월 프로그램으로 구성되었다.

1 점선면 그림

공간구성능력 향상과 소근육을 위한 미술치료 프로그램

공간구성	★★★
시지각	★★★
소근육	★★

점찍기는 비교적 단순한 작업으로 난이도에 따라 여러 가지 응용이 가능하고 간단한 작업이여서 효과적으로 활용될 수 있다. 점에서 선으로, 선에서 면으로 확장하여 공간과 형태를 인식하는 데 도움을 줄 수 있다. 그리고 점을 찍는 행동은 특수아동의 단순 반복 작업이라 능동성을 이끌어 내어 작업 참여성을 높일 수 있다.

🎨 **목적**: 공간구성능력, 시지각, 소근육 향상 돕기

🎨 **재료**: 전지 또는 2절지(4절지), 매직, 색연필, 물감

🎨 **제작과정**

1. 전지(그룹 작업 시) 또는 2절지에 아동이 자유롭게 점을 찍는다.
2. 아동이 선택한 색연필로 점과 점을 잇는다.
3. 시각적인 한계로 아동이 점을 다 잇고 나면 다른 색의 색연필로 바꾸어 다시 점을 찾고 이어 준다.
4. 3~4가지 색의 색연필로 반복한다.
5. 복잡한 선과 면이 나타나면 활동을 멈추고 색연필 또는 물감으로 각 면을 색칠한다.
6. 드러난 형태를 이미지화하여 무엇이 연상되는지 피드백을 한다.
   (예: "호랑이를 닮았어요.")

자유롭게 점을 찍어 표현하였다.

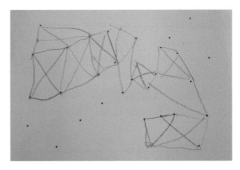

점과 점을 자유롭게 연결하였다.

아동이 멈추면 색연필을 바꾸어 다시 점과 점을 연결하였다.

색칠을 하고 이미지에 대해 이야기해 보았다. 아동은 '뛰어가는 코끼리'라고 표현하였다.

❋ 사례

김○○ / 남 / 7세 / ADHD를 동반한 경계선급 지적장애

⋯ 아동은 산만하고 불안이 높으며 한 가지 수행을 오래하기 힘든 성향이나, 점을 연결하고 물감으로 색칠하는 모든 수행을 집중하여 작품을 완성하였다. 아동은 '바다에 사는 큰 고래'라고 하였고, 치료사에게 작품의 이미지를 알아맞혀 볼 것을 권유하기도 하였다.

❋ 그룹 사례

⋯ ADHD 아동들의 소그룹 집단으로 서로 점을 찍어 주고 이어 주며 참여하였다. 채색과정에서 정교함은 다소 낮았지만 집단원은 집중해서 작품을 완성하였고, 서로 간의 긍정적인 피드백을 주고받았다.

공간지각

② 라벨지 그림

공간 위치지각과 형태지각을 위한 미술치료 프로그램

공간위치지각	★★★
공간형태지각	★★★
형태 변별	★★
자기표현	★★

라벨은 스티커 형식으로, 빠르게 부착하기 위한 목적으로 사용하게 된다. 시중에 라벨의 형태 중에서도 A4 사이즈의 라벨은 다양한 용도로 사용되는데, 여러 조각을 한 개씩 뜯고 붙여서 표현할 수 있어 모자이크 또는 퍼즐 작업에 활용될 수 있는 매체이다.

이 라벨지 활동은 아동의 공간지각과 위치, 형태 지각 변별에 도움을 줄 수 있고, 자유롭게 그림을 떼었다 붙였다 하며 기본 스토리에서 새로운 스토리를 만들 수 있는 경험을 이야기해 봄으로써 자기표현을 향상할 수 있다.

🎨 **목적:** 공간 위치 · 형태 지각, 형태 변별, 자기표현 향상

🎨 **재료:** A4 라벨지 스티커, 켄트지 또는 검은 색지, 연필, 지우개, 사인펜, 색연필

🎨 **제작과정**

1. 라벨지에 자유롭게 그림을 그린다.

   그리기 수준이 되지 않을 경우 난화 표현으로 작업하여도 괜찮다.

2. 라벨을 한 개씩 떼어 내어 켄트지에 다시 붙여 준다.

   이때 공간지각능력이 낮은 아동은 원본의 그림과 관계없이 뒤집거나 삐뚤어지게 붙일 수 있고, 떼어서 붙이는 것이 어려울 수도 있다.

3. 붙인 그림 중 바꾸거나 고치고 싶은 그림 부분은 떼어 내고 새로운 라벨 조각에 그림을 그려 떼어 낸 자리에 붙여 준다.

4. 소감을 나눈다.

1단계: 라벨지에 자유롭게 그린다.

2단계: 한 조각씩 떼어 켄트지에 옮겨 붙인다.

3단계: 조각을 모두 붙여 그림을 완성한다.

⋯⋯ 이 사례의 그림은 지적장애 2급의 9세 여자아동이 그린 것으로 공간지각능력이나 형태 변별에
   서 별다른 오류가 나타나지 않았다. 아동은 자신의 모습과 좋아하는 꽃을 그렸다.

❋ 사례 1

김○○ / 여 / 10세 / 또래관계에 어려움을 겪는 아동

⋯ 학교에서 친구에게 억울하게 누명을 쓰고 다툼을 하는
장면으로, 왼쪽 상단에 아동 자신의 모습을 그렸다.

⋯ 아동은 짜증나고 억울했던 감정을 표현하며 자신을 도와
주는 친구가 있었으면 좋았을 것이라고 말하며 자신의
모습 옆에 새로(새로운 라벨 2개에 그려 붙였음) 친구를
그려 붙여 주었다.

❋ 사례 2

김○○ / 여 / 9세 / 어른 같은 아동(감정 표현을 잘하지 못하는 아동)

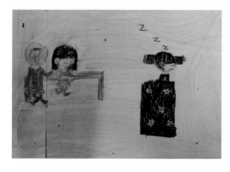

⋯ 아동은 동생만 잠을 자고 자신은 울면서 힘들게
공부하는 장면을 그렸다.

⋯ 새로운 라벨 2개를 사용하여 동생의 옆자리에 잠을 자는 자신의 모습을 그렸다. 아동은 기분이 좋아졌다고 말하며, 공부하는 것이 힘들어서 잠을 너무나 자고 싶었다고 말하였다.

✿ 사례 3

박○○ / 남 / 9세 / 아스퍼거증후군

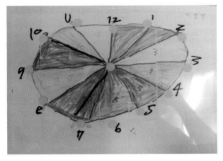

⋯ 평소 시계를 너무나 좋아하는 아동의 라벨지 그림이다. 조각들을 이어 붙여 표현하였는데, 시계의 표현이 정확하여 공간지각능력과 형태변별력이 우수함을 알 수 있다.

✿ 그룹 사례

⋯ 라벨지 그림은 그룹 작업이 가능하며, 두 명의 아동이 함께 수행에 참여하여도 좋다.

❸ 색종이 공간구성

공간지각과 크기 변별 향상을 위한 미술치료 프로그램

공간지각	★★★
크기 변별	★★★
집중력	★★

색을 들인 종이인 색종이는 아동들의 치료 현장에서 가장 흔하게 사용하는 매체로서 그 활용이 다양한데, 다양한 크기로 제한되어 있는 공간에 크기를 가늠하여 종이를 잘라 붙이는 작업은 아동의 공간인식과 인지능력 향상을 돕는다.

🌸 **목적:** 공간지각능력, 주의집중력, 크기 변별 향상

🌸 **재료:** 켄트지, 색종이, 가위, 풀, 스테이플러, 두루마리 휴지

🌸 **제작과정**

1. 8절 또는 16절 켄트지에 네모를 그리고 다양한 크기의 칸을 그려 공간을 구분한다.
2. 각 칸에 맞는 색종이를 오려 붙인다.
   단, 색종이를 칸에 대거나 본을 그린 뒤 오리지 않도록 한다.
3. 아동의 인지수준이 낮을 경우 치료사가 다양한 크기의 색종이를 오려 준 뒤 아동이 각 칸의 크기에 맞게 찾아 붙이도록 한다.
4. 크기가 변별되어 칸에 붙여질 수 있도록 완성한다.
5. 크기 변별이 원활한 아동에게는 두 장의 켄트지를 완성하게 하여, 두 장의 종이를 마주 보고 붙이고 그 사이 두루마리 휴지를 양손 협응을 이용하여 한 칸씩 뜯어 넣어(5~10칸 정도) 푹신하게 만든 뒤 4면을 스테이플러로 찍어서 방석으로 꾸며 준다.

치료사가 미리 잘라 준 색종이를 크기 변별해 붙이는 작업

아동이 색종이를 임의로 잘라 붙이는 작업(크기 수정이 가능함)

🌸 사례 1

이○○ / 남 / 10세 / 지적장애 2급

⋯⋯ 아동은 스스로 크기를 변별할 수 있고 가위를 사용해 오려 붙일 수 있으나 정교성은 낮다.

🌸 사례 2

강○○ / 남 / 10세 / 발달장애 2급

⋯⋯ 아동은 스스로 크기를 변별할 수 있고 가위를 사용해 오려 붙일 수 있으며 비교적 정확하게 수행이 가능하다.

🌸 **사례 3**

김○○ / 여 / 15세 / 경계선 지적장애

⋯▸ 아동은 충동성으로 인하여 정교한 작업 수행이 어려웠고 크기 변별 또한 제한이 있었다. 아동은 두 개의 작품을 만들고 마주 붙여 방석으로 만들었다(종이와 종이 사이에 휴지를 두껍게 넣어 주었음).

4 색종이 조각 만들기

공간구성과 집중력 향상을 위한 미술치료 프로그램

공간구성	★★★
집중력	★★★
공간위치지각	★★

색종이를 자유롭게 자르면서 의도치 않은 다양한 조각들을 통해 아동이 표현하고 싶은 것과 표현하지 않은 우연성을 통해 새로운 작품을 경험할 수 있는 기회를 가진다. 그리고 여러 가지 조각으로 반복되는 순서와 규칙을 만들어 보고 배우게 되며, 공간구성을 위한 집중력과 정확도를 향상하는 데 도움이 된다.

❀ **목적:** 공간구성능력, 주의집중력, 공간위치지각 향상 돕기

❀ **재료:** 색종이, 가위, 풀, 켄트지, 손 코팅지

❀ **제작과정**

1. 8절 또는 16절 켄트지에 손 코팅지를 붙인다.
2. 색종이를 자유롭게 자르고 붙여 표현한다. 색종이를 의도하고 잘라도 되고 의도하지 않고 자유롭게 자른 조각을 활용하여도 된다.
3. 완성된 작품을 보며 소감을 나눈다.

 ⇨

✿ 사례 1

강○○ / 남 / 17세 / 경계선급 지적장애

⋯⋯ 아동은 불안이 매우 높았고, 미리 세모 모양의 색종이를 오려 놓고 붙여 표현하였다. 검정색 테두리를 둘러 완성하였는데, 테두리를 두른 작품에서 안정감을 느낀다고 하였다.

✿ 사례 2

남○○ / 여 / 10세 / ADHD

⋯⋯ 아동은 평소 급하고 충동적인 성향이나 작품을 수행하며 안정된 심리상태를 보였고, 원을 상징하는 색종이 구성을 표현하였다.

✿ 사례 3

김○○ / 여 / 12세 / ADHD

⋯⋯ 아동은 집중력이 매우 낮고 공격적인 성향을 보였는데, 평소 무채색을 좋아한다고 하였다. 아동은 검정, 회색, 흰색만을 가지고 작품을 표현하였고, 평소보다 정교하고 차분하게 수행하였다.

❊ 사례 4

박○○ / 여 / 13세 / 지적장애

⋯▶ 아동은 대·소근육에서 불편함이 있고, 가위
사용이 서툴러 종이를 찢다시피 오렸는데,
다양한 색종이를 오리고 중첩되게 붙여 표현
하였다. 구조화된 형태는 나타나지 않았지만
색이 나타내는 강렬함 때문에 작품을 보고
흡족해하였다.

공간지각

5 시계 그림

시·공간 기능 향상을 위한 미술치료 프로그램

공간위치지각	★★★
공간관계지각	★★★
시지각	★★

시계는 일상생활에서 친숙하게 접하고 있는 사물이며, 아동들도 쉽게 시각을 읽고 시계를 그릴 수 있기 때문에 시계 그리기 수행은 쉬운 과제라고 생각될 수 있다. 하지만 시계를 그리고 정확한 시각을 표현하기 위해서는 시계에 관한 지식뿐만 아니라 그리기 능력 또한 필요하므로 특수아동에게는 쉽지 않은 과제이다. 역사적으로 시계 그리기 검사는 우측 두정엽 기능 장애와 관련된 시·공간 부주의를 측정하기 위하여 사용되었고, 몇몇 연구자들은 시·공간 기능의 손상으로 낮은 수행을 보인다고 하였다. 따라서 시계를 그리는 것은 특수아동의 시·공간 능력 향상에 도움이 될 수 있다.

🌸 **목적:** 시·공간 능력, 공간 위치·관계 지각 향상 돕기

🌸 **재료:** 시계, 켄트지, 연필, 지우개, 크레파스, ○스티커

🌸 **제작과정**
1. 집단 작업과 개별 작업 모두 가능하다.
2. 시계를 충분히 보도록 하여 시계를 그릴 것이라는 예측을 하게 해 준다.
3. 원을 그리고 숫자를 채운 다음 예를 들어, "11시 10분을 그리세요."라고 지시한다. 아동에 따라서 시계를 보고 그려도 된다.
4. 완성된 시계의 숫자에 스티커를 붙여 기울기와 대칭을 측정한다.
5. 마무리 작업 시 소감을 나눈다.

✿ 사례 1

이○○ / 남 / 12세 / 아스퍼거증후군

⋯⋯➡ 아동은 사회적 상호작용과 인식에 어려움을 겪고 있으며 매우 산만하고 충동적인 성향이다. 숫자는 비교적 정확히 표현되었으나 원이 심하게 찌그러져 있다.

✿ 사례 2

김○○ / 여 / 14세 / 지적장애 2급

⋯⋯➡ 아동은 학습에 대한 인지기능이 낮고 산만하다. 원의 기울기는 비교적 평탄하나 숫자와 시계바늘이 심하게 왜곡되어 있다.

✿ 사례 3

강○○ / 남 / 12세 / 발달장애 2급

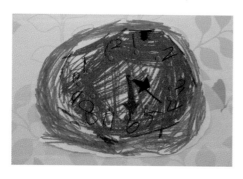

⋯⋯➡ 아동은 숫자 등의 인지기능이 비교적 양호하나 충동적이고 산만하다. 숫자와 원의 대칭이 원활하며 수행에 별 어려움이 없다.

공간지각

6 우드락 조각 퍼즐

공간위치지각과 관계지각력 향상을 위한 미술치료 프로그램

공간위치지각	★★★
공간관계지각	★★★
형태지각	★★★
시지각	★★
협응력	★★

퍼즐이란 여러 개의 나눠진 조각을 다시 하나의 그림으로 만드는 작업이며 눈-손 협응력, 공간 위치·관계 지각력, 형태 지각력 및 기억력을 요구한다. 이는 퍼즐을 만들고 조립하는 과정에서 특수아동이 공간을 인식하고 향상하는 데 도움을 줄 수 있다

또한 우드락 매체는 그리기 작업뿐만 아니라 양손을 이용하여 부수고 자르는 등의 작업 수행도 가능하여 특수아동이 직접 퍼즐을 만들 수 있는 재료로 활용 가능하다.

❀ **목적:** 공간 위치·관계지각, 형태지각, 시지각, 눈-손 협응력 향상 돕기

❀ **재료:** 우드락, 매직, 나무젓가락

❀ **제작과정**
1. 우드락에 나무젓가락으로 밑그림을 그린다(아동 또는 치료사가 그린다).
2. 밑그림을 매직으로 다시 한번 따라 그린다.
3. 색칠한다.
4. 색칠한 우드락을 마구 부수어 준다.
5. 다시 조각을 맞춰 완성한다.

1단계: 우드락에 나무젓가락으로 밑그림을 그린 뒤 촉감각으로 이미지를 느껴 보고 매직으로 다시 그린다.

2단계: 색칠한 뒤 우드락을 부순다.

3단계: 부서진 조각을 맞춰 완성한다.

❋ 사례

전○○ / 남 / 17세 / 경계선 지적장애

⤳ 극심한 학업스트레스를 받는 고등학생의 작품으로 나무가 있는 풍경을 그렸다. 우드락을 작은 조각으로 부순 뒤 다시 조각을 맞췄고 부술 때의 느낌을 시원하다고 표현하였다.

공간지각

7 확대와 축소 그림

공간구성 및 크기 변별 능력을 위한 미술치료 프로그램

공간구성	★★★
공간위치지각	★★★
크기 변별	★★★
시지각	★★

화지에 그림을 채워서 자극그림을 제시하는 것은 다양한 방법이 있을 수 있지만 그중에서 확대와 축소는 공간을 인식하는 최소의 기준이다. 즉, 크다, 작다와 같은 개념으로 도형으로 비유하고, 도형이 일정한 비율이나 길이로 있는지 또는 확대나 축소로 실질적으로 가능한지 알아보는 것이다. 결국 확대하고 축소하는 것을 그림을 통해 일상생활 속에서 그려 보고, 크기를 변별해 보는 경험을 가진다.

🌟 **목적:** 공간구성, 시지각, 공간위치지각, 크기 변별 향상 돕기

> 화지에 꽉 채운 자극그림을 제시하여 보고 그리는 작업으로 아동의 공간구성능력과 크기 변별에 도움을 주기 위해서 본 작업은 확대와 축소 두 가지 방법으로 적용해 볼 수 있다.

[활동 1] 작은 그림을 확대해서 그리기

🌟 **재료:** A4 용지, 가위, 연필, 지우개, 사인펜, 색연필

🌟 **제작과정**(확대)

1. 가로세로 5cm 내외의 작은 종이에 꽉 채운 이미지를 그려 제시한다(아동의 인지발달 수준을 고려하여 크기와 이미지 개체 수를 결정한다).
2. 8절 켄트지 이상의 종이를 제공하고 큰 화지에 작은 자극그림을 옮겨 그리게

한다(이때 아동이 도움을 요청하거나 크기에 대해 물으면 스스로 하도록 격려한다).

3. 아동의 수준에 따라 종이를 더 작게 하거나 크게 하여 난이도 조절이 가능하다.

4. 완성된 그림은 비난하지 않고 아동의 현 수준만 파악한 채 자유롭게 매체를 선택해서 채색하도록 돕는다.

5. 완성된 작품을 보며 소감을 나눈다.

1단계: 작은 개체의 이미지가 그려진 자극그림을 제공한다.

2단계: 옮겨 그린다.

3단계: 채색하여 완성한다.

✹ 사례 1

이○○ / 남 / 7세 / 자기표현이 미숙한 아동

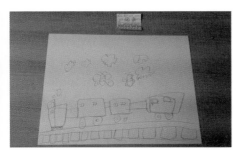

⋯▸ 아동은 제시된 자극그림에 비하여 개체의 크기가 작게 표현되었다. 치료사는 아동에게 인지적으로 개입하지 않고 편안하게 지지하며 완성하도록 하였고 반복 수행하였다.

✹ 사례 2

박○○ / 남 / 13세 / 발달장애 2급

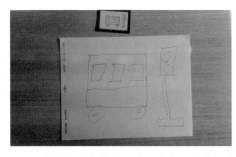

⋯▸ 아동은 제한적이고 상동적인 주제반응이 많다. 평소 지하철, 버스 등의 주제에 흥미가 많은데 상동적 반응이다. 아동은 자신이 좋아하는 버스를 그려 능동적으로 참여하였고 아동의 발달수준을 고려하여 제시된 이미지 자극은 여백이 많다.

✹ 사례 3

유○○ / 여 / 9세 / 발달장애 2급

⋯▸ 아동은 충동적이고 매우 산만하였는데, 제시된 이미지 자극에 비교적 충실하게 반응하였다.

[활동 2] 큰 그림을 축소해서 그리기

✿ **재료:** A4 용지, 가위, 연필, 지우개, 사인펜, 색연필

✿ **제작과정**(축소)

1. 8절 켄트지 이상의 큰 종이에 꽉 채운 이미지를 그려 제시한다(아동의 인지발달 수준을 고려하여 크기와 이미지 개체 수를 결정한다).

2. 가로세로 5cm 내외의 작은 종이에 큰 자극그림을 옮겨 그리게 한다(이때 아동이 도움을 요청하거나 크기에 대해 물으면 스스로 하도록 격려한다).

3. 아동의 수준에 따라 종이를 더 작게 하거나 크게 하여 난이도 조절이 가능하다.

4. 완성된 그림은 비난하지 않고 아동의 현 수준만 파악한 채 자유롭게 매체를 선택해서 채색하도록 돕는다.

5. 완성된 작품을 보며 소감을 나눈다.

1단계: 큰 개체의 이미지가 그려진 자극그림을 제공한다.

2단계: 옮겨 그린다.

3단계: 채색하여 완성한다.

🖌 **사례 1**

김○○ / 남 / 9세 / ADHD

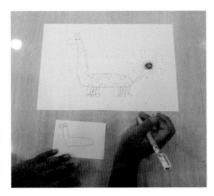 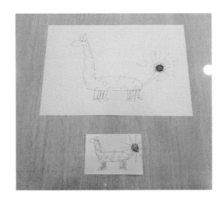

⋯⋯▶ 아동은 제시된 자극그림에 있는 기린 무늬도 적절하게 표현하려 노력하였다.

🖌 **사례 2**

허○○ / 남 / 11세 / 자기표현이 강한 아동

⋯⋯▶ 치료사는 아동에게 인지적으로 큰 그림을 작은 종이에 명확하게 넣을 수 있도록 언어적 개입 후 할 수 있다는 지지와 격려로 완성하도록 하였고, 반복 수행하였다.

공간지각

8 나무도형 입체 이미지 만들기

공간지각과 시각적 민감성 향상을 위한 미술치료 프로그램

공간지각	★★★
공간구성	★★★
시각적 민감성	★★
형태 변별	★★

나무도형은 가볍고 쉽게 부수어지지 않으며 다양하게 응용이 가능한 매체로서 아동의 시각적이고 감각적인 자극을 위한 작업매체로 활용할 수 있다. 따라서 공간지각능력인 위, 아래, 좌, 우 등을 인지하고 표현하는 공간구성과 입체적인 작업에 도움이 된다.

목적: 공간지각, 공간구성 향상 돕기, 시각적 민감성과 형태 변별 돕기

재료: 나무도형, 손 코팅지, A4 용지, 연필, 지우개, 색연필

제작과정

1. ○, △, □ 등 나무도형을 준비한다.
2. 아동이 생각한 이미지를 책상 위에 표현해 본다.
   단, 이미지를 가만히 두지 못하거나 고정되지 않는 아동에게는 손 코팅지의 접착면에 나무도형을 붙여서 진행할 수 있게 제공한다.
3. A4 용지를 8칸으로 나눠 접고 잘라서 한 칸에 한 개씩 표현한 입체 이미지를 그려 본다.
4. 입체 이미지를 그릴 때는 아동이 정확하게 공간을 이동하는지 확인하면서 완성한다.
5. 완성된 작품을 보며 소감을 나눈다.

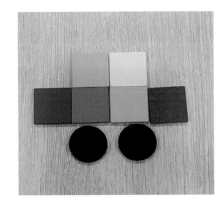

나무도형을 준비하고 입체 이미지를 만들어 그려서 완성한다.
공간의 인식과 조작적 능력에 따라 도형의 개수, 작품의 개수는 다양하게 나타날 수 있다.

🌸 **사례**

박○○ / 남 / 5세 / 발달장애 3급

⋯⋯ 아동은 충동성이 높고 주의력이 낮으며 소근육의 발달이 매우 늦다. 처음에 '자동차'를 표현
하면서 흥미를 느껴서 다른 모양도 만들었다. 햄버거, 화살표, 피젯 스피너를 만들면서 공간
을 구성하였다. 아동은 나무도형을 표현하는데 일정시간 이상(10~12분) 집중할 수 있었고,
나무도형을 붙이며 양손을 모두 사용하였다.

공간지각

⑨ 조각그림 재구성하기

공간구성능력과 사고력을 위한 미술치료 프로그램

공간구성	★★★
공간위치지각	★★★
소근육	★★
사고력	★★

하나의 이미지를 분해하여 재구성하는 작업은 아동의 사고력과 공간구성 기능에 도움이 되는데, 익숙한 이미지보다 낯선 이미지를 표현할 때 더 수행에 어려움을 겪게 된다. 따라서 특수아동의 개별적 기능을 고려하여 쉬운 난이도부터 어려운 난이도까지 다양하게 접근하는 것이 도움이 된다.

❋ **목적:** 공간구성능력, 사고력 향상 돕기

❋ **재료:** 켄트지, 손 코팅지, 가위, 할핀, 색연필

❋ **제작과정**

1. 치료사가 하나의 온전한 이미지를 제시한다.
2. 제시된 이미지를 분해하여 그려 본다(예: 팔, 다리, 얼굴, 몸통)
3. 분해된 이미지를 색칠한다.
4. 분해된 이미지를 재구성하여 할핀을 이용하여 조립해 완성한다.
5. 완성된 작품을 보며 소감을 나눈다.

이미지를 분해한다.

이미지를 색칠한다.

이미지를 조립한다.

🌸 사례 1

강○○ / 여 / 13세 / 경계선 지적장애

⋯➤ 아동은 주의를 기울이고 수행을 지속하는 것은 가능하나, 공간을 재구성하는 것은 어려워 색칠하고 마무리하였다.

🌸 사례 2

김○○ / 여 / 17세 / 경계선 지적장애

⋯➤ 아동은 적극적인 도안 선택은 가능하였으나, 공간을 구성하는 것은 어렵고 잘되지 않아 3회 정도 반복 훈련을 통해 재구성 작업이 가능하였다.

10 크기 변별 색 구성

크기에 대한 변별력과 소근육 향상을 위한 미술치료 프로그램

공간구성	★★★
크기 변별	★★★
소근육	★★
시지각	★★

색과 크기 변별은 아동이 성장함에 따라 주변에서 볼 수 있는 사물들을 통해 습득하고 발달하게 된다. 대개 이러한 정보들은 자연스럽게 획득되나, 특수아동의 경우 시지각 정보의 통합이 어려워 크기 변별을 힘들어하는 경우도 있기 때문에 색·크기·위치 변별을 돕기 위한 작업이 필요하게 된다. 다양한 매체 중에서도 색종이는 쉽게 자를 수 있다는 장점이 있어 특수아동이 직접 크기를 조절해 가며 조각을 만들고 붙이며 크기 변별을 경험하는 기회를 가질 수 있다.

🎨 **목적:** 공간구성, 크기에 대한 변별력, 소근육, 시지각 향상

🎨 **재료:** 색종이, 가위, 풀, 켄트지

🎨 **제작과정**

1. 아동이 색종이를 자른다(필요에 따라 치료사가 잘라 준다).
2. 가장 큰 색종이를 선택해 붙이고 중간 크기의 색종이를 그 위에 붙여 준다.
3. 작은 크기의 색종이가 위에 붙을 수 있게 순차적으로 찾아 붙여 준다.
4. 작품을 완성한 뒤 소감을 나눈다.

색종이를 자른다.

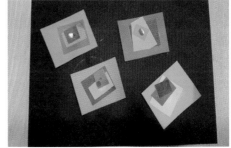

큰 색종이 위에 작은 색종이를 붙인다.

✿ 사례 1

조○○ / 여 / 12세 / 지적장애 2급

⋯▸ 아동은 가위 사용이 원활하지는 않아 네모 형태로만 색종이를 오려 붙여 표현하였는데, 치료사의 언어적인 도움만으로 크기 변별이 가능하였다.

✿ 사례 2

김○○ / 여 / 10세 / 지적장애 3급

⋯▸ 아동은 평소 하트 모양을 좋아하였는데, 가위로 작은 크기의 하트 모양을 오리는 것은 다소 힘들어하였다. 많은 수의 하트 모양을 오린 뒤 작은 크기를 골라 붙여 표현하였다.

공간지각

11 실루엣 그림
공간관계지각 및 추상적 사고력 향상을 위한 미술치료 프로그램

공간지각	★★★
공간관계지각	★★★
시지각	★★
추상적 사고력	★★

　보편적인 이미지를 기억하여 반대쪽을 완성시킬 수 있는 공간관계를 인식하면서 두 부분으로 나누어진 형태를 하나로 완성해 전체를 보는 시·공간을 넓힌다. 알고 있는 이미지를 모호하게 제시하여 특수아동을 혼란스럽게도 만들지만 때로는 창의성을 발휘하게 하는 원동력이 된다. 특수아동에게 익숙한 동물이나 식물의 실루엣을 제시하고 나머지 그림을 창의적으로 그려 보는 작업이다.

❀ **목적:** 공간지각, 시지각 협응력, 추상적 사고력 향상 돕기

> 화지에 하나의 물체 또는 대상을 전체가 아닌 부분으로 제시하여 나머지 부분을 생각하여 그려 내는 작업으로, 공간을 지각하고 사고를 확장하기 위해서 본 작업은 대칭과 실루엣 두 가지 방법으로 적용해 볼 수 있다.

[활동 1] 실루엣에서 대칭적으로 그리기

❀ **재료:** 켄트지, 연필, 지우개, 색연필, 사인펜

❀ **제작과정**(대칭)

1. 치료사가 아동에게 익숙한 동물이나 식물의 대칭(반쪽)을 그려 제공한다.
   이때 동물과 식물이 어려우면 기본적인 도형을 활용하여 세모, 네모, 동그라미의 반쪽을 보고 나머지 부분을 대칭하여 그려 보는 작업을 연습해 본다.

2. 아동은 제시된 대칭의 반쪽을 보고 그려 본다(창의적인 부분은 나타나지 않는다).

3. 완성된 작품을 보며 소감을 나눈다.

1단계: 장수풍뎅이 반쪽 그림을 제시한다.

2단계: 대칭의 반대쪽을 그린다.

3단계: 그림을 완성한다.

4단계: 완성된 그림을 색칠한다.

❋ 사례

조○○ / 남 / 11세 / ADHD

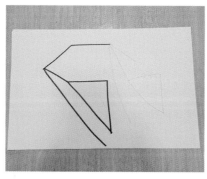

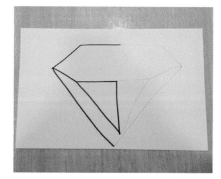

⋯⋯ 아동은 주의를 기울이기 어렵고 설명에 대한 부주의로 공간을 인식하는 데 어려움을 겪어 대칭점에 대해서 충분히 다시 설명하고, 그림을 완성하였다.

[활동 2] 실루엣에서 나머지 부분과 배경 그리기

❋ **재료:** 켄트지, 연필, 지우개, 색연필, 사인펜

❋ **제작과정**(실루엣과 배경)

1. 치료사가 아동에게 익숙한 동물이나 식물의 실루엣을 그려 제공한다.
2. 아동은 제시된 실루엣을 뺀 나머지 부분을 연상하여 창의적으로 그려 본다.
3. 실루엣 그림을 완성하고 어울리는 배경도 함께 그려 본다(시간이 없으면 생략 가능하다).
4. 완성된 작품을 보며 소감을 나눈다.

나비 실루엣을 제공하고 나머지 부분을 완성하였다. 공간의 인식에 따라 실루엣과 나머지 배경 부분을 채울 수 있도록 한다.

🌸 **사례 1**

김○○ / 여 / 14세 / ADHD

⋯⋯▶ 아동은 코끼리 실루엣을 보고 동물원을 그렸다.

🌸 **사례 2**

조○○ / 남 / 8세 / 발달장애

⋯⋯▶ 아동은 도마뱀 실루엣을 이용하여 공룡을 표현하였다.

12 단서에 맞춰 컵 쌓기

공간구성 · 관계지각과 시지각 향상을 위한 미술치료 프로그램

공간구성	★★★
공간관계지각	★★★
시지각	★★

종이컵은 입체조형을 경험할 수 있는 매체로 활용될 수 있다. 이 매체를 통해서 위치지각과 색 변별을 동시에 해 볼 수 있다. 따라서 전반적인 발달수준에 부합하는 시지각 협응력과 공간관계지각 향상에 도움이 된다.

🌸 **목적:** 공간관계지각, 시지각 협응력 향상 돕기

> 종이컵을 통해 입체적인 공간을 구성하고 인식하기 위해 본 작업은 공간적인 그림을 보고 쌓기와 평면적인 그림을 보고 쌓기의 두 가지 방법으로 적용해 볼 수 있다.

⋯ 종이컵과 단서그림을 준비하여 단계별로 진행할 수 있게 도와준다.
공간지각과 구성에 있어서 어려우면 [활동 1], 공간인식이 가능하면 [활동 2]를 진행해 본다.

[활동 1] 공간적인 단서그림을 보고 컵 쌓기

❋ **재료:** 종이컵(다른 색의 8~10개 컵), 단서그림

❋ **제작과정**

1. 종이컵과 공간적인 단서그림을 준비한다.
2. 아동에게 공간적인 단서그림을 제공하여 똑같은 모양으로 만들기를 제안한다.
3. 똑같은 위치 공간을 완성해 내면 다음 단계로, 아니면 반복하여 인식하게 도움을 준다.
4. 공간적인 단서그림을 완성할수록 단계가 높아지니 아동의 수준에 따라 개입하면 된다.
5. 완성된 작품을 보며 소감을 나눈다.

종이컵과 공간적인 단서그림을 준비한다.

공간적인 단서그림에서 컵의 방향을 맞춰 쌓아 올린다.
상황에 따라 색이 없는 컵을 아동과 같이 색종이를 붙여서 만들어 활용 가능하다.

✿ 사례

이○○ / 남 / 7세 / 발달장애 3급

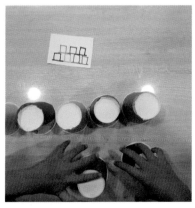

⋯▶ 아동은 평면적으로 인식하는 부분은 가능하나 공간을 올려서 만드는 것을 하지 못해 치료
사의 도움으로 차근차근 쌓았다.

[활동 2] 평면적인 단서그림을 보고 공간적으로 컵 쌓기

✿ 재료: 종이컵(다른 색의 8~10개 컵), 단서그림

✿ 제작과정

1. 종이컵과 평면적인 단서그림을 준비한다.
2. 아동에게 평면적인 단서그림을 제공하여 똑같은 모양으로 만들기를 제안한다.
3. 똑같은 위치 공간을 완성해 내면 다음 단계로, 아니면 반복하여 인식하게 도움
   을 준다.
4. 평면적인 단서그림을 완성할수록 단계가 높아지니 아동의 수준에 따라 개입하
   면 된다.
5. 완성된 작품을 보며 소감을 나눈다.

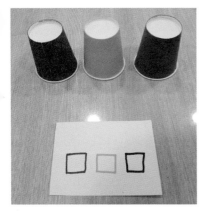

종이컵과 평면적인 단서그림을 준비한다.

평면적인 단서그림을 제공하고 아동의
반응을 살펴본 후, 방법을 설명한다.

보이는 그대로 만드는 경우도 있다.

보이는 평면적인 부분을 공간으로 인식하여
만들 수도 있다.

종이컵 쌓기를 반복 후 익숙해지면 공간을
그대로 옮겨 그려 보기도 할 수 있다.

⭐ **사례**

서○○ / 여 / 11세 / 자기표현이 미숙한 아동

⟶ 아동은 평면적으로 인식하는 부분은 가능하나 공간을 올려서 만드는 것을 하지 못해 치료사의 도움으로 차근차근 쌓았다. 아동은 언어적으로 자기 의사를 분명하게 표현하는 부분은 어렵지만 주어진 수행에 있어서는 적극적인 모습을 보였다. 단서그림을 보고 공간을 인식하고 쌓아 올리는 것에 1~2번 정도 머뭇거린 후 적극적으로 쌓아 올리는 모습을 볼 수 있었다.

아동 혼자 쌓다가 익숙해지면 치료사와 단서그림을 10초씩 보여 주고 번갈아 가면서 컵 쌓기를 통해 상호작용을 경험한다.

참고문헌

고우리(2016). 공간지각능력 향상을 위한 미술 기초조형 학습 방법 연구: 중등교육을 중심으로. 원광대학교 석사학위논문.

구은희(2010). 원근법을 활용한 그림책: 저학년 어린이의 공간지각력 개발을 중심으로. 이화여자대학교 석사학위논문.

김영은(2012). 중등 미술 교육에서 증강현실 기술을 이용한 공간 지각 능력 신장에 관한 연구. 경북대학교 석사학위논문.

여광응(2003). 시지각 훈련 프로그램 이론과 실제. 경기: 한국학술정보.

정동영, 김영환, 김부용(1996). 정신지체학교 고등부 기능적 생활중심 지도자: 기능적 생활중심 교육과정의 이론과 실제. 경기: 국립특수교육원.

지성애(2001). 유아놀이지도. 서울: 정민사.

홍미정(2018). 공간지각능력 향상을 위한 픽셀아트(Pixel Art) 수업지도안 연구. 단국대학교 석사학위논문.

홍혜경(1999). 유아의 공간능력 증진을 위한 교육과정 모색. 유아교육학논집. Vol. 3, No. 1. 119-138.

홍혜경(2010). 영유아를 위한 수학교육. 경기: 공동체.

Del Grande, J. J. (1987). *Spatial perception and primary geometry*. In M. M. Lidquist & A. P. Shults (Eds.), Learning and teaching geometry K-12(1987yearbook, 126-135). Reston, VA: NCTM.

Honmann, C. (1991). *High/Scope K-3 Curriculum Series: Mathematics*. Ypsilant, MI: The High/Scope Press.

Linn, M. C., & Petersen, A. C. (1985). Emergence and characterisation of gender differences in spatial abilities: A meta-analysis. *Child Development. Vol.56*: 1479-1498.

Smith, S. S. (2006). *Early Childhood Mathematics*. Pearson Education, Inc.

제9장

집중력 향상을 위한 발달적 미술치료 프로그램

1. 집중력의 정의

집중력은 과제를 완성하기 위하여 주어진 시간 안에 의식을 모으는 힘이며, 사전적 의미로 마음이나 주의를 오로지 어느 한 사물에 쏟을 수 있는 힘을 말한다.

집중력에 관한 학자들의 개념과 정의를 살펴보면 다음과 같다.

Brickenkamp와 Karl(1986)은 적절한 외적 또는 내적 특정 자극들에 선택적으로 부적절한 자극을 차단하는 가운데 계속해서 정신을 기울이며 빠르고 정확하게 분석할 수 있는 개인의 능력이라고 하였다.

James(1950)는 집중력의 본질을 주어진 시간 안에 유기체가 자신에게 중요한 정보를 얻기 위해 불필요한 일련의 다른 정보를 제거시키는 것, 즉 불필요한 자극을 제외시키고 어느 특정 자극의 인식이나 각성에 집중을 두는 것이라고 하였다.

김동일 등(2011)은 집중력에 대하여, 첫째, 주어진 과제를 완성하기 위해 의식을 집중하는 능력이고, 둘째, 선택적으로 반응하는 능력이며, 셋째, 자기 통제 능력이라고 하였다.

또한 집중력과 관련하여 많은 학자는 집중력이 높을수록 학습의 효율성이 높아 학교생활에 자신감을 가지게 되고 긍정적인 정서가 형성되어 다른 활동의 목표를 달성하는 데 도움이 된다고 말하고 있고, 효과적인 프로그램을 통하여 집중력을 증진시킬 수 있다면 학습자의 발전을 촉진하고 생활 전반의 효율성을 기대할 수 있다고 말한다.

이러한 집중력을 이야기하고자 할 때 우리는 또 다른 집중력의 형태인 주의력, 선택적 주의력, 지속적 주의력, 시각적 주의력, 청각적 주의력에 대해서도 알아보고자 한다.

먼저, 주의력은 가장 보편적인 집중력의 형태와 의미로 명명되어지는데 과제나 목표에 초점을 맞추는 일이며, 계속 진행되는 사건으로부터 과제 수행에 유용한 정보를 추출하는 지각과정이다.

주의력은 다시 선택적 주의력과 지속적 주의력으로 나뉜다.

선택적 주의력은 과제와 관련 없는 정보는 무시하고 필요한 자극에만 주의를 기울이는 능력을 말하고, 인지적 억제, 즉 내적, 외적 자극들을 통제하고 방해되는 정보들을 억제하는 과정이 포함된다(박미선, 2014). 지속적 주의력은 장시간 어떤 자극에 대해 각성상태를 유지하는 것이며, 불규칙하고 간헐적으로 나타나는 목표자극에 대해 오랜 시간 주의를 유지하는 것이라고 할 수 있다. 한 가지 정보원에 주의를 유지시킬 수 있는 지속적 주의력은 과제 해결 상황에서 보다 잘 대처할 수 있도록 하는 기능이다.

또 다른 집중력과 주의력의 하위 의미로 시각적 주의력과 청각적 주의력이 있다.

주어진 시각적 자극에 집중하여 지속할 수 있는 능력인 시각적 주의력은 높은 시지각의 기능을 요구하며 필요한 시각적인 정보에만 반응하여 주의집중을 지속할 수 있는 기능이다. 청각적 주의력은 제시된 소리 자극에 반응하여 변별하고 주의를 기울일 수 있는 능력으로 높은 청지각의 기능이 요구된다.

이 내용을 바탕으로 집중력의 정의를 요약하자면, 집중력은 정신을 모아 자신이 의도하고자 하는 방향으로 이끄는 힘을 말한다.

2. 집중력과 발달적 미술치료

　자신이 보고 듣고 느끼고 경험한 것을 자연스럽게 표현하는 미술활동은 아동에게 있어 인간의 기본적인 욕구에 해당되며, 이러한 언어적 · 비언어적인 표현 욕구는 발달이 느린 특수아동에게도 나타난다.

　특수아동은 특별한 신체적, 정신적, 사회적 능력이나 한계 때문에 특수한 형태의 교육, 사회적 경험, 또는 처우를 필요로 하는 의존적인 아동들을 지칭하거나 정상아동과는 현저하게 일탈되어 정신적 발달, 감각적 능력, 신경 운동적 능력, 신체적 능력, 사회적 행동, 의사소통의 능력 면에서 문제를 나타내는 아동을 말한다.

　발달에 있어 지연을 가지고 있는 특수아동의 대부분이 집중력에 문제를 보이는데, 이 중 대부분은 주의집중, 시각집중, 청각집중 및 수행지속이 어렵다. 때문에 인간의 가장 기본적인 기능 중 하나인 집중력을 향상하는 것은 특수아동들의 생활 및 인지, 전반적 학습에 도움을 줄 수 있는데, 여러 선행연구를 통하여 미술치료가 집중력을 향상시키는 데 효과적이며 집중력이 향상되었음을 밝히고 있다.

　이는 장애로 인한 감각기관의 지체, 발달부진, 언어소통에 어려움을 겪는 특수아동이 자신을 표현할 수 있는 통로로 방어가 낮은 비언어적 매체인 미술을 이용하는데 있어 긍정적인 반응을 보이고 있고, 다양한 미술재료와 기법은 인지, 감각기관에 자극을 줄 수 있다는 점에서 교육적, 치료적 효과가 높다.

3. 집중력 향상을 위한 발달적 미술치료 사례

1) 내담자 인적 사항

　부산광역시에 위치한 N초등학교 4학년 남학생으로 경계선 지적장애를 가지고 있다.

2) 의뢰경위

아동은 모(母)에 의해 의뢰되었으며, 사회적 상호작용과 마음읽기가 미숙하여 또래관계가 어렵고, 착석에는 무리가 없으나 담임교사에게 산만하다는 말을 자주 듣는다고 한다. 또한 충동적인 성향이 강하여 실수가 잦고 그로 인하여 모와의 갈등 상황에 자주 노출된다고 하였다.

3) 내담자 발달사

주 양육자는 모이며, 정상 분만을 하였고, 낳기 전까지 별다른 이상은 없었다고 한다. 아동은 어릴 때부터 예민하고 장이 좋지 않아 자극적인 음식을 먹으면 구토하였고 그로 인하여 지금도 편식이 아주 심하였다.

양육방법은 잔소리가 많은 편이라고 하였고 매사 아동에게 지시하는 편이라고 하였다. 부(父)는 직접적으로 양육에 개입하지는 않으나 아동이 부를 잘 따르는 편이라고 하였다.

4) 내담자 가족사항

내담자의 가족은 아버지와 어머니, 내담자, 여동생으로 여동생은 7세이다.

가족관계	학력	나이	직업
부	대졸	42세	회사원
모	고졸	39세	주부
내담자	초등학교 4학년	11세	초등학생
여동생	유치원	7세	유치원생

5) 내담자 호소문제

내담자의 주 호소문제는 지속적인 과제수행이 어렵고 주의 산만함을 보이는 것이다.

　아동은 첫 면담 시 치료시간 20분이 지나 상담실로 들어와 앉았는데 고개를 푹 숙이고 눈 맞춤이 전혀 되지 않았다. 자리에 앉아 손을 끊임없이 움직였고 치료사가 질문을 하면 눈을 깜빡거렸다.

6) 심리검사 및 투사검사 결과

(1) 한국아동인성검사(Korean Personality Inventory for Children: KPI-C)

　한국아동인성검사는 Wirt와 Broen(1958)이 처음 개발한 검사로 국내에서는 표준화 작업을 거쳐 1997년에 초판이 발행되었다. 이 검사는 아동의 행동, 정서, 발달 혹은 대인관계 등 다양한 영역에 대해 부모가 응답하도록 되어 있으며, 4개의 타당도 척도(?척도, 검사-재검사 척도, L척도, F척도)와 11개의 임상척도로 구성되어 있다. 특히 임상척도는 언어발달(VDL), 운동발달(PDL), 불안(ANX), 우울(DEP), 신체화(SOM), 비행(DLQ), 과잉행동(HPR), 가족관계(FAM), 사회관계(SOC), 정신증(PSY), 자폐증 척도(AUT)로 구성되어 있어서 아동을 매우 포괄적으로 평가할 수 있다. 본 내담자별 평정 척도는 다음과 같다.

T/R	L	F	자아 탄력성	언어 발달	운동 발달	불안	우울	신체화	비행	과잉 행동	가족 관계	사회 관계	정신증	자폐증
42	36	56	46	51	35	63	52	68	45	69	51	45	42	51

(2) ADHD평가-NICHQ 반데르빌트 평정 척도

　미국소아과학회에서 발행한 ADHD아동 부모용 NICHQ 반데르빌트 평정 척도는 총 55문항으로 구성되어 있으며, 하위영역으로 증상에 대한 47문항과 수행에 대한 8문항으로 구성되어 있다. 증상에 대한 문항은 전혀 아니다 0점에서 매우 자주 3점으로 채점하는 4점 리커트 척도로 구성되어 있으며, 수행에 대한 문항은 매우 잘함 1점에서 문제 많음 5점까지 총 5점 리커트 척도로 구성되어 있다.

　1~9문항의 9개 증상 중 6개 이상의 답항이 2~3점이고(AND), 수행문항 48~55에서 한 개 이상의 답항이 4~5점에 해당하면 주의력결핍이 주증상인 ADHD 유형으

로 보며, 10~18문항의 9개 증상 중 6개 이상의 답항이 2~3점이고(AND), 수행문항 48~55에서 한 개 이상의 답항이 4~5점이면 과잉행동/충동성이 주증상인 ADHD 유형으로 보았으며, 이 2개 평가 척도를 모두 만족하는 경우 혼합형 ADHD 유형으로 본다. 본 내담자별 평정 척도 결과는 다음과 같다.

내담자	과잉행동 충동 우세형	증상문항 1~9번의 증상 중 5개에서 2~3에 응답 증상문항10~18번의 증상 중 7개에서 2~3에 응답 수행문항 48~55번 중 2개 문항에서 4로 응답

(3) KHTP 그림검사 결과

내담자		내용 설명: 남자가 지붕 위에 올라가 집을 고치고 있다. 형식 분석: 1분 정도의 빠른 시간 안에 강한 스트로크로 표현되어 충동성이 느껴지며, 기울어진 인물과 생략된 얼굴은 불안정한 성격과 함께 대인관계에서 동반된 갈등이 나타난 것으로 보인다. 또한 집의 격자무늬는 아동의 갑갑하고 답답한 마음을 나타낸 것으로 보인다. 내용 분석: "엄마는 맨날 너무 많이 문제를 풀게 해요.", "점점 양이 많아져요."

(4) KFD 그림검사 결과

내담자		내용 설명: 아동의 가족이 함께 영화를 보고 있다. 내용 분석: 가족이 모두 뒷모습으로 묘사되었고, 인물상 아래 소파를 통한 인물하선을 그려 가족구성원에 대한 불안감이 커 보인다. 강한 필압의 선은 충동성을 시사한다.

7) 치료자가 본 내담자의 문제(사례개념화)

- 특정 영역(과학)을 제외한 지속적인 주의 집중에 어려움이 있다.
- 지속적인 노력을 요하는 과제에 어려움을 보이고 매사 흥미가 금방 낮아져 늘 새로운 자극을 추구한다.
- 상대방의 마음읽기가 어려우며 그로 인해 또래관계가 어렵다.
- 모는 아동의 증상을 학업으로 해결하려 하며, 그로 인한 모와의 갈등으로 부정적 감정이 억압되어 보인다.
- 사회성에 있어 문제 여부를 의심해 봐야 하나 모의 완강한 거절로 인하여 거부되어 정확한 아동의 문제를 파악하지 못해 적절한 치료적 접근이 어렵다.
- 강점: 논리적이고 분석적이다.
- 취약점: 지속적인 주의 집중에 어려움이 있다.
    특정 영역을 제외한 모든 영역에 있어 흥미가 낮고 애착이 어렵다.

8) 상담 목표 및 전략

장기목표
- 집중력을 향상하여 일상생활에 어려움이 없도록 한다.

단기목표
- 자발적 집중력을 향상할 수 있도록 미술활동 시 마무리를 하도록 한다.
- 현재의 감정에 충실하며 언어적 표현을 늘린다.
- 20분을 기준(20~40분)으로 일정시간 이상 집중할 수 있도록 한다.

치료전략
- 자발적 집중력을 향상할 수 있는 워크북과 매체, 프로그램을 활용하여 장기적인 집중력 향상 프로그램을 실시한다.
- 미술활동을 마무리했을 때 긍정적 지지를 함으로써 자신감과 동기 및 애착을 형성하게 한다.

- 지속적 부모 상담을 통하여 가정 내에서의 변화를 모색하며 다양한 성격검사 등을 이용하여 서로를 이해하도록 한다.

9) 치료진행 및 회기별 프로그램

프로그램은 주 1회, 월 4회, 회당 40분씩 12회기로 구성되었다.

회차		주제	내용	활동재료
집중력 향상	1	동그라미 스티커 그림+사전검사	동그라미 스티커를 이용하여 다양한 매체에 표현하기, 전반적 기능 및 심리를 평가하기	동그라미 스티커, 종이접시, 8절 켄트지, 연필, 지우개
		♣ 그려서 표현하는 작업보다 방어가 적어 첫 회기의 심리적 부담감을 줄일 수 있다.		
	2	색종이 모자이크 및 HTP	색종이를 잘게 찢어 붙여 표현하기	하드보드지 8절, 연필, 지우개, 색종이, 풀, 모형가위
		♣ 하드보드지에 자유롭게 밑그림을 그리고 색종이를 찢어 붙이는 모자이크 작업으로 미술활동에 자신이 없는 내담자가 부담 없이 참여할 수 있다.		
	3	만다라 I	만다라 문양 채색하기	만다라 문양, 색연필, 사인펜, 식용유, 종이컵, 가위, 휴지
		♣ 감정을 이완하고 방어를 감소시키는 만다라 문양 색칠하기를 실시한다. 명상과 함께 문양에 자유롭게 색칠하는 작업은 누구나 할 수 있으며 정서적으로 안정되며 집중력 향상을 돕는다.		
	4	색 모래 그림	매우 작은 구멍이 있는 통에 모래를 넣고 조금씩 뿌려 표현하기	색 모래, 풀, 켄트지
		♣ 조금씩 나오는 모래를 뿌리는 활동을 하며 집중력 향상을 돕는다.		
	5	전기테이프 그림	전기테이프를 잘라 붙여 이미지를 표현하기	전기테이프, 전지, 켄트지, 수채도구
		♣ 화지에 전기테이프를 짧게 또는 길게 잘라 붙여 이미지를 표현하고 채색해 본다. 두껍고 진한 선은 심리적인 안정감을 제공하며 전기테이프를 붙여 표현하는 작업은 능동적 집중력 향상을 돕는다.		
	6	종이판화	종이를 오려 붙여 찍어 내어 표현하기	골판지, 수채도구, 롤러, A3 용지, 연필, 지우개
		♣ 그려서 표현하는 작업보다 방어가 적으며 능동적 집중력 향상을 돕는다.		
	7	먹물스크래치	OHP 필름에 먹물을 묻혀 긁어 표현하기	OHP필름, 켄트지, 나무젓가락, 크레파스, 드라이기
		♣ 가시적인 효과를 보기 위하여 집단원은 반복적인 수행을 거쳐야 하기 때문에 집중력 향상을 돕는다.		

8	GRAPH PAPER I	GRAPH PAPER워크지를 이용하여 색종이를 붙여 표현하기	GRAPH PAPER워크지, 풀, 가위, 나무젓가락
	♣ 구조화된 워크지를 이용하여 능동적 집중력 향상을 돕는다.		
9	GRAPH PAPER II	GRAPH PAPER워크지를 이용하여 색종이를 붙여 표현하기	GRAPH PAPER워크지, 풀, 가위, 나무젓가락
	♣ 구조화된 워크지를 이용하여 능동적 집중력 향상을 돕는다.		
10	입체 수수깡 그림	수수깡을 짧게 잘라 세워 붙이기	켄트지, 수수깡, 코팅지
	♣ 입체적으로 세워 표현하는 수수깡 그림은 수수깡이 쉽게 쓰러지기 때문에 높은 집중력을 요구한다.		
11	건빵 그림	건빵에 그림그리기	건빵, 매직
	♣ 크기가 작고 입체적인 건빵에 매직으로 그림을 그리면 높은 정교성을 요구하며 집중력을 돕는다.		
12	입체 색종이 그림	색종이를 세워 붙이기	4절 켄트지, 색종이, 가위, 풀
	♣ 색종이를 세워 붙이는 반복 작업은 능동적 집중력 향상을 돕는다.		

4. 집중력 향상을 위한 발달적 미술치료 프로그램 실제

이 절은 발달이 늦은 아동의 집중력 향상을 돕는 발달적 미술치료 프로그램으로 구성되어 있다. 각 프로그램은 다양한 매체를 이용하는 미술치료의 특성상 집중력뿐만 아니라 소근육, 시지각, 협응력, 흥미 유발과 같은 다양한 부가적인 영역의 발달도 돕고 있다.

각 프로그램은 치료적 개입의 정도에 따라 ★의 개수로 명료하게 표기하고 있으며, 프로그램에서 사용되는 매체는 일상생활에서 쉽게 구할 수 있는 접근성 좋은 매체를 사용하였고 주 1회, 월 4회의 총 12회기의 프로그램으로 구성되었다.

이 절에 제시된 12회기의 집중력 향상을 위한 발달적 미술치료 프로그램은 또 다른 다양한 매체와 방법을 통한 집중력 프로그램이 많이 있으나 발달적 미술치료의 이해를 돕고자 제시된 것이다.

집중력

❶ 전기테이프 그림

집중력 및 성취감 향상을 위한 미술치료 프로그램

집중력	★★★
성취감	★★★
소근육	★★

두껍고 진한 선은 심리적 안정감을 제공하며 색의 극심한 대비를 통하여 시각적 완성도를 높여 준다. 특히 전기테이프의 특성상 수채물감이 스며들지 않아 작품의 완성도를 높이며, 이는 작업 수행이 서툰 특수아동의 심리적 불안감은 낮춰 주고 성취감과 흥미를 유발시켜 자발성을 촉진시킨다.

❁ **목적:** 집중력, 소근육, 성취감 향상 돕기

❁ **재료:** 전기테이프(검정색), 전지 또는 4절 켄트지, 수채도구

❁ **제작과정**

1. 집단 작업과 개별 작업 모두 가능하다.
2. 전기테이프의 길이는 아동이 자유롭게 자르도록 한다. 하지만 소근육과 양손의 협응력이 낮은 아동은 치료사가 미리 짧게 잘라 주어 좌절감을 느끼지 않도록 한다.
3. 주제는 아동이 자유롭게 선택하도록 한다(설사 정확한 사물이나 형태의 묘사가 어려워 난화의 표현이라도 아동 스스로 자유롭게 그리도록 한다).
4. 화지의 크기 또한 아동이 선택하도록 한다. 하지만 자신의 에너지 수준을 고려하지 않고 화지를 고를 경우(예: 에너지 수준이 낮은 아동이 전지를 선택할 경우 완성이 어려워 좌절할 수 있다) 치료사가 선택하도록 한다.
5. 마무리 작업 시 소감을 나눈다.

1단계: 전기테이프를 잘라 원하는 형태를
표현한다.

2단계: 붙여진 테이프 안쪽 면에 채색한다.

🌸 사례

김○○ / 여 / 14세 / 발달장애 2급

⋯⋯ 아동은 주의집중, 소근육 발달의 기능은 매우 우
수하나 사회적 상호작용의 결여가 있고 불안이
높다. 작품 수행 중에는 불안이 나타나지 않았고
"더 하고 싶어요." 등의 능동적인 의사표현이 나
타났다.

🌸 그룹 사례

김○○ / 여 / 12세 / 지적장애 3급, 강○○ / 남 / 12세 / 경계선 지적장애

⋯⋯ 위축되고 소극적이며 또래관계가 어려운 여자아
동과 남자아동으로 전지를 선택하였다. 두 아동의
작품이 연결되어 서로 간의 상호작용이 나타나고
있으며, 총 2회기에 걸쳐 작업이 이루어졌다.

집중력

2 투명테이프 그림

집중력 및 사고력 향상을 위한 미술치료 프로그램

집중력 ★★★
내적 통제력 ★★★
공간 구성력 ★★

작은 크기의 그림을 그리는 것은 많은 내적 통제와 집중력, 정교성을 요구하는데, 소근육 발달과 주의집중이 원활하지 않은 특수아동에게는 인지적 수준에 따라 좌절감을 느낄 수 있다. 따라서 작은 그림들을 새롭게 배열하거나 나열하여 이야기를 꾸며 보는 것은 아동의 흥미를 유발하고 자발성을 자극하여 사고력을 향상하도록 돕는다.

🌸 **목적:** 주의집중, 내적 통제, 사고력 증진 돕기

🌸 **재료:** 투명테이프(두께별로 준비), 매직, 켄트지, 수채도구, 플라스틱 사각용기

🌸 **제작과정**
1. 아동의 인지 수준에 따라 두꺼운 투명테이프와 얇은 투명테이프에서 선택하도록 한다.
2. 사각용기에 투명테이프를 길게 붙여 떠오르는 심상을 자유롭게 그린다.
3. 켄트지에 투명테이프에 그린 그림들을 자유롭게 붙인다.
4. 투명테이프 그림 바탕을 수채물감으로 채색하여 완성한다.
5. 그림들을 보고 이야기를 만들거나 짝을 이루어 이야기를 지어낸다.

1단계: 투명테이프에 매직으로 자유롭게 그린다.

2단계: 완성된 투명테이프 그림을 켄트지에 붙이고 다시 투명테이프에 그림을 그린다. 아동이 멈출 때까지 계속 그림들을 만든다.

3단계: 여러 개의 그림들을 켄트지에 붙이고 이야기를 만들어 낸다.

…▶ 아스퍼거증후군인 남자 아동(10세)의 작품으로, 외할머니 집으로 가는 길이라고 이야기를 만들어 내었다.

🧹 **사례**

장○○ / 남 / 9세 / 아스퍼거증후군

…▶ 아동은 지하철 노선도와 버스 노선도, 아파트의 창문 개수에 높은 흥미를 보이는 제한적인 관심을 가졌다. 아동이 치료실로 오기까지의 건물과 도로를 표현하였다.

집중력

③ 랩(wrap) 그림

집중력과 소근육 향상을 위한 미술치료 프로그램

집중력	★★★
정교성	★★★
소근육	★★

투명 랩은 일상생활에서 친숙하게 접하고 있는 사물이며, 쉽게 찢어지는 특성으로 미술매체로 사용할 때 많은 정교함과 주의집중력이 요구되는 매체이다. 따라서 지속적인 과제수행이 어렵고 소근육과 대근육 발달이 미숙한 특수아동에게는 쉽지 않은 과제이므로 소근육의 강도를 조절하며 그림을 그리는 투명 랩 그림은 특수아동의 주의집중력과 소근육 향상에 도움이 될 수 있다.

❀ **목적:** 집중력, 소근육 향상 돕기

❀ **재료:** 투명 랩, 종이상자 뚜껑, 매직

❀ **제작과정**

1. 투명 랩을 종이상자 뚜껑에 한 겹 감는다(소근육 조절이 어려운 아동은 두세 번 감는다).
2. 종이상자 뚜껑에 감긴 투명 랩 위에 매직으로 자유롭게 그림을 그린다.
3. 투명 랩이 찢어지면 다시 랩을 감아 준다.
4. 완성 후 소감을 나눈다.

한 겹만 랩을 감은 경우

세 겹 이상 랩을 감은 경우

🌸 사례 1

김○○ / 남 / 15세 / 발달장애 2급

⋯▸ 아동은 자신이 좋아하는 개체들을 그렸는데, 1회 랩이 찢어지자 매우 조심스럽게 그림을 그리고 완성하였다.

🌸 사례 2

김○○ / 남 / 10세 / 아스퍼거증후군

⋯▸ 아동은 자신이 좋아하는 것과 싫어하는 것을 표현하였다. 랩이 찢어지지 않고 그림이 완성되자 매우 즐거워하였다.

그룹 사례

⋯▸ 높은 주의집중력을 요하는 수행으로 그룹 작업이
가능하다. 발달장애 2급 아동들의 그룹이다. 그룹
수행 시 명상 음악을 들려주는 것이 도움이 된다.

집중력

4 성냥 그림

집중력과 촉감각 향상을 위한 미술치료 프로그램

집중력	★★★
촉감각	★★★
양손 협응	★★

성냥은 일상생활에서 친숙하게 접할 수 있는 매체로 잘 잘라지고 부러지기 때문에 많이 이용되는 미술매체이다. 주로 만들기에 사용되는 재료로서 사물의 입체 개념성에 적합하다. 평면의 경우 같은 크기로 잘라 연결하여 붙이는 작업이나 토막 내어 종이 위에 붙여서 모자이크를 하듯이 사용하는 방법이 있다.

❀ **목적:** 집중력, 촉감각 향상 돕기

❀ **재료:** 성냥, 투명테이프, 켄트지

❀ **제작과정**

1. 화지를 선택한 다음 밑그림 없이 성냥만을 이용해 형태를 표현해 본다.
2. 시간의 여부에 따라 물감으로 채색하여 완성해도 된다.

밑그림 없이 성냥을 투명테이프로 붙여 그림을 완성한다.

✿ 사례 1

김○○ / 남 / 17세 / 발달장애 2급

⋯⋯ 아동은 색 성냥을 이용하여 자동차, 나무, 집을 표현하였다. 형태 표현에 있어 비교적 정확히 표현하였으며, 공간의 구성 또한 원활하다.

✿ 사례 2

이○○ / 남 / 11세 / 자폐스펙트럼장애

⋯⋯ 아동은 색 성냥을 이용하여 트럭, 집, 해, 나무를 표현하였다. 형태 표현에 있어 비교적 정확히 표현하였으나 개체가 허공에 있어 불안정하다.

✿ 사례 3

남○○ / 남 / 11세 / 경계선 지적장애

⋯⋯ 아동은 색 성냥을 이용하여 달, 별, 나무, 집, 산, 울타리를 표현하였다. 형태 표현에 있어 비교적 정확히 표현하였으며, 공간의 구성 또한 원활하다.

집중력

5 입체 수수깡 그림

집중력과 소근육 향상을 위한 미술치료 프로그램

집중력	★★★
소근육	★★★
촉감각	★★

수수깡은 다양한 색과 입체감으로 응용이 가능하고 다루기 쉬운 매체로서 아동의 미술매체로 활용하기 매우 용이하다. 수수깡을 작게 잘라 붙여 표현함으로써 촉감각을 자극할 수 있고 아동의 흥미를 유발하는 데 도움이 된다.

🎨 **목적:** 소근육 발달, 집중력 향상 돕기

🎨 **재료:** 수수깡, 칼, 손 코팅지, 켄트지

🎨 **제작과정**

1. 수수깡을 2~3cm 간격으로 잘게 잘라 통에 담아 미리 준비한다.
2. 밑그림을 그리고 손 코팅지로 덮는다.
3. 자른 수수깡을 밑그림에 따라 손 코팅지 위에 입체적으로 붙여 표현한다.
4. 완성된 작품을 보며 소감을 나눈다.

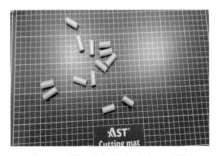

1단계: 수수깡을 잘라 통에 넣어 준비한다.

2단계: 밑그림 위에 손 코팅지를 붙이고, 그 위에 수수깡을 세운다.

3단계: 수수깡 집을 완성한다.

🌸 사례 1

유○○ / 남 / 6세 / 발달장애 2급

⋯ 아동은 주의가 산만하고 양손의 협응이 미숙한
데, 수수깡을 세워 붙이며 집중하는 태도를 보였
다. 아동은 고래를 표현하였다.

🌸 **사례 2**

남○○ / 여 / 10세 / ADHD

⋯› 아동은 평소 급하고 충동적인 성향이다. 작품을 수행하며 반복적으로 넘어지는 수수깡 때문에 좌절감을 느끼기도 하였지만 완성된 작품을 보며 긍정적인 반응을 보였다. 아동은 고양이를 표현하였다.

🌸 **사례 3**

김○○ / 남 / 15세 / ADHD

⋯› 아동은 집중력이 매우 낮고 세밀하고 정교한 작업을 할 때 짜증이 많았는데, 수수깡을 붙이며 이미지를 표현하는 작업에 높은 흥미를 보였고 능동적으로 참여하였다. 아동은 만화의 캐릭터를 표현하였다.

집중력

6 색종이 접어 이미지 표현하기

집중력과 소근육 향상을 위한 미술치료 프로그램

집중력	★★★
소근육	★★★
양손 협응	★★

종이접기는 동형을 알아가고 균형을 배울 수 있는 장점이 있고, 종이를 접어 만들고 표현하며 구성능력과 정교한 손동작을 요구함으로써 소근육의 발달을 돕는다.

또한 종이를 접어 이미지를 표현함으로써 추상적 사고력을 자극할 수 있다.

❀ **목적:** 집중력, 소근육 발달, 양손 협응, 추상적 사고력 향상 돕기

❀ **재료:** 색종이, 가위, 풀, 켄트지

❀ **제작과정**

1. 색종이를 4등분 또는 아동의 인지발달 수준에 따라 16등분으로 나누어 자른다.
2. 자른 색종이를 세모 형태로 접어 준다.
3. 접은 색종이를 서로 끼워 이미지로 표현해 본다.
4. 표현된 이미지에 배경을 그리고 소감을 나눈다.

색종이를 세모 모양으로 접어 '바다' 이미지를 표현하였다.

❀ 사례 1

김○○ / 여 / 12세 / 지적장애 2급

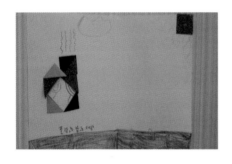

⋯ 아동은 세모 접기를 이용하여 집이 있는 이미지를 표현하였다.

❀ 사례 2

김○○ / 여 / 10세 / 경계선 지적장애

⋯ 아동은 세모 접기를 이용하여 나비와 물고기 등 다양한 이미지를 표현하였다.

❊ **사례 3**

박○○ / 남 / 10세 / 발달장애 3급

⋯ 아동은 뱀을 표현하였고, 세모로 접은 많은 색종이를 이용하여 작품을 만들었는데 높은 집중력을 보였다.

❊ **그룹 사례**

⋯ 부산광역시의 N복지관의 7~9세 아동 집단으로 세모 접기를 이용하여 산과 구름, 나무를 표현하였다. 다소 복잡한 이미지(집)는 구조적인 형태의 표현이 어려웠다.

7 색 빨대 그림

집중력과 양손 협응 향상을 위한 미술치료 프로그램

집중력	★★★
양손 협응	★★★
공간구성	★★

색 빨대는 그 특성이 가볍고 자르기 쉬우며 다양한 색이 있어 특수아동의 미술매체로 사용하기 편리한데, 밑그림 없이 색 빨대를 자르거나 붙여 그림으로 표현하는 수행은 아동의 공간구성능력과 양손 협응, 주의집중력 향상에 도움이 된다.

❋ **목적:** 집중력, 양손 협응, 공간구성능력 향상 돕기

❋ **재료:** 색 빨대, 가위, 손 코팅지, 켄트지

❋ **제작과정**

1. 8절 또는 16절 켄트지에 밑그림을 그리지 않는다.
2. 마음속으로 이미지를 생각한다.
3. 색 빨대를 잘라 이미지를 표현한다(특수아동의 경우 치료사가 주제를 주어도 된다).
4. 완성된 작품을 보며 소감을 나눈다.

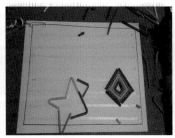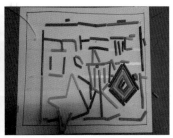

색 빨대를 준비하고 자유롭게 잘라 원하는 형태로 표현한다.
(초등학교 3학년 남자아동이 표현한 표창과 방패)

사례 1

장○○ / 남 / 8세 / 경계선급 지적장애

⋯▸ 아동은 불안이 매우 높은데, 켄트지가 아닌 커피포장 상자를 매체로 선택하여 꾸며 주었다. 상자의 크기에 맞추어 색 빨대를 잘라 붙였으며, 시간이 지나자 사선, 지그재그 모양 등 다양한 방법으로 표현하였다.

사례 2

강○○ / 남 / 10세 / 발달장애 2급

⋯▸ 아동은 집, 해, 나비를 표현하였고, 작은 크기의 색 빨대를 주로 사용하였다. 또한 수행 중 높은 집중력을 보였다.

사례 3

김○○ / 여 / 10세 / ADHD

 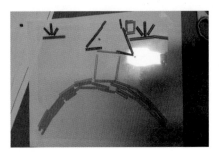

⋯▸ 아동은 집중력이 매우 낮은 성향으로 빨대를 반복해서 자르고 붙이는 수행을 힘들어하였다.

❀ 사례 4

김○○ / 남 / 15세 / 강박증, 불안장애

⋯➔ 아동은 불안이 높고 강박적인 성향을 가졌으며 행동화가 나타나지 않는 외현적 문제를 보였는데, 평소 좋아하는 로봇을 표현하며 동작성이 증가하고 높은 집중력을 보였다.

❀ 사례 5

박○○ / 남 / 9세 / ADHD

⋯➔ 아동은 불안이 높고 매우 산만한 성향을 보이며 공격성 또한 높다. 아동은 탱크를 표현하였고 "한국을 공격할 거예요."라고 말하는 등 분노가 많다.

❀ 사례 6

강○○ / 여 / 9세 / ADHD

⋯➔ 아동은 불안이 높고 매우 산만한 성향을 보이며 수행 지속시간이 매우 짧다. 아동은 색 빨대 수행을 하며 오랜 시간을 집중할 수 있었으며, 완성된 작품에 대한 성취감을 함께 표현하였다.

집중력

⑧ 건빵 그림
집중력과 소근육 향상을 위한 미술치료 프로그램

집중력	★★★
소근육	★★★
흥미 유발	★★

건빵은 작은 블록 모양으로 건조하고 단단하며 흔히 구할 수 있는 매체로서 아동의 흥미를 유발할 수 있고 매직으로 그림을 그리거나 이야기를 만드는 등의 다양한 응용이 가능하다.

❀ **목적:** 주의집중력, 소근육 향상 돕기

❀ **재료:** 건빵, 매직, 켄트지, 리본, 글루건

❀ **제작과정**

1. 아동이 원하는 만큼의 건빵을 가지고 자유롭게 그림을 그린다.
2. 그림이 그려진 건빵을 붙여 이야기를 만들거나 입체적인 매체로 응용하여 표현한다.
3. 완성된 작품을 보며 소감을 나눈다.

아동이 건빵에 그림을 그리는 모습이다.

🌸 사례 1

박○○ / 여 / 9세 / 지적장애 2급

⋯⋯ 아동은 구조적인 형태의 표현이 어려워 단순한 도형을 중심으로 건빵에 그림을 그렸다. 그림이 그려진 건빵을 이용해 아동이 좋아하는 자동차를 표현하였다.

🌸 사례 2

권○○ / 여 / 10세 / 지적장애 2급

⋯⋯ 아동은 자신이 좋아하는 형태(물고기, 나비, 자동차)를 작게 그리고 리본에 길게 붙여 완성하였다.

🌸 사례 3

강○○ / 남 / 16세 / 불안이 높음

⋯⋯ 아동은 아버지를 연상하여 건빵에 그림을 그렸고, 그림이 그려진 건빵을 이용하여 이야기를 만들었다. 작은 개체에 그림을 그리며 아동은 심리적으로 안정되어 보였다.

집중력

9 비닐식탁보 그림

집중력과 양손 협응 향상을 위한 미술치료 프로그램

집중력	★★★
양손 협응	★★★
성취감	★★

일회용 비닐식탁보는 그 특성이 가볍고 얇아 투명성이 있으며, 아동이 만졌을 때 부드러운 촉감각을 제공한다. 또한 전지 사이즈로 완성된 작품을 봤을 때 아동은 만족감과 성취감을 동시에 느낄 수 있다. 하지만 쉽게 구김이 가고 찢어져 양손을 이용하여 비닐식탁보의 주름을 펴 가며 그림을 그려야 해서 높은 주의집중력을 요구한다.

🌸 **목적:** 양손 협응력, 주의집중력 향상 돕기

🌸 **재료:** 비닐식탁보, 매직

🌸 **제작과정**

1. 비닐식탁보를 펴서 준비한다.
2. 비닐식탁보를 손으로 비비거나 구기면서 매체의 촉감을 느껴 본다.
3. 비닐식탁보에 자유롭게 그림을 그린다.
4. 비닐식탁보가 찢어지지 않아야 되고 구겨진 주름 때문에 끊어진 선들이 연결되도록 제한을 둔다.

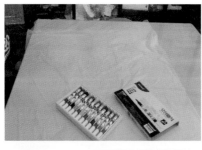

잘 구겨지는 비닐식탁보의 특성 때문에 한 손으로 구김을 펴 가며 그림을 그리고 있다.

🌸 사례 1

박○○ / 남 / 11세 / 아스퍼거증후군

⋯ 아동은 사회적 상호작용이 어려워 불안이 높고 주의가 매우 산만하다. 아동은 비닐식탁보의
부드러운 촉감에 만족스러워 하였고 자신이 그린 그림을 의자 위에 올라가 설명하여 주었다.
그림의 내용은 비가 많이 오는 가운데 벼락을 맞고 있는 자신을 그렸는데, 이는 낮은 자존감
의 자아상을 표현한 것으로 보인다.

⚜ **사례 2**

강○○ / 여 / 9세 / ADHD

⋯▶ 아동은 평소 급하고 충동적인 성향이며, 큰 사이즈의 매체로 인해 수행 지속이 어려웠다. 하지만 완성된 작품을 창문에 걸어 감상하며 능동적으로 작품 설명을 하고 애착을 나타내었다.

⚜ **사례 3**

김○○ / 남 / 12세 / ADHD

⋯▶ 아동은 집중력이 낮고 언어 이해력이 낮은데, 바다 위에서 전쟁을 하는 이미지를 표현하였다. 평소 분노조절이 어려워 전쟁, 총, 싸움, 죽음과 관련된 이야기를 많이 하는 편이며, 자기 표현력이 낮고 자존감도 낮다. 큰 비닐식탁보에 완성된 그림을 보며 스스로 만족해하며 다양한 색 반응이 나타났고 구김을 잘 펴서 그림을 그려 선 또한 매끄럽게 표현되었다.

10 우드락 조각 그림

촉지각과 양손의 협응력 향상을 위한 미술치료 프로그램

시각집중력	★★★
시지각	★★★
소근육	★★

우드락은 가볍고 쉽게 부수어지며 다양하게 응용이 가능한 매체로서 아동의 감각자극을 위한 작업매체로 효과적이다. 따라서 양손의 협응력과 대근육과 소근육의 발달이 늦은 특수아동에게 우드락을 부수거나 찢고 밑그림에 맞추어 붙이는 입체적인 작업이 도움이 된다.

🌸 **목적:** 촉지각, 양손 협응력 향상 돕기

🌸 **재료:** 우드락 8절 사이즈, 손 코팅지, 매직, 8절 켄트지, 연필, 지우개

🌸 **제작과정**

1. 우드락을 양손으로 부수고 잘게 찢어 준비한다(치료사가 도와주지 않는다).
2. 아동이 켄트지나 손 코팅지에 밑그림을 그린다.
3. 매직으로 밑그림에 색칠한다(접착면 방향으로 색칠하기-필름지에 색칠하지 않도록 유의한다).
4. 손 코팅지의 필름면을 제거하고 접착면에 잘게 찢은 우드락 조각을 붙여 준다.
5. 우드락 조각에 원래의 색과 같은 색의 매직으로 다시 칠해 준다.
   (이유: 자연스러운 입체감을 통해 촉지각과 시지각을 자극한다.)
6. 배경을 우드락으로 붙여 완성한다.
7. 완성된 작품을 보며 소감을 나눈다.

1단계: 우드락을 잘게 부수어 준비한다. 2단계: 손 코팅지에 매직으로 그리고 색칠한다.

3단계: 그림의 일부분에 우드락 조각을 붙여 입체감을 표현하고 그 위에 밑그림과 같은 색으로 색칠한다.

4단계: 배경을 붙여 완성한다.

🌸 사례 1

박○○ / 남 / 5세 / 발달장애 2급

⋯➝ 아동은 충동성이 높고 주의력이 낮으며 소근육의 발달이 매우 늦다. '집과 눈'을 표현하였
는데 절제되지 못한 선이 충동성을 나타내고 있다. 아동은 우드락을 부수며 일정시간 이상
(10~12분) 집중할 수 있었고, 우드락을 붙이기 위해 양손을 모두 사용하였다.

🌸 사례 2

문○○ / 여 / 14세 / 발달장애 2급

⋯➝ 아동은 나무를 그리고 나뭇잎 부분에 우드락을 붙여 완성하였
다. 우드락 조각의 가운데 부분만 색칠하여 아동의 불안한 심리
를 엿볼 수 있으나 비교적 균일하게 부수어진 우드락 조각과 일
정한 간격을 유지한 표현은 아동의 원활한 수행 지속력을 나타
내고 있다.

🌸 사례 3

박○○ / 남 / 12세 / 지적장애 2급

⋯➝ 아동은 충동성이 높고 주의집중이 어려운 성향으로 인하여 시각적인 변별력도 낮다. 치료사가 밑그림을
그려 제시하였고, 아동은 우드락을 붙여 그 위에 색칠을 하였다. 우드락에 색칠하기 위해 양손을 사용해
야 했는데 협응이 원활하지 않아 치료사의 행동적 도움이 요구되었다.

집중력

11 투명테이프 선 그림

시각집중력과 양손 협응을 위한 미술치료 프로그램

시각집중력	★★★
양손 협응	★★★
소근육	★★

아동은 시각적인 자극에 흥미를 보이며 다양한 색의 반응에 더욱 높은 능동성을 보이는데, 일상생활에서 흔히 사용하는 투명테이프를 이용하여 붙이고 색칠하는 반복 수행을 통하여 아동의 시각적 자극을 극대화할 수 있다.

❋ **목적:** 시각적 집중력, 흥미 유발 향상 돕기

❋ **재료:** 투명테이프, 수채도구

❋ **제작과정**
1. 켄트지에 투명테이프를 붙여 이미지를 표현한다.
2. 그 위에 수채물감(연한색)으로 채색한 뒤 5분 정도 말려 준다.
   아동의 인지발달 수준을 고려하여 이미지가 아닌 난화 표현도 괜찮다.
3. 다시 투명테이프를 붙여 이미지를 표현한다.
4. 그 위에 수채물감(진한색)으로 채색한 뒤 5분 정도 말려 준다.
5. 과정을 반복한 뒤 완성된 작품을 보며 소감을 나눈다.

투명테이프를 붙여 이미지를 표현한다.

연한색 물감을 칠해 준다.   다시 투명테이프로 세부묘사를 한 뒤 채색한다.

🌸 사례 1

김○○ / 여 / 9세 / 지적장애 2급

⋯⋯▶ 아동은 이미지를 표현하기는 어려웠지만 투명테이프를 붙이고 물감을 채색하는 반복 수행을 통해 나타나는 다양한 색의 자극에 높은 흥미를 보였다.

🌸 사례 2

이○○ / 남 / 8세 / ADHD

┈┈▶ 아동은 투명테이프를 붙여 다양한 이미지를 표현하였다.

집중력

12 입체 색종이 그림

집중력과 양손 협응력 향상을 위한 미술치료 프로그램

집중력	★★★
양손 협응	★★★
촉감각	★★

색종이는 쉽게 찢고 구기고 접을 수 있는 특징이 있고, 구하기가 쉬우며, 다양하게 응용이 가능하여 아동의 미술매체로 흔히 사용된다. 색종이를 입체적으로 표현하면 결에 따른 촉각적인 자극과 양손을 사용하는 협응력, 그리고 시각적인 집중력 향상에 도움을 줄 수 있다.

🎨 **목적:** 양손 협응력, 집중력 향상 돕기

🎨 **재료:** 색종이, 가위, 풀, 켄트지

🎨 **제작과정**
1. 밑그림을 그린다.
2. 색종이를 잘라 입체적으로 표현하여 밑그림에 붙인다.
3. 색종이를 입체적으로 표현하는 방법은 다음과 같다.

색종이를 가로 1.5cm, 세로 3cm 정도의 간격으로 오리고 윗부분을 둥글게 오린다.

오린 색종이의 아래 7mm~1cm를 접는다.

접은 부분에 풀을 발라 세워 붙인다.

4. 완성한 뒤 손으로 쓰다듬으며 촉감각을 느껴 본다.

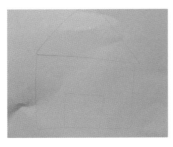

밑그림을 그리고 색종이를 접어 세워 붙여 표현한다.

🌸 사례 1

김○○ / 여 / 9세 / ADHD

⋯▸ 아동은 버섯을 그리고 색종이를 세워 붙여 완성하였는데, 비교적 정교하고 성실하게 수행하였
고 원활한 집중력을 보였다.

🌸 사례 2

강○○ / 여 / 10세 / 발달장애 3급

⋯▸ 아동은 하트 풍선을 그리고 색종이를 세워 붙여 완성하였다. 색종이를 붙인 간격이 넓고 색종이
를 세워 붙이는 수행을 어려워하였다.

참고문헌

김동일, 신을진, 이명경, 김형수(2011). 학습상담. 서울: 학지사.

박미선(2014). 주의집중력 척도 개발 및 타당화 연구. 국제신학대학원대학교 박사학위논문.

Brickenkamp, R., & Karl, G. (1986). Geraete zur Messung von Aufmerksamkeit, Konzentration und Vigilanz [Measurement Instruments of attention, concentration, and vigilance]. In R. Brickenkamp (Ed.), Handbuch apparartiver Verfahren in der Psychologie(pp. 195-211). Goettingen, Germany: Hogrefe.

Broen Jr, W. E., & Wirt, R. D. (1958). Varieties of response sets. *Journal of Consulting Psychology, 22*(3), 237.

James, W. (1950). *Principles of psychology.* New York: Dover.

제10장

사회성 향상을 위한 발달적 미술치료 프로그램

1. 사회성의 정의

인간의 일생에 있어 유아기·아동기는 언어적, 신체적, 사회적, 지적, 정서적으로 성장하고 성숙하는데 매우 중요한 시기이다. 이 중에서도 특히 유아기·아동기의 사회적 성숙은 성장하면서 지속적으로 겪게 되는 사회적 관계에 중요한 영향을 미칠 수 있기에 인지적인 능력 못지않게 그 중요성이 강조되고 있다. 사회적 성숙은 일반적으로 사회성으로 표현되어지는데, 이것은 복잡한 개념으로 학자들마다 그들이 속한 사회적인 문화권에 따라 다양하게 표현되어지므로 학자들마다 정의하는 바가 조금씩 다르다(최명선 외, 2012). 일반적으로 사회성이란 다양한 사람들과 긍정적인 관계를 형성하고 원만하게 상호작용을 하는 능력을 말한다.

사회성의 개념을 조금 더 구체적으로 살펴보면, 사회적 능력과 사회적 기술로 나누어 살펴볼 수 있다. 먼저, 사회적 능력은 대인관계의 목적을 달성하는 능력으로 타인과의 관계에서 효과적으로 상호작용을 하거나 사회적 문제 상황에 적절하게 기술이나 해결전략을 사용할 수 있는 능력으로 볼 수 있다.

사회적 기술은 인간 상호 간에 서로의 요구, 권리, 만족을 훼손시키지 않고 의사소통할 수 있으며, 대인과의 관계적 상황에서 감정 표현과 도덕적인 행위를 할 수 있는 자신 관련 행동 및 대인관계 행동들이 포함되는 개념이다. 인간은 이러한 사회적 기술들을 점차적으로 습득함으로써 사회성을 발달시킨다.

종합하여 말하면, 사회성은 사회적 행동이 내면화된 것이다. 또한 교육에 의한 경험으로 습득한 사회적 습관 및 사회적 행동의 근본이 되는 기능이고, 사회성이 높을수록 집단에서 대인관계가 원만하여 새로운 환경에서 잘 적응할 수 있다고 말할 수 있다(김선경, 2004).

2. 사회성과 발달적 미술치료

인간은 사회적인 존재로서, 평생 동안 누군가와의 관계를 맺으면서 살아간다.

자신이 포함되어 있는 집단 및 사회 속에서 규칙과 규범을 따르기, 타인과 상호작용을 하며 협동하는 방법과 도움을 주고받기, 질서 지키기, 양보와 배려하기 등의 경험을 통해 사회성을 키워가게 된다.

이러한 사회성은 부모와의 애착을 기본으로 부모가 아닌 다른 대상에게 적용·확장시켜 아동이 타인과 조화롭게 지낼 수 있으며, 사회적인 기준에 따를 수 있도록 조절된 행동을 할 수 있게 한다. 또한 타인과 어울려야 하는 집단생활에서도 상대의 마음을 이해하기 위한 능력을 발휘하여 잘 적응하도록 돕는다(이영애, 2012).

아동의 사회성 발달에서 부모와의 상호작용, 환경으로부터의 반응, 가족과 또래 집단에서의 사회적 수용 경험이 중요한 역할을 하는 요인으로 강조되고 있으며, 이러한 요인들의 긍정적인 경험들과 교육의 반복을 통해 사회성은 습득된다.

따라서 한 가지 영역이 아닌 다양한 영역에서의 조화로운 발달이 전제가 되어야 하는 것이 사회성이라 할 수 있으며(이영애, 2012), 사회성은 인지적 능력과 함께 장애를 진단하는 데 있어 중요한 요소로 작용하고 있을 뿐만 아니라, 아동이 건강하게 성장하기 위한 교육의 목표로 설정되기도 한다(최명선 외, 2012).

사회적 능력이 결핍된 특수아동의 경우, 사회적 기술을 중재하기 위해서 우선적으로 아동의 사회적 기술의 결함 유형을 파악해야 한다.

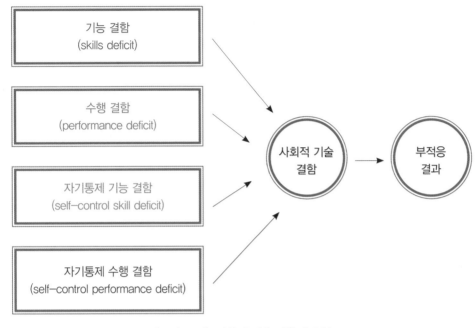

[그림 10-1] 사회적 기술 결함의 요인

사회적 기술 결함은 사회적 기능의 어려움을 보이는 네 가지의 다른 유형의 결함 유형으로 분류될 수 있다.

첫째, 기능 결함이다. 예를 들어, 자신을 소개하는 방법, 인사 건네기, 또래와의 협력을 어떻게 해야 하는지를 모르는 것이다. 따라서 기능 결함은 기술 습득 기회의 부족 및 낮은 지적수준 등의 이유로 상호작용을 하는 방법을 잘 알지 못하거나, 상호작용 행동의 수행이 나타나지 않는 경우이다.

둘째, 수행 결함이다. 사회적 상호작용을 위한 행동을 수행하는 방법은 알고 있으나, 허용되는 적절한 수준에서 수행하지 못하는 것이다. 수행력에서 결함을 보이는 아동은 동기유발의 부족, 행동을 수행함에 있어 기회가 부족하여 환경으로부터 강화나 촉진을 받지 못해 낮은 수행율을 보일 수 있다. 예를 들면, 가정에서는 행동을 수행할 수 있으나, 학급에서는 행동 수행을 보이지 않는 것을 들 수 있다(여광응 외, 2003).

셋째, 자기통제 기술 결함이다. 이는 불안이나 분노와 같은 정서적 각성 반응으로 인해 또래관계에서 위축되거나 피하는 태도, 자주 화를 내거나 공격적인 태도 때문에 사회적 능력을 학습하는 데 방해를 받을 수 있다.

넷째, 자기통제 수행력 결함이다. 정서적 각성 반응이 충동적이거나 공격적인 경향은 또래와의 상호작용 및 수용에서 방해를 받을 수 있다(송준만 외, 2016).

이와 같이 특수아동의 사회적 기술은 다양한 상황에서 적응하고 적절하게 대처하는 데 필요한 기술에 결함이 있다는 것이고, 이것은 특수아동의 인지적 · 행동적 · 정서적 결함과 연관되어 있다고 볼 수 있다. 따라서 특수아동의 사회적 기술에서 보여지는 결함을 보완하고 타인과 조금 더 원만한 관계를 맺거나 유지하기 위해서는 치료적인 개입이 필요하다.

Piaget(1962) 이론에서는 아동에게 있어 동료와의 관계의 중요성을 강조하고 있는데, 같은 또래는 어른으로서 할 수 없는 방법으로 발달을 촉진시키기 때문이다.

또한 또래집단은 가족보다 사회적 상황에서 개인적 요구에 더욱더 비중을 둠으로써 협상하고 상호작용하기를 배워 나갈 수 있다(Corsaro, 1981). 이와 같이 또래는 아동의 여러 가지 측면에서의 발달에 미치는 영향이 크다(Roger, 1997).

그러나 특수아동이 단지 정상 또래에게 노출되는 것만으로는 사회성 기술을 발달시킬 수 없으므로 사회성 기술을 획득하고 개발시킬 수 있는 환경에 활발하게 참여시키는 것이 중요하다(유지영, 2003). 따라서 특수아동에게 있어 또래와 함께할 수 있는 집단적이고 구조적인 협동적 활동은 개별적인 활동보다 더욱더 효과적으로 사회성 발달을 향상하는 데 도움을 줄 수 있다는 것을 시사한다.

현재 특수아동의 사회성 향상을 위한 치료적 개입은 다양하게 이루어지고 있다. 그중에서도 집단미술치료는 아동에게 개인적/집단적으로 도움을 줄 수 있다.

우선 개인적으로는 다양한 미술매체를 통한 감각 활동을 촉진할 수 있으므로 새로운 자극이나 변화에 대한 저항을 감소시켜 준다. 이러한 새로운 자극이나 변화에 적응함은 곧 사회에 적응할 수 있도록 능력을 확장시키도록 도와줄 수 있다.

집단미술치료에 참가하기 위해서는 또래와의 관계를 맺고, 그 관계를 원만하게 하기 위해 상대방의 행동과 의도를 살피며 자신을 조절해야 한다.

또한 집단미술치료에서의 활동은 또래가 함께 협력하여 작업을 하거나 또래가 만든 작품을 보완해 주고, 제한된 미술재료를 나눠서 사용하기도 하며, 서로의 작품을 칭찬하거나 자신의 작품을 소개하는 등 다양한 의견을 교류할 수 있다. 이 과정에서 자신을 포함한 또래가 서로에게 든든한 지원자이자 촉진자가 될 수 있다. 즉, 집단미술치료에서의 공동 작업을 통해 또래와 다양한 생각을 공유하여 자기중심적이고 고립된 생각에서 벗어나 탈중심적인 사고를 보완하는 데 도움이 될 수 있으며, 대인관계에서 필요한 사회적인 기술을 습득하고 타인과의 관계에서 민감성을 기를 수 있다. 이러한 미술활동 과정에서 타인과의 의견 조율, 성취감, 만족감을 느낄 수 있으므로 특수아동의 사회 · 정서 발달에 긍정적인 영향을 줄 수 있다.

3. 사회성 향상을 위한 발달적 미술치료 사례

1) 내담자의 인적 사항 및 특성

본 프로그램의 대상은 B시에 소재한 J아동발달심리치료연구소에 학령기 아동 중 지적장애 3급을 진단받은 10~13세 남학생 4명으로 구성되었다.

대상	A		B		C		D	
성별	남		남		남		남	
학년	3학년(10세)		5학년(12세)		6학년(13세)		6학년(13세)	
장애 진단명	지적장애 3급 IQ:68 SQ:62.68		지적장애 3급 IQ:67 SQ:68.50		지적장애 3급 IQ:65 SQ:68.25		지적장애 3급 IQ:60 SQ:58.80	
가족 사항	부모, 본인		부모, 본인, 동생		부모, 본인, 동생		부모, 본인	
형제 순위	무녀독남		1남1녀 중 첫째		2남 중 첫째		무녀독남	
부모 나이	부	모	부	모	부	모	부	모
	39세	38세	45세	46세	55세	49세	53세	51세

2) 상담배경

아동들은 지적장애 3급을 진단받았으며, J아동발달심리치료연구소에서 개별적인 미술치료를 받고 있다. 그러나 아동들은 학교 및 일상생활에서 타인과의 관계 맺기를 어려워하는 특징이 있어, 집단 속에서 또래들과 함께하는 활동의 경험이 필요하다는 모(母)의 욕구와 치료사의 견해가 있었다. 따라서 치료사는 또래와 관계를 맺고 유지하는 데 필요한 사회성 능력이 낮은 지적장애아동을 모집하여 발달적 미술치료 그룹 프로그램을 계획하고 실시하게 되었다.

3) 내담자 주 호소문제

▶ 아동 A의 모
- 평소에 새로운 사람들과 거의 대화를 하지 않음.
- 주변의 시선에 눈치를 많이 봄.
- 또래들이 노는 곳에 끼지 못함.

▶ 아동 B의 모
- 배려심이 없고 눈치가 없음.
- 혼잣말을 많이 하여 또래들에게 놀림을 많이 당함.
- 감정을 표현하지 못하고 수동적임.

▶ 아동 C의 모
- 힘든 상황에서 회피하려 함.
- 또래를 비난하거나 놀리는 행동으로 싸움이 잦음.
- 규칙을 지키거나 기다리는 것이 어려움.

▶ 아동 D의 모
- 승부욕이 강하며 자기 마음대로 되지 않으면 공격적인 행동을 함.
- 자기주장이 강하고 또래들과 어울리기 어려움.
- 또래를 놀리는 말을 자주 사용하며, 상황에 맞지 않는 말을 많이 함.

4) 내담자의 발달사 및 가족력

대상	발달사 및 가족력
아동 A	A의 주 양육자는 모이며, 자연분만을 시도하였으나 모의 건강상태가 양호하지 않아 제왕절개를 통해 낳게 되었다고 한다. 부부의 맞벌이로 친할머니가 주로 A를 돌보았으며, A는 낯선 환경 등에 대한 민감한 모습을 보여 친할머니가 보호하면서 키웠다고 한다. 6세 때 언어발달이 늦어 검사를 받게 되었고, 8세 때 지적장애 진단을 받았다고 한다. 부부의 관계는 소원한 편이며, 아동이 느리지만 치료적인 개입을 선뜻하지 못했다고 한다. 모는 약한 A가 늘 걱정이며 필요한 것을 먼저 제공해 주는 편이라고 한다.
아동 B	B의 주 양육자는 모이며, 자연분만을 하였다고 한다. B가 다른 아이들에 비해 발달이 늦다는 것을 지각하여 4세 때부터 치료적인 개입을 시작했으며, 지적장애 진단은 9세 때 받았다고 한다. B는 가정에서는 무척 고집이 세고, 행동이 느리며, 싫은 것은 절대 하지 않으려고 저항하는 모습을 자주 보였으며, 혼잣말을 많이 보였다고 한다. 또한 가정에서는 짜증이 많고 동생과 갈등이 많으나, 밖에서는 거의 표현이 없고 수동적인 모습을 보이기 때문에 이중적이라는 표현을 하였다. 모는 제한과 간섭이 많고, 가끔 B가 혼잣말을 할 경우 "그건 바보들이 하는 거야, 널 이상하게 볼 거야."라고 이야기하는 경우가 많다고 한다.
아동 C	C의 주 양육자는 모이고 자연분만을 하였으며, C가 8세 때 지적장애 진단을 받았다고 한다. C는 다소 또래보다 늦은 언어발달로 또래들과 갈등이 많았는데, 주로 때리거나 깨무는 행동으로 표현을 많이 하였다고 한다. 동생에게 짜증이나 화를 많이 내며, 때리거나 강압적으로 지시를 하는 모습이 많다고 한다. 모와 부는 이런 C에게 같은 방법으로 제공하여 혼을 내거나 훈육을 한다고 한다.
아동 D	D의 주 양육자는 모이며, 자연분만을 하였다고 한다. D는 3번의 유산 후 갖게 된 아이라 임신 중 남달리 조심을 많이 했었다고 하며, 아이가 또래들보다 늦다는 사실을 인정하기까지 오랜 시간이 걸렸다고 한다. 지적장애 진단은 10세 때 받게 되었으며, 어릴 때부터 편식이 심해 잘 먹지 않거나, 과제를 시킬 때에도 저항이 매우 심해 개입을 하고 싶어도 못하고 자주 포기를 해야 했다고 한다.

5) 내담자의 진단과 사정

(1) 사회성을 평정하기 위한 척도

지적장애아동들의 모와 초기상담에서 또래들과 함께 어울리지 못하고, 사회적인 기술을 향상시킬 필요성이 있다는 것이 공통된 주 호소문제였다. 따라서 아동들에게 부족한 사회성을 평정하기 위한 척도로 「아동의 사회·정서 발달 평정척도」를

하위요인		내적통제	또래와의 상호작용	성취동기
아동	A	31/50	17/50	17/50
	B	39/50	20/50	21/50
	C	21/50	17/50	13/50
	D	17/50	19/50	16/50

이기숙, 이은해(1983)가 수정한 것을 사용하였으며, 6개의 하위척도 중 내적통제, 또래와의 상호작용, 성취동기 척도를 사용하여 사전검사를 실시하였다. 척도의 평정방법은 각 문항별로 치료사가 아동의 행동을 관찰하여 그 결과를 평정 척도에 표기하도록 되어 있으며, 5점 리커트식 척도로 점수가 높을수록 사회성이 높다고 해석한다.

(2) 초기 행동 관찰

기초선 설정을 위해 3회기 동안 치료사의 개입이 없이 지적장애아동 4명이 자유로운 놀이 상황에서 보이는 행동특성을 관찰하였다.

아동 A	• 순서나 차례를 잘 지킬 수 있으나, 지시에만 수동적으로만 반응한다. • 불공평하거나 불리한 상황에서도 전혀 자신의 감정을 표정이나 언어로 드러내지 않으며, 머뭇거리는 등의 소극적인 행동을 보인다. • 또래가 아동에게 관심을 표현하여도 언어적 반응이 없으며, 무조건 수용적인 표현들만 보여 적절한 대화가 유지되지 못한다. • 처음 해 보거나, 생각을 필요로 하는 매체에는 더 이상 탐색하려는 의도가 보이지 않고 정리한다.
아동 B	• 순서나 차례를 잘 지킬 수 있으나, 지시에만 수동적으로만 반응한다. • 또래가 게임 시 부정행위를 하더라도 자신의 감정을 표현하지 못한다. • 또래에게 관심을 보이나, 자발적으로 참여하기가 어렵고 소극적이며 또래의 눈치를 많이 살핀다. • 아동은 머뭇거리거나 작게 웅얼거리면서 말하고, 대답하는 시간이 오래 걸려 또래와 적절하게 대화를 유지하기 어렵다. • 어렵거나 힘든 상황에 부딪히면 계속 혼잣말을 하거나 소극적으로 짜증을 내며 회피하려 한다.

아동 C	• 아동은 상황을 관찰하는 이가 없을 때에는 자신에게 유리한 대로 기회를 계속 갖거나, 규칙을 지키지 않는 행동이 빈번하다. • 갈등 시 타인을 무시하거나 강압적이며 놀리는 말투로 표현한다. • 또래에게 관심이 많아 다가가는 편이다. • 쉬운 과제들만 선호하며, 어려운 과제는 회피한다. • 조금만 어렵거나 힘든 상황으로 예측되면 무조건 도와달라고 말하며, 불만을 토로한다.
아동 D	• 강한 승부욕을 보이고, 자신의 목적을 성취하기 위해서 부정적인 방법을 사용하며 자기중심적으로 상황을 이끈다. • 부정적인 감정이 비교적 오랜 시간 지속되고, 비아냥거리며 무시하는 말투로 전달하며, 몰래 꼬집거나 때리는 행동도 보인다. • 처음 보는 또래에게 호기심을 보인다. • 고집이 세고, 자기주장이 강하며, 언어적인 산만함으로 대화 유지가 어렵다. • 아동은 자신이 관심을 가지는 작업이나 일에만 참여도가 높다.

6) 치료자가 본 내담자의 문제(사례개념화)

▶ 아동 A

아동 A는 규칙과 순서를 잘 지킬 수 있으나, 수동적으로 누군가의 지시와 개입이 있어야 활동을 하며, 자신의 감정을 표현하는 능력이 부족하여 질적으로 낮은 자기통제력을 가진 것으로 보인다. 그리고 다른 또래의 눈치를 살피고 웅얼거리듯이 말을 하기 때문에 상호작용의 기본적인 표현성이 낮다고 볼 수 있다. 또한 어려운 상황이나 과제를 꺼려하며 도움을 요청하지 못하는 것으로 보아 그와 유사한 갈등 상황에 놓이게 되면 긴장하고 대처하려는 시도가 낮을 것으로 보인다.

• 강점: 주어진 규칙을 잘 따르며, 타인의 의견에 수용적이다.
• 취약점: 수동적이고, 의견을 제시하거나 감정 표현이 어렵다.

▶ 아동 B

아동 B는 또래를 힐끔거리며 쳐다보는 행동으로 보아 또래에게 관심은 있으나, 혼잣말이 많아 대화 유지가 어렵고, 타인이 관심을 갖고 되물어야 작은 목소리로 대답을 하기 때문에 또래들과 언어적인 소통이 어렵다. 또한 타인의 지시에만 따르려고 하기 때문에 자발적인 행동적 참여가 어렵다. 아동은 또래와의 갈등에서 불편함이 생길 경우 표정으로만 소극적으로 감정을 드러내지만, 가정에서 편한 동생이나 부모에게는 짜증으로 표현하고 공격적인 언어로 표현하는 것과는 다소 상반된다. 이는 아동의 감정 표현이 일관적이지 않고 상대방의 눈치를 많이 살피는 소극적인 모습이 반영되어진 것으로 보인다.

- 강점: 또래에게 관심을 가지며, 잘하고 싶은 욕구가 있다.
- 취약점: 어려움을 극복하는 도전성이 부족하고 자기표현이 어렵다.

▶ 아동 C

아동 C는 순서나 규칙을 지키지 못하고 속임수를 많이 사용하여 행동적인 통제가 낮아 보인다. 그리고 힘든 것을 회피하고 타인의 도움을 받아 쉽게 해결하려고 하며 의존적이다. 또한 평소에 또래를 놀리거나 비아냥거림, 강압적으로 지시하는 태도가 많아 또래관계가 유지되기 어려우며, 갈등 시 욕을 사용하는 등의 감정을 조절하는 능력 또한 부족하다. 이는 부모가 아동에게 공감하고 훈육을 하기보다는, 아동의 공격적인 행동이나 말을 똑같이 적용하여 행동을 수정하려고 하였던 부모의 행동도 영향을 미쳤을 것이라 생각된다.

- 강점: 다른 사람의 말과 행동에 관심이 많으며, 주도적인 역할을 하고 싶어 한다.
- 취약점: 끈기가 부족하고, 강압적인 언어 표현이 많다.

▶ 아동 D

아동 D는 규칙이나 순서를 지키지 못하고 자기중심적으로 행동을 하며, 타인과의 갈등 시 공격적인 행동이나 말을 많이 사용하고, 기분이 나쁘다는 이유로 수행을 거부하는 등의 행동을 보인다. 이는 부모에게는 몇 번의 유산을 통해 얻게 된 소중한 아이로 고집적이고 자기중심적인 행동에서 훈육을 제대로 받아본 경험이 없었던 영향도 있을 것이다. 이러한 행동은 또래관계에도 보여져 상대방의 이야기의 수용성이 낮으며, 자신이 하고 싶은 이야기를 중심으로 대화를 이끌어가려 하는 태도로 또래와의 상호작용이 어렵다.

- 강점: 긍정적인 지지를 받으면 과제수행도가 높아지며, 호기심이 많다.
- 취약점: 자기중심적이며, 감정 조절이 어렵다.

▶ 또래 공통의 문제
- 자발적으로 규칙이나 차례를 지키기 위해 노력함이 부족하다.
- 타인과 자신의 감정을 고려하여 전달하는 감정통제의 능력이 부족하다.
- 타인과의 대화에 관심이 부족하다.
- 자신의 의견이나 생각을 적절하게 전달하기가 어렵다.
- 어려운 상황이나 과제를 스스로 해결하기 위한 도전성이 부족하다.

7) 치료 목표 및 전략

(1) 치료목표

본 프로그램에서는 미술을 주 매체로, 게임을 접목시킨 발달적 미술치료 그룹 프로그램을 통해 지적장애아동의 사회성 향상을 돕는 데 목적이 있다.

① 게임을 활용한 미술 작업 속에서 경험하게 되는 규칙과 개별/팀별 경쟁은 충동을 조절하거나 순서나 규칙을 지킬 수 있는 행동통제력을 향상하도록 돕는다.
② 자신을 비롯한 타인의 감정을 이해하고 적절하게 표현하도록 돕는다.
③ 협력 속에서 이루어지는 공동의 작업을 통해 상호협조와 의사소통이 향상되도록 하는 것이다.
④ 어려운 상황이나 과제에 도전하여 완성할 수 있도록 돕는다.

(2) 치료전략

① 아동의 발달수준을 고려하여 제한된 의사소통능력을 작품으로 표현할 수 있도록 지지한다.
② 매 회기 속에서 아동들이 프로그램을 통해 느꼈던 감정을 나누게 하여 아동 간의 소통을 긴밀하게 하고, 서로의 마음을 이해해 보는 시간을 가진다.
③ 아동 간의 갈등이 처음부터 고조되지 않도록 미술 작업 속 게임은 간단하고 쉬운 것에서부터 점차 어렵고 복잡해지는 게임을 경험하도록 제시한다.
④ 미술 작업 속 게임은 아동 간의 경쟁을 유발하게 되므로 치료사는 정확하고 제한된 규칙 속에서 아동들의 행동을 제어하고, 이와 동시에 속상하고 분노하는

마음을 보듬어 줄 수 있도록 한다.

⑤ 함께 완성한 작품을 통해 성취감과 성공경험을 제공하여 아동 간의 결속력을 높이도록 한다.

⑥ 다른 성향을 가진 두 부류의 아동들(아동A, B/C, D)이 다양한 성향의 조합으로 팀이 되는 경험을 통해 행동적·감정적 표현이 소극적인 아동(A, B)에게는 어렵고 힘든 상황을 버티고 자기표현을 연습하는 장으로, 자기중심적이고 공격적인 아동(C, D)은 상대의 마음을 이해하여 행동적·감정적으로 조절 및 표현하며 기다릴 수 있도록 환경을 의도적으로 조성한다.

8) 치료진행 및 회기별 프로그램

단계	회기	활동명	내용
적응 단계	1	명찰 만들기	앞으로 진행할 프로그램에 대한 설명 후, 각자의 이름을 우드락 위에 여러 매체로 꾸민 후 자신을 소개한다.
			*게임: 가위·바위·보를 통해 순서 정하기
	2	종이로 꾸미기	• 크기가 같은 다양한 종이 중에서 마음에 드는 종이를 고르고 자유롭게 접어 자르고, 잘려진 조각을 테이블 중앙에 모은다. • 규칙에 따라 주사위 게임을 하며 마음에 드는 종이조각을 가져간 후, 모은 종이조각으로 자유롭게 꾸민 후 서로의 작품을 보며 이야기를 나눈다.
			*게임: −1, 1, 2, 3 주사위를 던져 나온 수만큼 색종이 가져가기 • 기존 주사위에 −1, 1, 1, 2, 2, 3을 붙여 사용한다.
	3	천사 점토로 만들기	• 제한된 시간 동안 천사점토를 끊어지지 않게 길게 만든 후 제한된 시간 동안 더 많은 점토를 자른다. • 많은 점토조각을 만든 사람에게 4가지 물감 중 선택할 수 있는 우선권을 순차적으로 주고 색을 섞어본다. • 또래가 만든 다양한 색의 점토를 함께 사용하여 자유롭게 만들기를 한 후 완성된 작품을 또래가 함께 보며 이야기를 나눈다.
			*게임: 소근육을 사용해서 제한된 시간 동안 점토를 길게, 많이 만들기
	4	좋아하는 것	내가 좋아하는 것에 대한 이야기를 나눈 후 각자가 선택한 우드락에 좋아하는 것을 그림과, 15개로 조각낸 후 '시작' 소리에 퍼즐을 가장 빨리 완성한 또래를 뽑는다.
			*게임: 개별 대결구도, 퍼즐 맞추기 −또래의 작품을 망가뜨리거나 퍼즐을 맞출 시 서로 방해하지 않는다.

개별적 경쟁 단계	5	싫어하는 것	• 에어캡을 탐색하고, 지난 회기를 회상하며 싫어하는 것에 대한 이야기를 나눈다. • 1명이 1개의 에어캡에 내가 싫어하는 것을 표현한 후 이야기를 나눈다. • '시작' 소리에 맞춰 신체를 사용해 싫어하는 그림이 그려진 에어캡을 터트리며 해소하는 시간을 갖는다.
			*게임: 개별 대결구도, 신체를 사용해 에어캡 그림 터트리기 -오로지 신체만을 사용해 에어캡을 터트릴 수 있다.
	6	자화상 원반 만들기	• 원형 하드보드지에 고정된 사진을 OHP 필름지 위에 매직으로 따라 그리고 색칠을 한다. • 출발선에서 자화상 원반을 던져 도착선에 가장 가깝게 날아간 원반을 살피고 스티커를 붙여 준다. • 스티커가 누구의 자화상 원반에 가장 많이 붙여졌는지 이야기를 나누고 서로 격려하고 축하해 주는 시간을 가진다.
			*게임: 도착선에 가장 가깝게 원반던지기 -출발선 안에서만 던지기를 시작할 수 있으며, 도착선에 맞물리거나 선을 넘어가는 것은 탈락한다.
협력적 경쟁 단계	7	손·발 그림 그리기	• 서로 손·발 크기를 비교한 후, 각자의 팀에서 누가 손 또는 발 차례를 맡을 것인지를 의논한다. • 두 팀은 출발선에서 각 팀원과 협력하여 손 → 발 순서로 그림을 그리고, 도착선에 어느 팀이 먼저 도착하는지 경쟁한다. • 서로의 팀을 격려하고 축하한 후, 자신의 색깔이 아닌 손과 발 그림에 그 사람의 좋은 점이나 고마운 점을 적어 준다.
			*게임: 협동하여 목적지에 빨리 도달하기 -'시작' 소리와 동시에 손과 발 순서로 그림끼리 맞물려 있어야 하고, 게임 시 각자 정했던 손 또는 발 역할을 바꿀 수 없다. -출발선/도착선에도 손이나 발 그림이 맞물려야 한다.
	8	페인팅 그림 맞히기	• 개별/서로가 원하는 신체부위에 페이스데코로 글자나 그림을 표현하며, 싫어하는 행동과 좋은 행동을 경험한다. • 두 팀으로 나눈 후 팀의 구호를 정한다. • 상대의 팔이나 다리에 그려 그 그림이 무엇인지 알아차리면 구호를 외치고 답을 맞힌다. • 어느 한 팀이 우선적으로 맞히면 팀원이 역할을 교대해 그림을 그려 게임을 이어간다. • 어느 팀이 더 많은 그림퀴즈를 맞혔는지 살핀다.
			*게임: 협력하여 그림으로 스피드 게임하기 -'시작' 소리와 동시에 그림을 그릴 수 있으며, 상대방이 눈으로 그림을 확인할 수 있는 곳에 그리고, 또래의 몸에 낙서하지 않는다. -그림을 그리는 사람은 힌트를 주어서는 안 되며, 맞히는 사람은 정답 그림을 볼 수 없다.

9	감정 볼 담기	• 스티로폼 공에 부정적/긍정적 감정카드를 보며 떠오르는 색깔이나 모양을 스티커, 매직, 이쑤시개, 크레파스, 스팽글 등의 매체를 사용해서 그려 넣거나 꾸민다. • 다 꾸민 감정 볼을 서로 살피고 두 팀으로 나눈다. • 두 팀이 '시작' 소리와 함께 바닥에 흩어진 감정 볼을 팀 바구니에 담는다.
		*게임: 협력하여 감정 볼을 많이 주워 담기 –자기 팀 바구니에 감정 볼을 더 많이, 빨리 주워 담아야 하며, 양 팀의 볼의 개수가 같을 경우 감정 볼이 많은 팀이 우승한다.
자발적 협력 단계		
10	콩 그림 만들기	• 함께 하드보드지 위에 찰흙으로 넓고 평평하게 점토판을 만든 후, 대표가 뽑은 자극그림을 함께 살핀다. • 순서를 정하고, 한 명씩 침묵을 지키며 콩을 점토판에 붙여 자극그림과 똑같은 모양으로 표현한다.
		*게임: 모두가 공동의 목표 달성하기 –순서대로 돌아가며 모두 콩을 붙여야 하며, 한 번씩만 콩을 붙일 수 있으며 활동 시 침묵을 유지해야 하나 행동이나 손짓, 몸짓 등을 사용하여 소통할 수 있다.
11	딱지 그림	• 함께 딱지를 목표 개수만큼(20개) 만든다. • 치료사가 아동들이 딱지로 만들 형태의 단어를 제시하면, 아동들은 순서를 정해 4절지 위에 딱지를 한 번씩 번갈아 놓아 완성한다.
		*게임: 모두가 대화를 통해 공동의 목표 달성하기 –순서대로 돌아가며 딱지를 놓아야 하며, 한 번씩만 딱지를 놓을 수 있다.
문제 해결 단계		
12	함께 만드는 세상	• 아동들은 주어진 땅 위에 우유갑 및 다양한 매체로 자신의 집을 만든다. • 각자의 집이 다 만들어지면 가장 튼튼한 다리를 만들기 위해 매체(수수깡, 나무젓가락, 찰흙, 천사점토, 우드락) 중 무엇을 사용할 것인지 한 가지를 정하고, 모두의 집을 연결할 수 있는 방법을 모색하여 완성한다.
		*게임: 모두가 대화를 통해 공동의 목표 달성하기 –매체 중 한 가지만을 선택할 수 있고 모두의 집을 연결시켜야 한다.
13	변화되고 싶은 모습	• 제공된 네모 몸통이 사람의 모습처럼 되기 위해서 어떤 부분이 필요한지 이야기 나눈 후, 신체부위를 서로 도와서 본을 뜨고 자른다. • 하나의 몸이 될 수 있도록 각 부위를 할핀으로 연결하고 신체상을 꾸민다. • 완성된 작품은 어떤 모습을 하고 있는 아이였으면 좋을지를 이야기 나눈 후 형태를 만들고 제목을 함께 정한다.
		*게임: 모두가 대화를 통해 공동의 목표 달성하기 –모두의 신체상이 포함되어야 하며 온전한 사람의 모습으로 완성해야 한다.
종결 단계	14	선물하기	• 제비를 뽑아 제비 속에 적힌 또래의 이름을 확인한 후, 그 친구에게 줄 편지를 다양한 오브제로 꾸민다. • 완성된 편지를 읽어 주고 상대방에게 전달한 후 활동에 대한 소감을 나눈다.
	15	전시회	그동안의 프로그램 활동에서 완성한 작품을 전시하여 소감을 나눈다.

4. 사회성 향상을 위한 발달적 미술치료 그룹 프로그램

　이 절은 특수아동의 사회성 향상을 돕는 발달적 미술치료 그룹 프로그램으로 구성되어 있다.

　첫째, 아동들이 프로그램을 이해하고 스스로 수행할 수 있도록 치료사는 충분한 설명을 제공하고, 아동들이 흥미를 유발할 수 있는 내용과 인지적 수준을 고려하여 구성되었다.

　둘째, 다양한 선행연구의 프로그램을 분석하여 사회성에 긍정적인 영향을 미칠 수 있는 내용으로 구성하였다. 특히 그룹 미술치료를 통해 자신과 타인, 주변에 관심을 가지며 또래와의 교류를 통해 긍정적인 사회적 기술을 향상하도록 돕는다. 또한 표현활동 과정을 거쳐 완성된 작품 속에서 성취감과 긍정적인 자아를 형성할 수 있도록 한다. 미술활동 속에서 이루어지는 게임을 통해 규칙과 순서를 지키는 등의 행동적인 통제와 승패에서 감정적인 통제를 다룰 수 있도록 구성하였다.

　셋째, 아동들이 타인과의 관계에서 위축되거나 소극적이고 고립된 행동이 많을 수 있다. 따라서 또래에 대한 거부감을 덜 가질 수 있도록 개별적인 활동으로 시작해 점차 의견을 조율하고 협조하여 작품을 완성하는 경험을 통해 관계영역을 넓히는 활동내용이 적용되도록 하였다.

　각 프로그램은 치료적 개입의 정도에 따라 ★의 개수로 명료하게 표기하고 있으며, 회기별 프로그램은 각 주제별로 2가지의 난이도에 따라 활동해 볼 수 있도록 하여 한 주제에 대해 다시 한번 더 연습해 볼 수 있는 기회를 제공한다.

　열두 달을 기준으로 한 달에 2회씩 총 24회기의 프로그램으로 구성되었다.

사회성

1-1 친구의 조형물 따라 하기

모방을 통해 상호작용을 증진하는 그룹 미술치료 프로그램

시각적 주의집중	★★★
타인인식	★★★
행동관찰	★★★
행동통제능력	★★★
감정통제능력	★
자기인식	★

인간은 태어나 커가면서 주위 어른, 또래의 행동이나 모습을 모방하면서 자신의 행동을 발전시키고 성장한다. 이러한 모방은 인간의 특유한 행동이며, 사회적 적응 기능의 습득에 중요한 수단으로 작용한다. 아동이 상대의 행동을 모방하기 위해서는 모방하고자 하는 대상에 대한 관심이나 탐색이 필요하고, 시범행동을 관찰해야 하므로 시각적인 주의집중능력이 요구된다. 하지만 특수아동들은 관심사가 제한되는 특성이 있어 능동적으로 타인을 관찰하여 모방하는 능력이 부족하다.

특수아동들에게 그들이 자주 접촉하는 주위 사람들과 비슷하게 행동하고 놀이하면서 동질감과 상호작용에서의 만족감을 느낄 수 있도록 돕는 것은 중요하다. 따라서 특수아동들의 모방능력을 증진시키기 위해 서로의 행동을 관찰하도록 하고, 관찰한 것을 다시 행동으로 표현하도록 기회를 제공하는 것이 필요하다.

🎨 **목적:** 행동관찰력, 자기통제능력, 시각적 주의집중 향상

🎨 **활동자료:** 나무블록(나무블록이 없다면 젠가로도 사용할 수 있음)

🎨 **제작과정 및 활동순서**

1. 마음대로 나무블록을 쌓아 본다.
2. 또래와 자신의 나무블록 형태가 다름을 살핀다.

3. 먼저 조형물을 만들 사람을 정한다.

4. 또래가 만드는 나무블록의 형태를 살피고 순서대로 똑같이 쌓아 본다.

   이때 또래의 행동을 관찰한 내용이 바로 적용되도록 한 개씩 나무블록을 쌓고,

   보고 따라 할 수 있도록 한다.

5. 조형물이 완성되면 순서를 바꾸어 실시한다.

   아동의 인지수준에 따라 한 개부터 점차 관찰하는 나무블록의 개수를 늘려서

   기억하여 쌓을 수 있도록 한다.

---

*규칙

① 또래가 나무블록을 한 개 쌓을 동안 다른 행동을 할 수 없다.

② 또래가 나무블록을 쌓을 때 방해하지 않는다.

③ 조형물을 보고 나무블록을 쌓는 또래를 잘 기다려 주도록 한다.

★ 사례

김○○ / 남 / 10세 / 발달장애 3급, 이○○ / 여 / 10세 / 지적장애 2급

····▸ 아동들은 서로 다른 조형물이 된 것을 확인하고, 순서를 정해 따라 만들기를 하였다.

또래가 쌓을 동안 관찰하고, 관찰한 내용을 따라 만들기를 할 때 기다려 주기로 규칙을 제시하였으나 치료사의 개입이 없는 상태에서는 행동조절과 행동관찰이 원만하게 이루어지지 않았다. 그러나 횟수가 늘어날수록 치료사의 개입이 점차 줄어들었으며, 아동들의 능동적인 활동이 보이기 시작하였다.

오른쪽 사진에서처럼 비슷하게 서로의 조형물이 완성되었지만, 부분적으로 다른 곳들이 있다. 치료사의 개입을 줄인 후 능동적으로 서로의 행동과 조형물에 관심을 가져야 하지만, 아동의 주의집중 시간에 따라 이와 같이 관찰한 내용이 적용되지 않을 때도 있다. 이때 치료사는 아동들이 어느 부분을 잘못 만들어졌는지 확인하고 다시 작업할 수 있도록 도움을 주었다.

사회성

1-2 같은 카드 뒤집기
모방을 통해 상호작용을 증진하는 그룹 미술치료 프로그램

행동관찰	★★★
행동통제능력	★★★
감정통제능력	★★★
시각적 주의집중	★★★
자기인식	★★
타인인식	★★

🌸 **목적:** 행동관찰력, 자기통제능력, 시각적 주의집중 향상

🌸 **활동자료:** 1인당 사각형의 종이조각 10장, 사인펜 및 색연필

🌸 **제작과정 및 활동순서**

1. 5장의 종이조각에 자신이 그리고 싶은 형태를 그린다.
2. 형태를 그린 5장의 종이조각을 또래와 서로 바꾼다.
3. 남은 5장에 또래에게 받은 5장의 종이조각과 똑같이(형태, 색깔) 그림을 따라 그린다.
4. 총 20장이 된 그림을 뒤집어 섞는다.
5. 5장씩 4줄로 배치시키고 돌아가며 카드 2장을 그림이 보이게 뒤집는다.
6. 같은 그림이면 카드를 가져가고 1번 더 기회를 갖는다. 다른 그림이면 뒤집은 카드를 다시 뒤집는다.
7. 모든 카드를 다 찾으면 게임은 끝이 난다.

*게임　1번의 기회에 2장의 카드를 뒤집어 같은 그림 찾기

*규칙

① 또래의 그림을 훼손시키지 않으며, 형태와 색깔을 그대로 따라 그린다.

② 또래가 카드를 뒤집을 때 방해하지 않고 기다려 준다.

③ 1번의 기회에 2장의 카드만 뒤집어야 한다.

④ 같은 그림을 찾았을 경우 1번 더 기회를 가질 수 있으며, 같은 그림이 아닐 경우 다음 사람으로 차례가 넘어간다.

🌸 **사례**

김○○ / 남 / 10세 / 발달장애 3급, 이○○ / 여 / 10세 / 지적장애 2급

⋯▶ 아동들은 자신의 그림과 또래의 그림을 바꿔서 그리며, 자신의 그림과 다른 그림을 비교하기도 하고 다시 한 번 살펴볼 때도 있었다. 완성한 그림을 섞은 후 게임을 하면서, 또래가 끝나지 않았음에도 불구하고 카드를 뒤집으려고 하거나 또래가 같은 그림의 이미지를 찾으려 기억하는 동안 참지 못하고 재촉하는 모습이 보였다. 치료사는 다시금 규칙을 지켜야만 게임을 할 수 있다는 것을 강조하며 진행하였다.

사회성

2-1 종이조각을 나누고 꾸미기

다양한 매체를 활용하여 자기통제 향상을 돕는 그룹 미술치료 프로그램

행동통제능력	★★★
감정통제능력	★★★
눈-손 협응	★★
시각적 주의집중	★★

게임은 목표와 규칙을 정한 후 승부를 겨루는 활동이라 할 수 있다. 이렇듯 게임을 통해 아동은 차례와 규칙을 지키고, 발생된 승패에서 적절하게 감정과 행동을 통제해야 또래와 게임 활동을 할 수 있는 기회가 지속된다. 따라서 이러한 게임의 요소를 적절히 미술치료 프로그램에 적용한다면, 또래관계에서 자기통제능력(행동 및 감정 통제능력)을 향상시킬 수 있도록 도울 수 있다.

게임을 할 수 있는 많은 매체 중에 주사위는 다루기가 쉽고, 다른 매체들과 접목해서 쓰기에도 용이하다는 장점이 있다. 특히 인지능력이 낮은 특수아동들의 경우 복잡한 규칙을 이해하기가 어렵다면 쉽게 이해하고 적용할 수 있는 주사위로 또래들과 게임을 하며 상호작용을 해 볼 수 있다.

❀ **목적:** 자기통제능력, 사회적 상호작용 향상

❀ **활동자료:** 다양한 색깔과 질감을 가진 종이, 도화지, 가위, 풀, 채색도구, 주사위

❀ **제작과정 및 활동순서**

1. 여러 가지 색깔과 질감을 가진 종이를 만져보며 접기, 구기기 등 다양한 방법으로 탐색한다.
2. 원하는 종이를 선택하여 자유롭게 접어 본다.
3. 접힌 선대로 가위를 사용해 자르고, 잘려진 조각을 테이블 중앙에 모은다.

4. 누가 먼저 게임을 시작할 것인지 정한다.

5. 정해진 순서대로 주사위를 굴려 규칙에 맞게 종이조각을 가져가거나 내어놓는다.

6. 모은 종이조각으로 자유롭게 꾸민다.

7. 각자의 작품에 이름을 붙이고 설명한다.

8. 활동 후 소감을 나누고 정리한다.

＊게임　 −1, 1, 2, 3 주사위를 던져 나온 수만큼 색종이 가져가기

＊규칙

① −1, 1, 2, 3 주사위를 던진 후, −1이 나오면 자신의 종이조각을 테이블 중앙으로 다시 내어놓는다.

② 주사위를 던져 1, 2, 3이 나오는 경우, 그 수만큼 종이조각을 가져간다.

🌵 **사례**

김○○ / 남 / 10세 / 지적장애 3급, 김○○ / 남 / 11세 / 지적장애 3급,

배○○ / 남 / 13세 / 지적장애 3급

⋯ 아동들은 주사위에 쓰여 있는 숫자를 보고 종이를 내어놓거나 가져가는 규칙을 잘 이해할 수 있었다. 그러나 각자 가져간 종이의 개수가 눈으로 확인이 가능할 정도로 차이가 나면서 −1이 지만 종이조각을 내어놓지 않으려 하거나, 또래 몰래 종이조각을 더 많이 가져가는 행동을 보였다. 종이조각으로 자유롭게 꾸미기를 하면서 어떠한 형태로 만들기보다는 마음대로 종이를 붙여 서로 빨리 만들려고 경쟁을 하는 듯 눈치를 보며 완성하였다.

사회성

2-2 천사점토를 이용한 만들기

다양한 매체를 활용하여 자기통제 향상을 돕는 그룹 미술치료 프로그램

소근육 조절력	★★★
행동통제능력	★★★
감정통제능력	★★★
양손 협응	★★
촉지각	★★

천사점토의 부드럽고 폭신한 촉감은 경직된 감정을 이완하도록 돕는다.

또한 점토를 다루며 주무르거나 찌르기, 뭉치기, 자르기 등의 행동은 적극적으로 매체를 탐색하고 활동에 대한 호기심을 불러일으키도록 도울 수 있다. 이러한 적극적인 탐색의 행동은 소근육의 정교성이 부족한 특수아동들에게 소근육의 정교성을 연습해 볼 수 있는 기회와 자신이 원하는 대로 형태를 만들 수 있어 심리적으로 편안함을 제공하기도 한다.

✿ **목적:** 자기통제능력, 소근육 조절력 향상

✿ **활동자료:** 천사점토, 식빵 칼, 플라스틱 접시, 모래시계, 물감(초록, 파랑, 노랑, 빨강)

✿ **제작과정 및 활동순서**

1. 천사점토를 다양한 방법으로 탐색하고, 서로의 느낌을 이야기 나눈다.

2. 모래시계를 이용해 제한된 시간 동안 천사점토를 끊어지지 않게 길게 만든다.

3. 제한된 시간 동안 더 많은 점토를 자르고, 더 많은 점토조각이 있는 또래를 뽑는다.

4. 점토조각을 많이 만든 사람에게 4가지 색의 물감 중 선택할 수 있는 우선권을

순차적으로 주고 색을 섞어 본다.

5. 또래가 만든 다양한 색의 점토를 함께 사용하여 자유롭게 만들기를 한다.

6. 완성된 작품을 또래가 함께 보며 이야기 나눈다.

---

*게임   소근육을 사용해서 제한된 시간 동안 점토를 길게, 많이 만들기

*규칙

① 제한된 시간 동안에만 점토를 길게 만들고 자를 수 있다.

② 점토조각의 개수가 많은 사람이 우선으로 4가지 색깔 중 선호하는 색을 고를 수 있다.

🌸 **사례**

김○○ / 남 / 10세 / 지적장애 3급, 배○○ / 남 / 13세 / 지적장애 3급,

김○○ / 남 / 11세 / 지적장애 3급, 이○○ / 남 / 11세 / 지적장애 3급

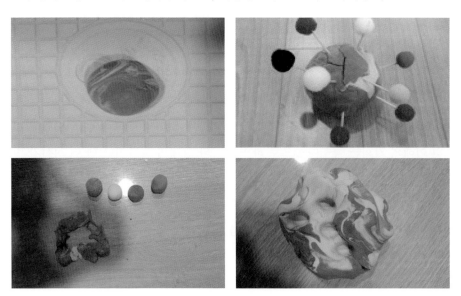

⋯⋯➡ 아동들은 천사점토를 주무르거나 형태를 만들며 매우 집중하였다. 평소에는 활동에 소극적이던 아동도 천사점토를 만지면서 행동이 적극적으로 변화하는 모습이 빈번히 관찰되었다. 아동들은 서로 좋아하는 색깔을 쟁취하기 위해서 점토를 작게 자르려고 애를 쓰는 모습이 보였다. 그러나 자신의 색깔 점토를 또래가 계속 더 달라고 요구하자 거절하지 못하거나, 자신은 색깔 점토를 빌릴 수는 있으나 자신의 것을 나눠주지 못하는 등의 행동들이 관찰되어 치료사의 개입이 필요했다. 점토 작업에서도 마찬가지로 어떠한 형태를 구체적으로 만들기보다는 동그랗게 만들고 '공'이라고 표현하기도 하는 등 작업과정에서 대충, 빨리 만들려는 모습이 보였다.

사회성

3-1 내가 좋아하는 것

자기와 타인의 이해를 돕는 그룹 미술치료 프로그램

행동통제능력	★★★
감정통제능력	★★★
자기이해	★★
타인이해	★★
눈-손 협응	★★
공간지각	★★

　인지능력이 낮은 특수아동의 경우, 지적인 결함으로 인해 타인의 행동이나 생각을 상황에 맞게 이해하는 능력이 부족하다. 이와 같은 특성은 또래아동으로부터 배척을 당하거나 스스로가 고립된 상태로 또래와 관계를 맺지 않으려 하는 모습으로 나타날 수 있어 사회성 발달에 악영향을 미친다. 따라서 또래와 긍정적인 상호작용을 위해서는 기본적으로 자기와 타인에 대한 이해와 인식이 필요하다. 이러한 자기 및 타인 이해의 기회는 특수아동으로 하여금 나와 상대의 생각이나 행동, 정서가 비슷하거나 다를 수 있음을 이해시킬 수 있는 기본요소가 될 수 있다.

🎨 **목적:** 자기 및 타인 이해, 자기통제능력 향상, 상호작용 증진

🎨 **활동자료:** 다양한 색깔의 우드락, 매직

🎨 **제작과정 및 활동순서**

1. 내가 좋아하는 것에 대한 이야기를 나눈다.
2. 각자가 선택한 색깔의 우드락에 내가 좋아하는 것을 표현한다.
3. 그림을 완성한 후, 우드락 판을 15개로 조각낸다.
   　이때 아동의 인지적 수준에 따라 조각의 수를 달리할 수 있다.
4. '시작' 소리에 맞춰 자신의 퍼즐을 가장 빨리 완성한 또래를 뽑는다.

5. 다 맞춰진 퍼즐을 보며 이야기를 나눈다.

> ***게임**   퍼즐 맞추기
> ***규칙**
>
> ① '시작' 소리와 동시에 그림을 맞춘다.
> ② 또래의 작품을 망가뜨리거나 퍼즐을 맞출 시 서로 방해하지 않는다.

❀ 사례

김○○ / 남 / 10세 / 지적장애 3급, 배○○ / 남 / 13세 / 지적장애 3급,

김○○ / 남 / 11세 / 지적장애 3급, 이○○ / 남 / 11세 / 지적장애 3급

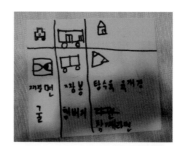

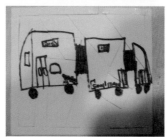

⋯⋯ 아동들에게 자신이 무엇을 좋아하는지를 물어보는 질문에 고민하는 모습을 보였다. 자동차 / 좋아하는 음식(굴, 탕수육, 햄버거 등) / 엄마 / 기차 타는 것 등 다양한 표현이 전달되었는데, 이때 아동들은 "나도 그거 좋아하는데!", "나는 그거 싫어하는데!" 등 서로의 이야기에 관심을 갖고 공감하거나 생각과 다른 표현들도 보였다. 그리고 치료사와 아동들은 작품을 보며 표현된 그림이 다른 이유에 대하여 이야기를 하였을 때, "사람이 다르니까!", "생각이 다르니까!" 라는 대답들도 제시되었다.

사회성

3-2 내가 싫어하는 것

자기와 타인의 이해를 돕는 그룹 미술치료 프로그램

행동통제능력	★★★
감정통제능력	★★★
자기인식	★★
타인인식	★★
촉지각	★★

✱ **목적:** 자기 및 타인 인식, 자기통제능력 향상, 사회적 상호작용 향상

✱ **활동자료:** 8절 크기의 에어캡, 매직

✱ **제작과정 및 활동순서**

1. 오늘 사용할 에어캡을 다양한 방법으로 탐색하여 본다.
2. 지난 회기(좋아하는 것)를 회상하며, 오늘은 싫어하는 것에 대한 이야기를 나눌 것을 전달한다.
3. 1명이 1개의 에어캡에 내가 싫어하는 것을 표현한다.
4. 서로 어떤 것을 표현했는지 이야기를 나눈다.
5. '시작' 소리에 맞춰 신체를 사용해 에어캡에 표현한 싫어하는 것을 터트리며 해소하는 시간을 갖는다.
6. 가장 먼저 에어캡을 다 터트린 또래를 뽑고 느낀 점을 나누며 마무리한다.
7. 게임 시 느꼈던 감정과 미술활동 시 느꼈던 기분을 나눈다.

---

*게임   신체를 사용해 에어캡 그림 터트리기

*규칙

① '시작' 소리와 동시에 에어캡을 터트릴 수 있다.
② 오로지 신체만을 사용해 에어캡을 터트릴 수 있다(도구 사용하지 않기).
③ 또래의 작품을 망가뜨리거나 방해하지 않는다.

🍀 사례

김○○ / 남 / 10세 / 지적장애 3급, 배○○ / 남 / 13세 / 지적장애 3급,

김○○ / 남 / 11세 / 지적장애 3급, 이○○ / 남 / 11세 / 지적장애 3급

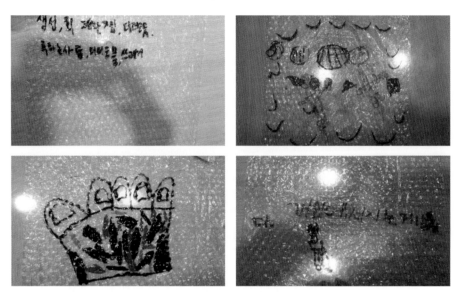

⋯ 아동들은 서로가 싫어하는 것에 대해서 적극적으로 표현하였다.
먹기 싫은 음식 / 자신에게 공을 안 줄 때 / 손에 묻는 것 / 게임에서 지는 것 등을 이야기하면서 그림에는 표현되지 않았으나 "나도 그럴 때가 있다."며 공감을 해 주는 모습이 있었다. 더불어 "에이~ 그게 왜 먹기 싫어? 맛있는데."와 같이 다른 생각의 표현들도 전달되었다.

사회성

4-1 자화상 원반 던지기

자기 및 타인 인식과 자기통제능력 향상을 돕는 그룹 미술치료 프로그램

자기인식	★★★
행동통제능력	★★★
감정통제능력	★★★
타인인식	★★
시각적 민감성	★★
눈–손 협응	★★

　자화상(self-portray)은 '자기(self)'와 '그리다(portray)'가 결합된 용어로 '자기를 발견하다'라는 의미가 있다. 자화상 그리기를 통해 특수아동은 자신을 살펴보고 자기발견을 하도록 도울 수 있으며, 매체로 자신의 모습을 보완하거나 수정하여 재작업하면서 만족감을 가질 수 있다.

✺ **목적:** 자기 및 타인 인식, 자기통제능력, 사회적 상호작용 향상

✺ **활동자료:** 개별적인 아동 사진, OHP필름지, 원형의 하드보드지, 매직, 스티커

✺ **제작과정 및 활동순서**

1. 자신의 사진(사진이 붙여진 원형의 하드보드지 위에 OHP필름지가 붙여져 있음)을 보며 이야기를 나눈다.
2. 원형의 하드보드지에 고정된 사진을 OHP필름지 위에 매직으로 따라 그리고 색칠을 한다.
3. 출발선에서 자화상 원반을 던져 도착선에 가장 가깝게 날아간 원반을 살피고 하트 스티커를 붙여 준다.
4. 하트 스티커가 누구의 자화상 원반에 가장 많이 붙여졌는지 이야기를 나누고 서로 격려하고 축하해 주는 시간을 가진다.

5. 완성된 작품을 보며 서로 소감을 나눈다.

6. 게임 시 느꼈던 감정과 미술활동 시 느꼈던 기분을 나눈다.

> ***게임**   도착선에 가장 가깝게 원반던지기
>
> ***규칙**
>
> ① 출발선 안에서만 던지기를 시작할 수 있다.
>
> ② 또래가 자화상 원반을 던질 때 방해하지 않는다.
>
> ③ 도착선에 맞물리거나 선을 넘어가는 것은 탈락한다.

✿ 사례

김○○ / 남 / 10세 / 지적장애 3급, 배○○ / 남 / 13세 / 지적장애 3급,

김○○ / 남 / 11세 / 지적장애 3급, 이○○ / 남 / 11세 / 지적장애 3급

⋯⋯ 아동들은 서로 자신의 사진을 살펴보며 각기 다른 느낌을 표현하였다. 긍정적 혹은 부정적인
감정을 표현하면서 서로가 가진 자화상에 대한 인식을 탐색할 수 있었으며, 매직으로 자신의
모습을 그리면서 좋아하는 색의 옷으로 색을 바꿔주는 등의 변화를 시도하였다. 아동들은 완
성된 자화상을 보며 굉장히 뿌듯해하였다.

아동들은 각자가 완성한 원반을 이용한 게임을 하면서 도착선에 가깝게 원반을 던져 우승하
기 위해 출발선을 밟거나, 또래의 원반을 슬쩍 뒤로 미는 등의 속임수를 쓰는 경우가 생겼다.
그러나 그때마다 아동들은 서로의 행동에 불편함을 드러내며 감정을 전달하고 사과를 해 보
는 등의 사회적인 기술을 사용할 수 있었다.

사회성

4-2 종이봉투 그림 그리기

자기 및 타인 인식과 자기통제능력 향상을 돕는 그룹 미술치료 프로그램

타인인식	★★★
행동통제능력	★★★
감정통제능력	★★★
자기인식	★★
시각적 민감성	★★
신체 협응	★★

타인인식은 타인을 이해할 때, 처음에는 신체의 외형적 특징과 같은 구체적 상황을 통해 인식하다가 점차 심리적 특성으로 좀 더 복잡하고 추상적인 특성까지 포함하여 인식하게 된다(이재순, 2004). 이러한 타인인식이 적절하게 이루어지지 않을 경우에는 타인의 감정이나 행동에 지나치게 과민하게 되거나 자기정체감이 부적절하게 형성될 수도 있다(소명란, 2014).

특수아동의 경우 또래와의 관계에서 자기중심적이거나 타인을 수용하지 못하는 태도, 회피나 소극적인 태도로 인해 관계를 시작하는 기술이 부족한 경우들도 많이 볼 수 있으므로 타인을 이해하고 인식할 수 있는 기회를 제공하여 직접적으로 경험할 수 있도록 지도함이 필요하다. 쉽게 구할 수 있는 종이봉투를 이용하여 머리에 쓰고 서로의 종이봉투에 그림을 그리는 작업은 타인인식이 어렵고 사회적 상호작용이 낮은 아동에게 효과적인 수행 방법이 될 수 있다.

✿ **목적:** 자기 및 타인 인식, 자기통제능력, 사회적 상호작용 향상

✿ **활동자료:** 종이봉투, 매직, 가위

✿ **제작과정 및 활동순서**

1. 두 명의 아동을 선별하여 간단한 소개를 한다.

2. 종이봉투에 구멍을 뚫고(아동의 눈높이에 맞춰 오리기) 아동의 머리에 씌운다.

3. 서로의 봉투에 상대방의 아동이 자유롭게 그림을 그린다.

4. 처음 15분은 자유롭게 그림을 그리도록 둔다. 각 아동은 서로 그림을 그리기 위해 갈등을 겪을 수 있으나 치료사는 개입하지 않는다.

5. 다음 20분은 한 명의 아동에게 5분씩 번갈아 시간을 제공하고 그림을 그리는 순서인 아동이 쉽게 그림을 그릴 수 있도록 종이봉투를 쓴 아동에게 협조를 요청한다.

6. 번갈아 수행한다.

7. 수행이 끝나고 서로의 이미지가 마음에 드는지, 불편한 부분과 좋았던 부분은 어떤 것들이 있었는지를 이야기 나눈다.

8. 서로가 나누었던 이야기를 상기하며 고마웠던 것, 사과하고 싶은 것들을 말로 건네 본다.

❀ **사례**

김○○ / 남 / 8세 / ADHD, 김○○ / 남 / 8세 / ADHD

⋯▶ 아동들은 충동적이고 분노 표현이 많은 성향으로 인해 또래들과 좋은 관계를 맺고 유지하는 것이 어려웠다.

종이봉투를 쓰고 그림을 그려 주면서, 아동들은 처음 15분 동안에 서로 놀리거나 행동적으로 배려하는 모습이 없는 상태로 활동하면서 서로에게 불만을 계속 표현하였다.

갈등의 15분이 지나고 난 후 치료사가 "종이봉투를 쓰고 있는 것이 불편하고 힘든데, 그림을 그리는 동안 서로가 덜 불편하게 할 수 있는 방법은 없을까?"라는 질문을 했고, 아동들은 대안을 모색하고 직접해 보기로 하였다.

아동들이 내어놓은 대안은 첫째, 그림을 잘 그릴 수 있도록 봉투를 잡아 주자는 것이었고, 둘째, 낙서하지 말고 서로가 좋아하는 것을 그려 주자는 것으로 규칙을 정했다.

종이봉투에 그림을 완성한 아동들은 서로에게 나쁜 말을 하거나 행동했던 것에 대해 사과를 하고 도와줘서 고맙다는 말도 건넸다.

5-1 함께 손·발 그림 그리기

친사회적 행동 향상을 위한 그룹 미술치료 프로그램

타인인식	★★★
행동통제능력	★★★
감정통제능력	★★★
자기인식	★★
친사회적 행동	★★

친사회적 행동이란 다른 사람들과 협동하여 문제를 해결하고, 타인을 돕거나 위로하는 등의 이타적인 행동들을 말한다(김수희 외, 2012). 이러한 친사회적 행동들은 또래들과의 관계를 맺거나 유지하는 데 필요한 중요한 요소이다. 사회성이 낮은 특수아동들이 이러한 친사회적인 행동들을 습득하고 경험할 수 있도록 또래와 서로 협동하여 공동 작업의 기회를 제공하는 것이 필요하다.

🎨 **목적:** 자기 및 타인 인식, 자기통제능력, 친사회적 행동 향상

🎨 **활동자료:** 길게 이어 붙인 전지, 크레파스

🎨 **제작과정 및 활동순서**

1. 또래가 서로 손·발 크기를 비교하며 이야기를 나눈다.
2. 또래를 두 팀으로 나누고, 4가지 색의 크레파스 중 한 가지를 각각 정한다.
3. 각자의 팀에서 누가 손 또는 발 차례를 맡을 것인지를 의논한다.
4. 두 팀은 출발선에서 각 팀원과 협력하여 손 → 발 순서로 그림을 그리고, 도착선에 어느 팀이 먼저 도착하는지 경쟁한다.
5. 서로의 팀을 격려하고 축하한 후, 자신의 색깔이 아닌 손과 발 그림에 그 사람의 좋은 점이나 고마운 점을 적어 준다.

6. 게임 시 느꼈던 감정과 미술활동 시 느꼈던 기분을 나눈다.

7. 나의 행동과 말 또는 상대방의 행동과 말에서 느꼈던 감정을 나눈다.

> ***게임**　협동하여 목적지에 빨리 도달하기
>
> ***규칙**
>
> ① '시작' 소리와 동시에 그림을 그릴 수 있다.
>
> ② 손과 발 순서로 그림을 그려야 하고 그림끼리 맞물려 있어야 한다.
>
> ③ 게임 시, 각자 정했던 손 또는 발 역할을 바꿀 수 없다.
>
> ④ 출발선과 도착선에도 손이나 발 그림이 맞물려 있어야 한다.

❀ 사례

김○○ / 남 / 10세 / 지적장애 3급, 배○○ / 남 / 13세 / 지적장애 3급,

김○○ / 남 / 11세 / 지적장애 3급, 이○○ / 남 / 11세 / 지적장애 3급

⋯▸ 아동들이 서로 손과 발을 그려 주며 목적지까지 완주하기 위해 힘쓰는 모습이 보였다. 또한 함께 작업을 하면서 고맙거나 칭찬하고 싶은 내용을 쓴 후, 말로 전해 보기도 하고 써놓은 글들을 읽어 보면서 자발적으로 또래에게 포옹을 건네는 모습도 보였다.

다른 팀에게 질까 봐 짜증을 내는 아동도 있었으나, 마무리를 하면서 상대방의 기분을 헤아려 보고 미안함을 전해 보았다.

사회성

5-2 페인팅 그림 맞히기

친사회적 행동 향상을 위한 그룹 미술치료 프로그램

타인인식	★★★
친사회적 행동	★★★
행동통제능력	★★★
자기인식	★★
감정통제능력	★★

🎨 **목적:** 자기 및 타인 인식, 자기통제능력, 친사회적 행동 향상

🎨 **활동자료:** 페이스데코, 물티슈, 로션, 자극그림

🎨 **제작과정 및 활동순서**

1. 개별적으로 자신의 신체에 페이스데코로 그림을 그려 촉감을 탐색한다.
2. 서로가 원하는 신체 부위에 페이스데코로 글자나 그림을 표현하며, 그 과정에서 싫어하는 행동과 좋은 행동을 경험한다.
3. 두 팀으로 나눈 후, 팀의 구호를 정한다.
4. 치료사가 제시하는 그림을 상대의 팔이나 다리에 그려, 그 그림이 무엇인지 알아차리면 구호를 외치고 답을 맞힌다.
5. 어느 한 팀이 우선적으로 맞히면 팀원이 역할을 교대해 그림을 그려 게임을 이어간다.
6. 어느 팀이 더 많은 그림퀴즈를 맞혔는지 살핀다.
7. 서로의 신체를 물티슈로 닦아주고 로션을 발라 주며 격려와 고마움을 표현한다.
8. 게임 시 느꼈던 감정과 미술활동 시 느꼈던 기분을 나눈다.
9. 나의 행동과 말 또는 상대방의 행동과 말에서 느꼈던 감정을 나눈다.

*게임 협력하여 그림으로 스피드 게임하기

*규칙

① '시작' 소리와 동시에 그림을 그릴 수 있다.
② 상대방이 눈으로 그림을 확인할 수 있는 곳에 그려야 한다.
③ 먼저 맞힌 팀은 정답 그림카드를 가져간다.
④ 그림을 그리는 사람은 상대방에게 말로 힌트를 주어서는 안 된다.
⑤ 정답을 맞혀야 하는 사람은 뒤돌아 정답 그림카드를 볼 수 없다.
⑥ 또래의 몸에 낙서하지 않는다.

🌸 사례

김○○ / 남 / 10세 / 지적장애 3급, 배○○ / 남 / 13세 / 지적장애 3급
김○○ / 남 / 11세 / 지적장애 3급, 이○○ / 남 / 11세 / 지적장애 3급

⋯⋯ 아동들이 미술게임을 실시하기 전에 서로의 신체에 그림을 그려보는 활동을 하면서 기분을 좋게 혹은 나쁘게 했던 말이나 행동들을 탐색해 보았다. 활동을 통해 아동들로 하여금 자신의 행동에서 무엇이 잘못되었고, 어떤 행동이 상대를 존중해 줄 수 있는지를 알아보는 시간을 가졌다. 그 후 아동들은 본격적인 활동을 하면서 처음에 경험했던 내용들을 떠올리며 서로 조심스럽고 존중하는 태도로 다리에 그려도 되는지, 그림이 마음에 드는지 등을 물어보며 활동에 임했다. 또한 자신이 그린 그림을 상대방이 맞힐 수 있도록 최대한 정확하고 빠르게 그림을 그리려고 노력하는 모습도 보였다.

사회성

6-1 감정 볼 담기

감정 인식과 감정 표현 향상을 위한 그룹 미술치료 프로그램

자기인식	★★★
타인인식	★★★
행동통제능력	★★★
감정통제능력	★★
신체 협응	★★

감정이란 어떤 현상이나 사건을 접했을 때 마음에서 일어나는 느낌이나 기분을 말한다.

감정표현능력은 인지과정 및 감정 조절과 밀접하게 관련이 있다. 아동이 낮은 인지능력과 감정조절능력을 보인다면, 감정을 언어로 표현하기란 쉽지 않은 일이다. 따라서 다양한 감정에 대한 이해와 아동의 실제 경험 속에서 느껴온 기분을 접목시켜 아동의 감정을 언어로 표현하도록 돕는 교육은 지속적으로 필요하다.

이때 미술 작업을 통해 다양한 매체로 자신의 감정을 표현하도록 돕는다면 특수아동이 조금 더 편안하고 자연스럽게 자신의 감정이나 타인의 감정을 이해하고 표현하는 데 도움을 줄 수 있다.

🎨 **목적:** 자기 및 타인인식, 자기통제능력, 자기표현 향상

🎨 **활동자료:** 다양한 감정이 표현된 카드, 스티로폼 볼(다양한 크기), 매직, 이쑤시개, 크레파스, 바구니 2개

🎨 **제작과정 및 활동순서**

1. 부정적 / 긍정적 감정 카드를 살피며, 나를 기쁘게 하는 말이나 행동과 나의 기분을 나쁘게 하는 말이나 행동에 대해 이야기를 나눈다.

2. 총 5개의 스티로폼 공 중에서 몇 개를 부정적 / 긍정적 감정 볼로 만들 것인지 생각해 본다.

3. 스티로폼 공에 부정적인 감정 카드를 보며 떠오르는 색깔이나 모양을 스티커, 매직, 이쑤시개, 크레파스 등의 매체를 사용해서 그려 넣거나 꾸민다.

4. 스티로폼 공에 긍정적인 감정 카드를 보며 떠오르는 색깔이나 모양을 스티커, 매직, 이쑤시개, 크레파스 등의 매체를 사용해서 그려 넣거나 꾸민다.

5. 다 꾸민 감정 볼을 서로 살피고 두 팀으로 나눈다.

6. '시작' 소리와 함께 바닥에 흩어진 감정 볼 또는 감정 표현이 없는 볼을 팀 바구니에 담는다.

7. 어느 팀의 바구니에 감정 볼이 더 많이 들어 있는지 살피고, 이긴 팀과 진 팀에게 격려와 축하를 보낸다.

8. 활동 속에서 경험했던 다양한 감정을 감정 볼로 이야기 나눈다.

---

*게임　협력하여 감정 볼을 많이 주워 담기

*규칙

① '시작' 소리와 동시에 움직일 수 있다.
② 자기 팀 바구니에 감정 볼을 더 많이, 빨리 주워 담아야 한다.
③ 상대 팀 바구니에 담긴 감정 볼을 가져올 수 없다.
④ 상대 팀의 수행을 방해하는 행동은 할 수 없다.
⑤ 바닥에 더 이상의 감정 볼이 없을 시 게임은 종료된다.
⑥ 양 팀의 볼의 개수가 같을 경우, 감정 볼이 많은 팀이 우승한다.

🎨 사례

김○○ / 남 / 10세 / 지적장애 3급, 배○○ / 남 / 13세 / 지적장애 3급

김○○ / 남 / 11세 / 지적장애 3급, 이○○ / 남 / 11세 / 지적장애 3급

┈▶ 우선 다양한 감정을 알아본 후, 자신은 어떠한 상황에서 어떤 감정을 느끼는지 인식해 보는 소중한 시간이었다. 아동들은 스티로폼 볼의 크기에 따라 자신이 느끼는 감정을 색깔이나 형태로 표현하면서 언어적으로 표현할 때보다 훨씬 더 구체적으로 표현할 수 있었으며, 또래간의 공감대도 형성되었다.

각자의 감정 볼을 완성한 후 아동들은 서로 팀을 나누기 위해 다양한 방법을 모색하였다. 가위·바위·보 또는 주사위 던지기, 제비뽑기 등 다양한 방법 중 가장 손쉽게 할 수 있는 방법인 가위·바위·보를 하여 이긴 사람이 함께하고 싶은 짝을 골라 팀을 이루기로 결정하였다. 아동들은 규칙에 맞게 빠른 속도로 공을 주워 담으며 팀끼리 협력하는 모습도 보였다.

사회성

6-2 표정 바꾸기

감정 인식과 감정 표현 향상을 위한 그룹 미술치료 프로그램

자기인식	★★★
타인인식	★★★
양손 협응	★★
소근육 정교성	★★
사회적 상호작용	★★
행동통제능력	★★
감정통제능력	★★

❋ **목적:** 자기 및 타인 인식, 사회적 상호작용, 자기표현 향상

❋ **활동자료:** 원이 그려진 도화지, 눈썹, 눈, 코, 입이 그려진 도화지, 채색도구, 할핀, 가위, 펀치

❋ **제작과정 및 활동순서**

1. 원이 그려진 종이를 보며 무엇이 생각나는지 이야기 나눈다.
2. 원이 '얼굴'로 표현될 것을 제시한 후, 얼굴이 완성되려면 어떤 것이 필요한지 이야기 나눈다.
3. 얼굴이 완성될 수 있도록 눈썹, 눈, 코, 입을 색칠한다.
4. 색칠된 눈썹, 눈, 코, 입을 자르고 펀치로 구멍을 뚫어준 후, 도화지에 그려진 얼굴과 할핀을 끼워 얼굴 형태를 완성한다.
5. 눈썹, 눈, 코, 입을 움직여 보며 어떤 표정인지 생각해 보고 이야기 나눈다.
6. 완성된 얼굴 도화지에 표정을 만들고 '기분, 있었던 일, 하고 싶었던 말, 듣고 싶은 말' 양식에 맞춰 써 본다.
7. 또래와 도화지를 바꾼 후 기쁨, 슬픔, 화남 등의 표정을 만들어 주고 해당되는 기분에 맞는 이야기들을 써 본다.
8. 활동 후 소감을 나눈다.

🌟 사례

김○○ / 남 / 14세 / 지적장애 3급, 정○○ / 여 / 13세 / 지적장애 3급

⋯⋯ 아동들에게 그날의 기분을 묻고 표정을 만들어 보자고 제안하였다.

아동들은 이리저리 표정을 만들어 탐색한 후, 남아는 활짝 웃으며 기분이 좋은 표정을 만들었다. [기분: 기쁘다, 있었던 일: 예쁜 선생님하고 수업했다, 하고 싶은 말: "선생님 잘 지내셨어요?"라는 말을 하고 싶었다, 듣고 싶은 말: "○○야 안녕? ○○가 인사하니까 선생님은 세상에서 ○○가 마음에 든다."]라고 글을 썼다.

여아는 [기분: 슬프다, 있었던 일: 동생이 탱탱볼을 가지고 귀에 던졌다, 하고 싶은 말: "혼나야겠다!"라는 말을 하고 싶었다, 듣고 싶은 말: "미안해, 앞으로는 탱탱볼을 던지지 않을 거야."]라고 글을 써서 그날의 기분을 표현하였다.

도화지를 바꿔서 또래의 표정을 기쁜 표정, 화난 표정, 슬픈 표정으로 바꿔 보며 왜 상대가 그러한 기분을 느끼고 있을지, 어떤 말을 해 주면 좋을지 등을 생각해 보고 글로 써 보는 시간을 가졌다.

사회성

7-1 우드락 조형

협동 작업을 통한 자기통제능력 향상을 돕는 그룹 미술치료 프로그램

자기인식	★★★
소근육 정교성	★★★
행동통제능력	★★★
협동심	★★★
타인인식	★★
사회적 상호작용	★★
감정통제능력	★★
공간지각	★★

협동이란 한 가지 목적을 달성할 수 있도록 마음과 힘을 합하는 것이다. 이러한 협동 작업은 아동 간에 즐거움뿐만 아니라 갈등도 유발될 수 있다. 특히 작업 과정에서 일어날 수 있는 갈등은 자기통제능력을 향상시키기 위한 연습의 기회가 될 수 있다. 갈등 상황에서 또래에게 화가 나서 분노의 감정으로 공격적으로 행동하는 것, 속상하거나 억울한 감정을 전달하지 못하고 참아버리거나 회피하는 행동으로 표현하는 것을 사회적으로 수용 가능한 범위 내에서 자신의 감정이나 행동을 안전하게 표현해 볼 수 있도록 치료사는 연습시킬 필요가 있다.

치료 장면에서 갈등을 행동적 · 감정적으로 통제하는 연습은 특수아동들이 집단이나 학급에서 잘 적응할 수 있도록 돕는다.

✿ **목적:** 자기 및 타인 인식, 사회적 상호작용, 협동능력 향상

✿ **활동자료:** 우드락, 이쑤시개, 매직, 색종이

✿ **제작과정 및 활동순서**
1. 우드락의 색깔을 정한다.
2. 우드락에 '나를 화나게 했던 것'이라는 주제를 주고 자유롭게 그림을 그리고 잘게 부순다. 이때 주제는 아동들의 지적 수준에 따라 바뀔 수 있고, 자유화로도 작업할 수 있다.

3. 서로 우드락을 잡아 주고 주먹으로 부순다. 이때 안전하게 우드락을 부술 수 있도록 같이 규칙을 정해 본다.

4. 잘게 부서진 우드락 조각들을 이쑤시개에 꽂아 함께 조형물을 만든다.

5. 활동이 끝나고 소감을 나눈다.

> ***게임**   협력하여 함께 만들기
> ***규칙**
> ① 우드락을 잡고 있는 아동이 준비가 끝나면 사인(sign)을 나눈 후 부순다.
> ② 상대가 우드락을 부술 때 방해하는 행동을 하지 않는다.
> ③ 서로에게 욕을 하거나 비난하지 않는다.

✿ 사례

김○○ / 남 / 13세 / 지적장애 3급, 이○○ / 여 / 12세 / 지적장애 3급

⋯➔ 아동들은 우드락에 자신들의 경험에서 화가 났던 것들을 표현하였다.

남아는 수학여행 때 친구들은 같이 바이킹을 타는데 자신은 반 친구들과 그러지 못했다며 마치 선풍기 속에 갇혀 있는 것 같다고 표현하였다.

여아는 동생만 편애하는 엄마에 대한 불만을 표현하였다.

치료사와 아동들은 서로의 화가 났던 마음들을 공감해 주고 난 후, 규칙에 맞춰 우드락을 신나게 부수는 작업을 하였다. 부서진 조각들로 무엇을 만들지를 고민하다가 여아가 먼저 경찰 아저씨가 있었으면 좋겠다고 하였고, 감옥을 만들어 마음을 아프게 했던 대상들을 혼내 주자며 조형물을 함께 만들었다.

사회성

7-2 우리가 만드는 공간

협동 작업을 통한 자기통제능력 향상을 돕는 그룹 미술치료 프로그램

자기인식	★★★
타인인식	★★★
협동심	★★★
행동통제능력	★★★
감정통제능력	★★★
공간지각	★★
신체 협응	★★

❋ **목적:** 자기통제력, 협동능력, 사회적 상호작용 향상

❋ **활동자료:** 종이컵

❋ **제작과정 및 활동순서**

1. 종이컵을 이용해 아동들이 들어갈 수 있는 공간을 만들 것이라고 전달한다.
2. 아동들이 서로 어떤 모양으로 쌓을지 의논한다.
3. 서로 협동해서 쌓기 위해 필요한 규칙을 함께 정한다.
4. 정해진 규칙에 따라 안전하게 활동할 수 있도록 지도한다.
5. 활동이 끝나고 소감을 나눈다.

---

*게임   협력하여 종이컵 쌓기

*규칙

① 모두 종이컵 쌓기에 참여한다.
② 상대가 종이컵을 쌓을 때 방해하는 행동을 하지 않는다.
   −일부러 쓰러뜨리지 않기
   −같은 공간에 종이컵을 쌓으려 할 때는 기다리기
③ 서로에게 욕을 하거나 비난하지 않는다.

🌸 사례

박○○ / 남 / 9세 / 지적장애 3급, 이○○ / 남 / 8세 / ADHD

⋯⋯▶ ADHD아동(동생)은 영역을 정해서 지적장애아동(형)이 자신의 영역을 침범하지 못하도록
자주 개입하였다. 그러나 형이 무너뜨리지 않고 잘 쌓는 것이 확인되자, 동생은 공간의 모양
이 동그랗게 쌓아지길 요청했다. 형의 잘못으로 일부가 무너지자 동생이 화를 냈고, 형은 위
축되어 쌓지 않고 멈춰 있었다. 치료사는 활동을 더 이상 이어가지 못하는 두 아동에게 개입
하였다. 어떤 부분으로 불편한 감정이 있는지를 언어적으로 표현할 수 있도록 장을 마련하
고, 감정이 격해져 있는 아동의 마음과 당황스럽고 놀란 아동의 마음을 이해하고 공감해 주
었다. 화가 났을 때 어떻게 하고 싶었는지, 혹시나 다하지 못한 이야기가 있었다면 무엇이었
는지 등을 이야기 나누고 상대방의 마음을 바꿔 이해해 주는 시간을 가졌다.
이때 형이 일부러 넘어뜨린 것이 아니라는 것을 전달하며 "미안해" 하고 안아 주었고, 동생은
다시 쌓자고 말하며 대신 조심해서 쌓아달라고 부탁했다. 이후 제한된 시간 안에 정해진 규
칙을 지키려고 애쓰며 협동하여 완성한 공간 안에서 기뻐하며 활동이 마무리되었다.

8-1 콩 그림 만들기

비언어적 상호작용 향상을 위한 그룹 미술치료 프로그램

자기인식	★★★
타인인식	★★★
비언어적 상호작용	★★★
행동통제능력	★★★
감정통제능력	★★★
시각적 주의력	★★
공간지각력	★★
눈–손 협응	★

　사람들은 서로 영향을 주고받으며 상호작용을 하고 살아간다. 이러한 상호작용은 언어적·비언어적인 요소로 이루어지며, 서로가 소통함에 있어 중요한 역할을 한다. 언어적 의사소통은 정보나 생각, 감정 등을 말로 주고받는 과정을 포함하고 있으며, 비언어적 의사소통은 말이 아닌 눈 맞춤, 제스처, 얼굴 표정, 자세 등을 통해 메시지를 전달하는 기능을 맡는다.

　특수아동의 경우 언어가 지연되어 있거나 상대방의 표정이나 마음을 읽는 능력에 결함을 보이기도 하는데, 이러한 특성으로 인해 타인과의 상호작용이 적절하게 이루어지지 못하는 경우가 발생하게 된다. 따라서 구체적으로 자신의 의사를 전달해 보고, 타인의 비언어적인 메시지에 관심을 가져보며 상대의 의도나 목적을 파악하는 연습을 할 필요가 있다.

🌸 **목적:** 자기통제력, 협동능력, 비언어적 상호작용, 자기표현 향상

🌸 **활동자료:** 콩, 찰흙, 4절 하드보드지, 자극그림

🌸 **제작과정 및 활동순서**

1. 하드보드지 위에 찰흙으로 넓고 평평하게 점토판을 만든다.
2. 제비를 뽑을 대표를 1명 정한다.

3. 대표가 제비를 뽑으면 당첨된 자극그림을 함께 살핀다.

4. 순서를 정하고, 한 명씩 순서대로 침묵을 지키며 콩을 점토판에 붙여 자극그림과 똑같은 모양으로 표현한다.

5. 활동 시 느꼈던 감정을 나눈다.

6. 나의 행동과 말 또는 상대방의 행동과 말에서 느꼈던 감정을 나눈다.

7. 서로 칭찬할 점을 찾아준다.

---

*게임　모두가 공동의 목표 달성하기

*규칙

① 순서대로 돌아가며 모두 콩을 붙여야 하며, 한 번씩만 콩을 붙일 수 있다.

② 활동 시 침묵을 유지해야 한다.

③ 행동이나 손짓, 몸짓 등을 사용하여 소통할 수 있다.

🌸 **사례**

김○○ / 남 / 10세 / 지적장애 3급, 배○○ / 남 / 13세 / 지적장애 3급

김○○ / 남 / 11세 / 지적장애 3급, 이○○ / 남 / 11세 / 지적장애 3급

⋯⋯ 아동들은 비언어적인 상호작용의 경험이 많이 없었던 것 같다. 촉구가 없이 스스로 차례에 관심을 가지기가 어렵거나, 상대방의 행동을 집중하여 살피기가 어려웠다. 또한 자신의 차례가 끝난 후 또래가 수행하지 않을 경우 행동적으로 도움을 주는데까지도 시간이 오래 걸렸다. 치료사가 활동 시간이 끝나감을 알리자, 답답해하거나 조급한 행동이나 표정으로 또래에게 의사를 전달하기 시작했고 수행을 마무리할 수 있었다. 지시나 도움으로 수행함이 익숙한 특수아동에게는 다소 어려울 수 있는 도전이었으나, 어려움을 함께 극복한 아동들은 어느 날보다 기뻐하였다.

8-2 도장 찍어 이미지 만들기

비언어적 상호작용 향상을 위한 그룹 미술치료 프로그램

자기인식	★★★
타인인식	★★★
비언어적 상호작용	★★★
행동통제능력	★★★
감정통제능력	★★★
시각적 주의집중	★★
공간지각력	★★
눈-손 협응	★

❋ **목적:** 자기통제력, 협동능력, 비언어적 상호작용, 자기표현 향상

❋ **활동자료:** 모눈종이, 색깔이 다른 도장

❋ **제작과정 및 활동순서**

1. 두 아동이 짝을 이루고 각자 한 가지 색의 도장을 선택한다.

    (예: 영희는 빨간색, 철수는 파란색)

2. 치료사는 두 아동에게 주제를 제시한다.

    (예: 집-글자로 □ 칸 안에 적어 준다. 그림단서를 제공하면 안 된다.)

3. 두 아동이 서로 상의하거나 대화하지 않는 것이 중요하며 각자 한 번씩 번갈아 도장을 찍어 주제를 표현한다.

4. 치료사는 두 아동의 행동 반응을 살펴야 하며 주제에 맞게 온전한 형태가 되었는지를 살핀다. 보통은 아동들이 서로의 마음을 알 수 없으므로 온전한 형태가 되기 어렵다.

5. 작품이 완성된 후 소감을 나눈다.

*게임　모두가 공동의 목표 달성하기

*규칙

① 차례를 지켜 한 번씩만 도장을 찍을 수 있다.
② 활동 시 침묵을 유지해야 한다.
③ 행동이나 손짓, 몸짓 등을 사용하여 소통할 수 있다.

✿ 사례 1

빨강-김○○, 파랑-김○○ / 여 / 15세 / 경계선 지적장애

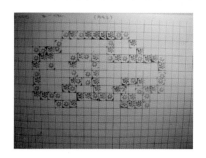 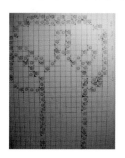

┅➔ 사전-자동차: 짝 그룹 활동 시 파랑과 빨강이 서로 간에 호흡이 맞지 않아 완전한 자동차의
　　모양이 나타난 것이 아니라 일그러져 표현되었다. 말을 하지 않고 수행해야 하지만, 수행 중
　　빨간색을 선택한 아동이 파란색을 선택한 아동에게 "그렇게 하면 어떻게 하는데? 그래 가지
　　고 모양이 나오나? 거긴 왜 찍는데?" 하며 심하게 짜증을 내었다. 집단 내 수용이 이루어지지
　　않고 분열되었기 때문이다.
┅➔ 사후-나무: 한결 파란색과 빨간색이 조화롭고 고르게 분포되었다. 또한 온전한 나무의 형태
　　로 표현되었으며, 집단 내 분열도 없었다.

✿ 사례 2

김○○ / 남 / 17세 / 발달장애 2급, 오○○ / 남 / 17세 / 발달장애 2급

┅➔ 이 사례에서는 도장 대신 사각형의 색종이를 제공한 후, '집'을 표현하였다.
　　왼쪽의 그림은 첫 작업을 한 것으로, 서로가 어떤 집을 만들 것인지 잘 모르기 때문에 상대방
　　의 행동을 잘 살펴야 했다. 그러나 두 아동은 서로의 마음읽기가 되지 않아 행동적으로 고민
　　없이 빠르게 색종이를 붙여 나갔고 그 결과 형태를 알아볼 수 없었다. 오른쪽의 그림은 두 번
　　째 작품으로 집의 형태가 온전하다.

사회성

9-1 딱지로 이미지 완성하기
언어적 상호작용 향상을 위한 그룹 미술치료 프로그램

자기인식	★★★
타인인식	★★★
양손 협응	★★★
언어적 상호작용	★★★
행동통제능력	★★
감정통제능력	★★
공간-형태 지각력	★★

앞서 제시된 집단 활동들은 비언어적인 상호작용에 초점을 두고 안내가 되었다. 이번 활동들은 아동들이 비언어적 상호작용에서 경험한 불편함을 바탕으로, 조금 더 원활하고 완성도 높은 수행을 위해서 언어적인 소통을 강조하며 작업한 내용이다.

또래들과 직접 언어적으로 소통해 보면서 완성한 작품은 공통으로 제시된 과제를 통해 또래들과 함께 성취감과 만족감을 느낄 수 있도록 기회를 제공한다. 이러한 과정에서 또래들 간에 결속력을 다지고, 함께 공감할 수 있는 장이 마련될 수 있다.

❋ **목적:** 자기통제력, 협동능력, 사회적 기술, 자기표현 향상

❋ **활동자료:** 색종이, 4절지, 사인펜, 크레파스, 풀

❋ **제작과정 및 활동순서**

1. 또래가 색종이로 딱지를 목표 개수만큼(20개) 만든다.
2. 치료사가 아동들이 딱지로 만들 형태의 단어를 제시하면, 아동들은 순서를 정해 4절지 위에 딱지를 한 번씩 번갈아 놓아 완성한다.
3. 완성한 딱지를 그대로 종이에 붙인다.
4. 활동 시 느꼈던 감정을 나눈다.
5. 나의 행동과 말 또는 상대방의 행동과 말에서 느꼈던 감정을 나눈다.

6. 서로 칭찬할 점을 찾아준다.

*게임　모두가 대화를 통해 공동의 목표 달성하기
*규칙
① 순서대로 돌아가며 딱지를 놓아야 하며, 한 번씩만 딱지를 놓을 수 있다.
② 활동 시 서로 대화를 주고받을 수 있다.

❀ 사례 1

김○○ / 남 / 10세 / 지적장애 3급, 배○○ / 남 / 13세 / 지적장애 3급,
김○○ / 남 / 11세 / 지적장애 3급, 이○○ / 남 / 11세 / 지적장애 3급

⋯▸ 아동들은 언어적으로 상호작용을 하며 작품을 완성해 나갔다. 그러나 말을 할 수 있음에도 불구하고 어떠한 형태로 집을 만들 것인지는 의논하지 않은 채 집을 만들었기 때문에 온전한 집의 형태가 되지 않았고, 다시 만들어 보자고 말하며 서로를 토닥거렸다. 서로의 행동을 살피고 의논하며 배려하는 과정을 통해 완성된 작품을 보고 뿌듯해하였다. 제목을 지을 때도 갈등은 있었지만 다 같이 좋아하는 쿠키를 제목에 넣고 한 사람씩 글자를 적기로 그들끼리 규칙도 설정하는 모습이 보였다.

❀ 사례 2

김○○ / 남 / 10세 /ADHD, 박○○ / 남 / 11세 / ADHD

⋯▸ 딱지가 아닌 간단한 종이접기, 이미지 형태가 아닌 글자 형태로 바꾸어 마음읽기 작품을 해 볼 수도 있다. 왼쪽의 사전 그림은 서로의 마음읽기가 되지 않아 각자의 시점에서 작품을 표현하여 형태가 일그러졌다. 오른쪽의 사후 그림은 꾸준히 마음읽기 훈련을 한 ADHD 아동들의 작품으로 두 아동이 표현했지만 한 명의 작품처럼 정확히 글자를 표현하였다.

사회성

9-2 언어적 단서로 조형물 만들기

언어적 상호작용 향상을 위한 그룹 미술치료 프로그램

자기인식	★★★
타인인식	★★★
언어적 상호작용	★★★
행동통제능력	★★★
감정통제능력	★★★
눈-손 협응	★★
공간-형태 지각력	★★

❀ **목적:** 자기통제력, 협동능력, 사회적 기술, 자기표현 향상

❀ **활동자료:** 다양한 색깔과 형태의 나무 블록

❀ **제작과정 및 활동순서**

1. 서로 마주보고 앉아서 똑같은 조형물을 만들어 본다.

2. 뒤돌아 앉은 후 서로의 조형물을 볼 수 없다는 것을 제시한다.

3. 보지 않는 상태에서 똑같은 조형물을 어떻게 완성할 수 있을지 고민해 본다.

4. "이제는 입이 눈을 대신할 거야."라고 말하며 볼 수 없기 때문에 말로 만드는 방법을 알려 주도록 제시한다. 이때 아동의 지적수준에 따라 간단히 쌓기, 나열하기 등으로 만들어 볼 수 있으며 치료사가 먼저 모델링을 보여 주는 것도 좋다.

5. 누가 먼저 조형물을 만들고 표현할 것인지 순서를 정한다.

6. 구체적으로 말로 표현하여 또래와 같은 형태의 조형물을 완성한다.

7. 다음 또래가 조형물을 만들면서 이야기를 한다.

8. 활동을 하면서 어떤 어려움이 있었는지, 어떻게 해결했는지 이야기를 나눈다.

🌼 **사례**

임○○ / 여 / 9세 /ADHD, 박○○ / 남 / 9세 /ADHD

⋯⋯ 두 아동은 뒤돌아서 조형물을 함께 만들었다.

여아는 또래가 알아듣기 쉽게 차근차근 설명해 주지 못하고, 혼자 만들면서 설명을 했다. 그러자 남아는 짜증을 내고 서로 다투었다. 치료사가 둘의 관계에서 어려움을 공감하고 서로의 입장에서 불편한 것을 이야기하도록 중재를 하였다.

"설명이 너무 빠르다.", "말을 하지 않아서 다한 줄 알았다." 등의 어려움이 표현되었고, 바꿔 보기로 했다.

설명하는 사람은 친절하게 설명해주기, 다했는지 물어봐주기, 구체적으로 설명하기로 하였고, 듣는 사람은 못 들었거나 잘 모를 때 다시 물어보기, 알아듣고 만들었다면 반응해주기로 규칙을 정해서 다시 수행하였다. 그 결과 완성은 했으나, 틀린 부분이 보였고 서로가 이해하기 쉬운 방법으로 다시 바꿔서 설명해 보았다.

10-1 졸라맨 따라 하기

수용성 향상을 돕는 그룹 미술치료 프로그램

타인 수용성	★★★
언어적 · 비언어적 상호작용	★★★
자기 수용성	★★
행동통제능력	★★
감정통제능력	★★

　수용은 두 가지의 형태로 나누어 생각해 볼 수 있는데, 자기수용과 타인수용으로 구분할 수 있다. 자기수용이란, 자기 자신을 있는 그대로 만족스럽게 받아들이고 인정하는 것을 의미한다(Maccines, 2006). 이때 자기 자신이라 함은 자신의 느낌, 생각, 행동 등의 표현이 포함된다. 타인수용이란, 한 개인이 다른 사물이나 타인을 있는 그대로 받아들이려는 태도 또는 신념(방혜경, 1998)으로 자기수용이 높을수록 타인수용 또한 긍정적일 수 있어 둘은 밀접한 관계가 있다.

　유치원, 초등학교에 배치되어 있는 특수아동은 학교생활 및 교우관계 등 정서적인 측면에서 자신의 감정을 표현하거나 자신의 욕구를 표현하는 것이 서툴러 다양한 어려움을 겪고 있다. 이러한 어려움은 사회적으로 고립감을 느낄 수 있으므로 또래의 의견이나 감정들을 적절하게 수용하면서 자신의 욕구나 생각, 감정 등을 표현하도록 연습해 보는 것은 사회성 향상에 도움을 줄 수 있다. 또한 적절한 주제와 감정을 제시하여 이미지로 표현하는 것은 제한적이고 상동적인 주제반응이 많은 특성을 보이는 특수아동에게 다양성을 경험하는 데 도움이 될 수 있다.

🎨 **목적:** 자기통제력, 협동능력, 사회적 기술, 자기표현 향상

🎨 **활동자료:** A4 용지, 연필, 지우개

🖌 제작과정 및 활동순서

1. A4 용지를 6등분하여 또래에게 제시할 졸라맨을 6개 그린다. 이때 졸라맨은 어떠한 행동을 하고 있는 그림으로, 빠른 스케치를 하기 위해서 졸라맨으로 표현한다.
2. 완성된 졸라맨은 상대가 볼 수 없도록 접어 둔다.
3. 순서를 정해 자신이 그린 졸라맨의 특징을 설명한다.
   예를 들어, "양손을 하늘을 향해 쭉 뻗으세요." "다리는 붙인 상태로 무릎을 구부려 주세요."
4. 설명이 끝나고, 완성된 동작을 하고 있는 또래에게 자신이 그린 졸라맨을 보여 주며 같은지를 확인한다. 이때 3인 이상의 그룹일 경우에 모두 등을 돌려서 들은 대로 행동을 취해 보며, 또래의 모습을 모방하여 만들지 않도록 한다.
5. 다음 차례의 아동이 위와 같은 순서로 활동한다.
6. 활동 후 좋았던 점, 불편했던 점 등의 소감을 나눈다.

🖌 사례

임〇〇 / 남 / 13세 / 지적장애 3급, 박〇〇 / 남 / 13세 / 지적장애 3급

⋯ 두 아동은 졸라맨을 그리고 난 후 언어적으로 설명하기를 하였다.
행동을 하는 아동은 말로 설명하는 아동에게 설명을 똑바로 해 달라, 답답하다 등의 반응을 보이기도 했으나, 서로 조금씩 언어적·행동적으로 보조를 맞추며 수행을 진행하였다. 뒤를 돌아 졸라맨의 그림과 행동이 똑같을 때는 서로 파이팅을 하면서 즐거워하는 모습을 보이기도 하였다.

사회성

10-2 단서를 이미지로 표현하기

수용성 향상을 돕는 그룹 미술치료 프로그램

자기 수용성	★★★
타인 수용성	★★★
눈–손 협응	★★★
언어적 · 비언어적 상호작용	★★★
공간지각	★★
행동통제능력	★★
감정통제능력	★★

❋ **목적:** 자기통제력, 협동능력, 사회적 기술, 자기표현 향상

❋ **활동자료:** A4 용지, 가위, 연필, 지우개, 사인펜, 색연필

❋ **제작과정 및 활동순서**

1. A4 용지를 16~18개의 조각으로 잘라 주제를 적어 카드를 만든다.

   (예: 아름다운 꽃밭, 화가 난 사람)

2. 카드는 보이지 않게 접어 책상 가운데 모아 둔다.

3. 치료사가 '자유'라고 쓴 카드를 4장 만들어 모아 둔 카드와 섞는다(자유 카드는 아동이 자유롭게 주제를 선택해 그릴 수 있다).

4. 한 아동 당 5개의 카드를 가지도록 한다.

5. 카드를 펼쳐 주제를 확인하고 화지에 주제에 맞게 그림을 그리도록 한다.

6. 자유 카드는 쪽지 주제의 그림을 다 그린 후, 더 필요한 것을 자유 카드의 개수에 맞게 자유롭게 그릴 수 있다.

7. 그림을 모두 그리고 각 그림에 대해 묻고 답하기를 한다.

   (예: 이 사람은 왜 화가 났을까?)

8. 글쓰기가 가능한 아동은 각 카드의 주제를 연결하여 각자 이야기를 써 보도록 한다.

9. 활동 후 소감을 나눈다.

⭐ 사례

김○○ / 남 / 13세 / 지적장애 3급, 정○○ / 여 / 12세 / 지적장애 3급

⋯ 아동들은 늙은 노인, 짜증난 여자, 물, 금덩이, 돌멩이, 꽃, 아파트, 조개라고 적힌 카드와 자유 카드 2장을 뽑았다.

남아가 늙은 노인을 그리겠다며 먼저 그림 그리기를 시작했고, 여아는 꽃을 그리겠다고 했다. 꽃을 그리고 있는 여아에게 남아는 "꽃이 하늘에 달리면 어떡해! 줄기를 이렇게(남아가 보는 판형) 그려 줘!"라고 이야기했고, "그럼 그리기가 어려운데."라고 여아가 말했다. 둘은 앉아 있던 자리를 옮겨 서로 그림 그리기가 편안하도록 다시 자리를 잡았다. 서로가 그리고 있는 부분을 도와주거나 색칠해 주어 그림을 완성하고 함께 이야기를 만들어 갔다. 이야기를 완성하면서도 여아가 문맥에 맞지 않게 말을 연결하자 이상하다며 남아의 이야기로 만들자고 말하는 등 자기중심적인 태도가 보였고, 치료사는 둘 다 좋은 생각인데 합치면 더 멋진 이야기가 완성될 것 같다고 제안하였다. 두 아동은 모두 둘의 이야기를 합쳐 문장으로 만들고 이야기를 완성하였다.

사회성

11-1 한 몸이 되어 목걸이 만들기
신체 움직임을 활용해 협동능력 향상을 돕는 그룹 미술치료 프로그램

타인 수용성	★★★
협동심	★★★
언어적 · 비언어적 상호작용	★★★
행동통제능력	★★★
감정통제능력	★★★
자기 수용성	★★
신체 협응	★★

　협동은 각자에게 역할을 부여하여 책임감을 갖게 하며, 상대방과 함께 과제를 수행하면서 겪는 다양한 감정이나 갈등을 공유하고 처리하도록 동기를 마련한다. 특히 신체의 움직임을 제한하고 또래와 협동해 움직여 보는 활동을 통해서 아동들은 서로의 움직임에 관심을 가지고 보조를 맞춰 줄 수 있어야 하며, 혼자서 처리하기 어려운 부분에 있어서 의논해야 하므로 특수아동에게 협동이라는 의미를 더욱 잘 전달할 수 있다.

🎨 **목적:** 자기통제력, 협동능력, 사회적 기술, 자기표현 향상

1) 함께 나눠 먹기 (활동을 위한 워밍업)

🎨 **활동자료:** 손수건, 바나나 및 젤리

🎨 **제작과정 및 활동순서**
1. 두 명의 아동이 마주 앉거나 나란히 앉는다.
2. 제시된 젤리를 자신의 양손을 사용하여 껍질을 까서 먹어 본다.
3. 마주 앉은 경우 A아동의 왼손, B아동의 오른손을 손수건으로 묶는다. 이때 손을 묶는 것에 대해 거부감이 있다면 묶지 않고 실시해도 된다. 단, 한 손만을 쓸 수 있도록 제시한다.

4. 서로 묶은 손을 제외하고 한 손으로 포장된 사탕이나 젤리를 먹을 수 있는 방법을 모색한다.

5. 아동들이 방법을 찾았다면 그에 맞는 칭찬을 제공하고, 그렇지 못했을 경우에는 아동들에게 자유로운 한 손으로 서로 협동하여 껍질을 제거하도록 가르쳐 준다.

6. 서로 협력하여 껍질을 제거한 음식을 나눠 먹는다.

2) 한 몸이 되어 목걸이 만들기 (메인 활동)

✸ **활동자료:** 끈과 다양한 길이의 빨대조각

✸ **제작과정 및 활동순서**

1. 마주 앉거나 나란히 앉는다.
2. 제시된 끈에 빨대를 양손을 사용하여 끼워 본다.
3. 마주 앉은 경우 A아동의 왼손, B아동의 오른손을 손수건으로 묶는다. 이때 손을 묶는 것에 대해 거부감이 있다면 묶지 않고 실시해도 된다. 단, 한 손만을 쓸 수 있도록 제시한다.
4. 서로 묶은 손을 제외하고 한 손으로 빨대를 끈에 잘 끼울 수 있는지 경험해 본다.
5. 서로 협력하여 끈에 빨대를 끼워 목걸이를 만들어 본다.
6. 활동 후 소감을 나눈다.

> ***활동 시 주의점**
>
> 사용을 제한하는 손이 어느 한쪽 손만이 되지 않도록 번갈아 제한하여 다양한 경험을 제공하도록 한다. (예: A아동의 왼손, B아동의 오른손을 제한한다면, 손을 바꿔 A아동의 오른손과 B아동의 왼손도 제한하여 경험하도록 한다.)

사례 1

김○○ / 여 / 8세 / 지적장애 2급, 이○○ / 남 / 8세 / 발달장애 3급

⋯▶ 두 아동은 각자 한 손만을 사용하여 개별 포장된 젤리와 바나나를 까서 먹여 주는 활동을 하
　　 였다. 평상 시 활동에 대한 참여도가 낮으므로 흥미 유발을 위해 한 손씩 사용하여 움직임을
　　 연습해 보았다.

사례 2

박○○ / 남 / 10세 / 지적장애 3급, 이○○ / 남 / 10세 / ADHD

 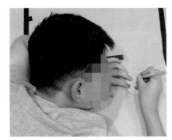 

⋯▶ 두 아동은 각자 한 손만을 사용해서 끈에 빨대를 끼워 완성해 보았다. 수행하는 동안 서로가
　　 잘 잡아 주지 않는다고 불만을 말했고, 구체적인 것을 말하지 않고 "이거, 이거"라는 표현을
　　 자주 썼기 때문에 원활한 과제수행이 어려웠다. 치료사의 개입으로 구체적으로 '누가, 무엇
　　 을, 어떻게'에 따라 말하기로 하고 다시 수행하자 원활해졌다.

사회성

11-2 한 몸이 되어 메달 만들기

신체 움직임을 활용해 협동능력 향상을 돕는 그룹 미술치료 프로그램

타인 수용성	★★★
협동심	★★★
언어적 · 비언어적 상호작용	★★★
행동통제능력	★★★
감정통제능력	★★★
자기 수용성	★★
신체 협응	★★

❀ **목적:** 자기통제력, 협동능력, 사회적 기술, 자기표현 향상

❀ **활동자료:** 색종이, 풀, 연필, 지우개

❀ **제작과정 및 활동순서**

1. 각자 양손으로 길게 잘려 있는 색종이를 동그랗게 말아 원을 만들고, 다시 새 색종이를 먼저 만든 원에 끼워서 두 원을 엮어 본다. 이때 치료사가 먼저 모델 링을 보여 준다.
2. 충분히 색종이로 목걸이를 만드는 연습을 하였다면, 아동들은 마주 앉는다.
3. 마주 앉은 경우 A아동의 왼손, B아동의 오른손을 손수건으로 묶는다. 이때 손 을 묶는 것에 대해 거부감이 있다면 묶지 않고 실시해도 된다. 단, 한 손만을 쓸 수 있도록 제시한다.
4. 각자 한 손으로만 사용해서 서로 협동해 색종이 목걸이를 만들어 본다.
5. 만든 후 서로 칭찬할 점을 메달로 만들어서 함께 목에 걸어 본다.
6. 활동 후 소감을 나눈다.

> ***활동 시 주의점**
>
> 　사용을 제한하는 손이 어느 한쪽 손만이 되지 않도록 번갈아 제한하여 다양한 경험을 제공하도록 한다. (예: A아동의 왼손, B아동의 오른손을 제한한다면, 손을 바꿔 A아동의 오른손과 B아동의 왼손도 제한하여 경험하도록 한다.)

✿ 사례

이○○ / 남 / 13세 / 지적장애 3급, 이○○ / 남 / 12세 / 지적장애 3급

 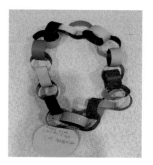

⋯ 아동들은 혼자서 색종이로 목걸이 만드는 것을 연습해 본 후, 함께 작업하기를 시작하였다. 처음에는 원활한 소통이 되지 않아 각자 한 손만 사용해 혼자 하려고 하거나, 요구하는 구체적인 언어를 사용하지 않았음에도 불구하고 자기 말을 알아듣지 못한다고 화를 내기도 하였다. 구체적으로 '누가, 무엇을, 어떻게'에 따라 말하기로 하고 다시 수행하였으며, 만들기가 완성되고 작업 과정에서 고마웠던 것을 메달에 써서 서로의 목에 걸어 주었다.

사회성

12-1 함께 만드는 세상

자기주장과 타협을 통해 사회적 기술 향상을 돕는 그룹 미술치료 프로그램

자기인식	★★★
타인인식	★★★
언어적 · 비언어적 상호작용	★★★
행동통제능력	★★
감정통제능력	★★
양손 협응	★★
소근육 정교성	★★

사회적 기술은 자신의 요구와 만족, 의무를 수행하면서도 타인의 권리나 요구, 만족에 손해를 끼치지 않는 방법으로 타인과 소통할 수 있는 능력을 말한다.

이때 발휘되어야 하는 기술은 공감, 협력, 자기주장, 자기통제 등으로 타인과 잘 소통하기 위해서는 자신이 생각하는 바를 정확히 표현할 수 있되, 타인이 추구하거나 원하는 것들도 공감하며 의견을 적절하고 합리적인 방법으로 결정할 수 있는 능력이 필요하다. 따라서 앞서 살펴본 비언어적 · 언어적 의사소통을 기반으로 하여, 아동들이 공통의 과제를 해결하기 위해 갈등이나 서로 다른 의견을 잘 조율해 보는 경험을 할 수 있도록 기회를 제공함이 중요하다.

🎨 **목적:** 자기통제력, 협동능력, 사회적 기술, 자기표현 향상

🎨 **활동자료:** 우드락, 색종이, 우유갑, 수수깡, 찰흙, 건빵, 목공용 풀, 우드락 풀, 나무젓가락, 천사점토

🎨 **제작과정 및 활동순서**

1. 아동들은 주어진 땅 위에 우유갑, 색종이, 수수깡, 찰흙, 건빵 등을 이용하여 자신의 집을 만든다.

2. 각자의 집이 다 만들어지면 서로의 집들을 연결해 줄 수 있는 다리를 만들어

하나의 마을로 이어 준다.

이때 가장 튼튼한 다리를 만들기 위해 매체(수수깡, 나무젓가락, 찰흙, 천사점토, 우드락) 중 무엇을 사용할 것인지 한 가지를 정하고, 모두의 집을 연결할 수 있는 방법을 모색한다.

3. 자신의 집을 만들었을 때와 다리를 만들어 이어 준 소감을 나눈다.

4. 미술활동 시 느꼈던 기분을 나눈다.

5. 나의 행동과 말 또는 상대방의 행동과 말에서 느꼈던 감정을 나눈다.

6. 서로 칭찬할 점을 찾아준다.

---

*게임　모두가 대화를 통해 공동의 목표 달성하기

*규칙

① 매체 중 한 가지만을 선택할 수 있고 모두의 집을 연결시켜야 한다.

② 활동 시 서로 대화를 주고받을 수 있다.

③ 또래가 만든 집을 소중하게 다룬다.

🖌 사례

김○○ / 남 / 10세 / 지적장애 3급, 배○○ / 남 / 13세 / 지적장애 3급

김○○ / 남 / 11세 / 지적장애 3급, 이○○ / 남 / 11세 / 지적장애 3급

⋯⋯▸ 아동들은 서로가 어떤 재료로 다리를 만들고 싶은지 물어도 보고, 왜 그 재료를 사용하고 싶은지도 이야기를 나누며 적극적으로 활동에 참여하였다. 치료사에게 재료들을 부수어 보아도 되냐고 묻기도 하며 튼튼한 다리에 적합한 재료를 찾으려고 애를 썼다. 각자가 완성한 집들의 모양을 보면서 구체적으로 칭찬할 점들을 찾아보는 연습도 함께해 보았다.

사회성

12-2 변화되고 싶은 우리의 모습

자기주장과 타협을 통해 사회적 기술 향상을 돕는 그룹 미술치료 프로그램

자기인식	★★★
타인인식	★★★
언어적 · 비언어적 상호작용	★★★
행동통제능력	★★
감정통제능력	★★
눈-손 협응	★★

❊ **목적:** 자기통제력, 협동능력, 사회적 기술, 자기표현 향상

❊ **활동자료:** 전지 3장, 할핀, 펀치, 스티커, 크레파스, 매직, 색연필, 스팽글

❊ **제작과정 및 활동순서**

1. 제공된 네모 몸통이 사람의 모습처럼 되기 위해서 어떤 부분이 필요한지 이야기 나눈다.
2. 아동들은 자신 있는 신체 부위를 서로 도와서 본을 뜨고 자른다.
3. 하나의 몸이 될 수 있도록 각 부위를 할핀으로 연결한다.
4. 스티커, 크레파스, 매직, 색연필, 스팽글을 이용하여 신체상을 꾸민다.
5. 완성된 작품은 어떤 모습을 하고 있는 아이였으면 좋을지 이야기 나눈 후, 형태를 만들고 제목을 함께 정한다.
6. 미술활동 시 느꼈던 기분을 나눈다.
7. 나의 행동과 말 또는 상대방의 행동과 말에서 느꼈던 감정을 나눈다.
8. 서로 칭찬할 점을 찾아 준다.

*게임   모두가 대화를 통해 공동의 목표 달성하기
*규칙
① 또래 모두의 신체상이 포함되어야 하며 온전한 사람의 모습으로 완성해야 한다.
② 활동 시 서로 대화를 주고받을 수 있다.

🌻 사례

김○○ / 남 / 10세 / 지적장애 3급, 배○○ / 남 / 13세 / 지적장애 3급
김○○ / 남 / 11세 / 지적장애 3급, 이○○ / 남 / 11세 / 지적장애 3급

⋯⋅ 아동들은 자신 있는 신체 부위를 서로 이야기 나누면서 작업을 시작하였다. 그러나 겹쳐지는 신체 부위가 생기자 상대방의 신체 부위를 칭찬하며("너는 얼굴이 작으니까 그림에 어울리겠다, 우리는 얼굴이 다 크거든!") 정해지지 않은 부위를 추천하는 모습도 보였다. 각자가 맡은 부분을 열심히 꾸며 주고 나서는 다 완성하지 못한 또래를 도와주려는 시도가 보였으며, 어떤 모습을 하고 있는 아이면 좋을지를 생각해 보며 각자의 이야기를 들어주었다.
하트를 하고 있는 아이 / 만세를 하는 아이 / 기분이 좋아서 뛰고 있는 아이 / 앉아서 쉬고 있는 아이로 의견이 제시되었는데, 의견이 정해지지 않자 직접 행동으로 시연해 보며 가장 좋은 모습을 결정하였다.

참고문헌

김선경(2004). 아동이 지각한 부모-자녀간의 의사소통 유형과 초등학생의 사회성 발달과의 관계. 경인대학교 석사학위청구논문.

김수희, 김지현, 나용선, 권오균, 전대성(2012). 아동발달. 경기: 양서원.

방혜경(1998). MBTI집단활동이 여고생의 성격유형별 자아수용도, 타인수용도 및 자존감 증진에 미치는 효과. 동아대학교 석사학위논문.

소명란(2014). 집단 따돌림 유형에 따른 자기인식, 타인인식이 대인관계 만족에 미치는 영향. 난국대학교 석사학위논문.

송준만 외 9명(2016). 지적장애아교육. 서울: 학지사.

여광응 외 19명(2003). 특수아동의 심리학적 이해. 서울: 학지사.

유지영(2003). 초등학교 통합교육에 요구되는 특수학급 아동의 사회적 기술. 청주교육대학교 석사학위논문.

이기숙, 이은해(1983). 유아교육 프로그램 유형에 따른 효율성에 관한 연구. 교육과학연구, 21(2), 83-104.

이영애(2012). 아이의 사회성. 서울: 지식채널.

이재순(2004). 동화를 통한 통합적 도덕교육활동이 어린이 도덕성 발달에 미치는 영향. 한신대학교 석사학위논문.

최명선, 정유진, 서은미(2012). 사회성이 부족한 아이돕기. 경기: 이담북스.

Corsaro, W. A. (1981). Friendship in the nursery school: Social organization in a peer environment. *The development of children's friendships*, 207-241.

Maccines, D. L. (2006). Self-esteem and Self-acceptance: an examination into their relationship and their effect on psychological health. *Journal of Psychiatric and Mental Health Nursing, 13*, 483-489.

Piaget, J. (1962). Play, dreams, and imagination in childhood. *Play theory*, 89-187.

Roger, A. W. (1997). *Social development in childhood.* P. Baltimore: John Hopkins Press.

부록
····

재활상담 서류 서식

Intake Sheet

	결재	담 당	소 장

관리번호 20

년   월   일   요일

대상자	성명		성별	□남 □여	연령		전화번호	
	생년월일				비상연락처			
	주소							
	소속학교							
	장애유형			진단기관		장애등록	□유 □무	
	치료 및 교육경력							

가족사항	관 계	성 명	연 령	학 력	직 업	건강상태	비고

가정경제	대상구분	□기초생활수급자 □조건부수급자 □저소득 □일반 □기타:＿＿＿＿＿
	주거상황	□자택 □전세 □월세 □기타: ＿＿＿＿＿＿＿＿＿＿＿
	가족수입	□50만원 이하 □50~100만원 □100~200만원 □200~300만원 □300만원 이상

현재상태

1. 언어표현력: □ 말, 몸짓 전혀 없음   □ 말없이 몸짓으로만   □ 간단한 단어 사용
   □ 가족은 이해 가능, 타인은 이해 불능   □ 모두 이해
2. 언어이해력: □ 간단한 언어 이해   □ 몸짓 사용으로 이해
   □ 익숙한 표현이나 질문만 이해   □ 모두 이해
3. 운동능력(손 사용, 이동, 순발력):
   □ 잘 움직인다   □ 이동능력은 떨어지지만 손 사용이 자유롭다
   □ 손 사용은 떨어지지만 이동능력은 자유롭다   □ 잘 움직이지 않는다
4. 인지 · 학습 능력 (수개념, 글자 인식 등):
   □ 수개념, 글자 모두 인식   □ 수개념만 인식   □ 글자만 인식   □ 모두 인식되지 않음
5. 식사태도: □ 고루 먹음   □ 편식   □ 잘 먹지 않음
6. 화장실 훈련: □ 혼자서 가능   □ 부분적인 도움   □ 전반적인 도움
7. 옷벗고 입기: □ 혼자서 가능   □ 부분적인 도움   □ 전반적인 도움
8. 또래관계(사회성): □ 잘 어울린다 □ 잘 울고 떼쓴다 □ 공격적인 행동 □ 고립
9. 성격 (구체적으로: ＿＿＿＿＿＿＿＿＿＿＿＿＿＿＿＿＿＿＿＿＿＿＿)
10. 문제행동 (특이한 버릇)
   (구체적으로: ＿＿＿＿＿＿＿＿＿＿＿＿＿＿＿＿＿＿＿＿＿＿＿)

서비스 개시일		서비스 종결일		서비스 종결사유	

본 서류는 보건복지부 서류 양식이 아닌 기관 개인 서류 양식입니다.

발달재활 서비스 제공(이용)계약서

○ 서비스 대상자(갑)

　성명:　　　　　　　　　(인)　생년월일:

　주소:

　연락처:

○ 대리인(보호자)

　성명:　　　　　　　　　(인) ("갑"과의 관계:　　　　)

　주소:

　연락처:　　　　　　(E-mail:　　　　　)

○ 서비스 제공기관(을)

　기관명:　　　　　　　(대표자:　　　　인)

　주소:

○ 계약기간: 20　년　　월　　일 ~ 계약종료일까지

○ 서비스 종류, 내용 및 금액은 "사회복지서비스제공계획서"와 같다.

　상기 당사자(이하 "갑", "을"이라 한다) 또는 대리인은 다음 계약내용에 의거하여 사회복지서비스 이용계약서를 작성하고 기명날인 후, 각각 1통씩 보관한다.

- 다　음 -

제1조(서비스 제공) ① "을"은 사회복지사업법 및 사회복지서비스 사업 시행지침(이하 "시행지침"이라 한다)에 따른 인력을 배치하고, "갑"의 일상생활에 필요한 사회복지서비스(이하 "서비스"라 한다)를 상기의 "사회복지서비스 제공계획서(일정표 포함)"와 같이 제공한다.

　② "을"은 서비스의 지속성이 최대한 보장되도록 서비스 제공자를 배치한다.

　③ "을"은 사회복지서비스 대상인정서 상의 서비스 종류와 내용의 범위 내에서 해당 시·군·구청(이하 "시·군·구청"이라 한다)에서 통보한 "사회복지서비스 신청결과 통보서"를 참고하여 서비스 계획을 수립하여 서비스를 제공하고 제공한 서비스 내용을 서비스 제공 기록지에 기입한다.

제2조(계약기간 및 계약의 만료 등) ① 이 계약의 효력기간은 상기의 기간동안 발생하며, 당사자간 협의에 따라 계약기간을 변경할 수 있다.

　② 이 계약은 "갑"의 해약 통지나 사망으로 종료된다.

③ 이 계약은 다음 각 호에 해당하는 경우 해약할 수 있다.

1. "갑"이 계약 해지를 통지한 때. 다만, 해약의 통지는 7일 전에 하여야 한다.

2. "을"이 사회복지서비스 제공을 지속할 수 없는 부득이한 사유가 발생하여 이를 "갑"에게 통지한 때. 다만, 해약의 통지는 14일 전에 하여야 한다.

④ 일시적인 병원 입원 등의 경우에는 이 계약의 효력을 정지할 수 있다.

제3조(사회복지서비스 비용) ① 사회복지서비스 비용은 사회복지서비스 가격기준(가칭)에 의한다.

② 사회복지서비스 비용 중 본인부담액과 월 이용한도액을 초과하는 비용은 "을"의 청구에 의해 "갑"이 지급한다.

제4조(사회복지서비스 내용의 변경) ① 서비스 제공과정에서 "을"(종사원을 포함한다)의 부주의 또는 실수로 인하여 계약서에 기록된 사항을 충족시키지 못하거나 "갑"의 합리적인 요구사항을 충족시키지 못하는 경우 "을"은 "갑"의 요구에 따라 서비스 내용을 변경할 수 있다. 다만, 계약서에 포함되지 않은 요구사항은 서비스 내용의 변경사항으로 보지 아니한다.

② 계약기간 및 서비스 비용의 변경 등 주요내용이 변경되는 경우에는 해당사항에 대해 "변경계약서"를 별도 작성한다.

제5조(통지사항) ① "을"은 "갑"에 대한 서비스 제공에 있어 응급상황 등 필요한 경우 대리인에게 연락을 취하여야 한다.

② "갑"의 대리인은 대리인의 주소 또는 연락처 등이 변경되었거나 금치산 또는 파산선고 등을 받아 "갑"의 보호 의무를 다하지 못할 사유가 발생하였을 때는 즉시 서면으로 "을"에게 통지하여야 한다.

③ "을"은 "갑"의 상태변화 등 서비스의 변경사유가 발생 시에는 "갑"이 서비스 변경신청 등을 할 수 있도록 조치하여야 한다.

제6조(개인정보 보호의무) ① "을"은 "갑"의 개인정보를 관계 규정에 따라 보호하여야 한다.

② "을"은 사회복지서비스 제공에 필요한 "갑"의 개인정보 자료를 수집하고 활용하며 동 자료를 사회복지서비스 운영주체 등에게 관계규정에 따라 제출할 수 있다.

③ "을"의 개인정보 수집 및 활용에 대한 "갑"의 승낙은 "개인정보 제공 및 활용에 관한 승낙서"로 한다.

④ "갑"은 "을"이 수집·관리하는 본인의 개인정보에 대해 알 권리가 있다.

제7조(손해배상책임) 서비스 실시 중에 "을"(종사원을 포함한다)의 귀책사유로 인하여 발생한 "갑"의 손해에 대하여는 "을"은 "갑"에게 배상한다. 다만, 천재지변, 제3자의 귀책사유로 인한 손해에 대해서는 배상책임을 지지 아니한다. "갑"이 "을"에게 손해를 끼친 경우에도 또한 같다.

제8조(분쟁해결방법) 본 서비스 이용계약과 관련하여 발생한 분쟁에 대하여 "갑"과 "을"이 합의에 따라 원만히 처리하며, 만약 당사자간 합의에 도달하지 못한 경우에는 관련법규나 관례에 따른다.

개인정보 제공 및 활용에 관한 승낙서

성 명: (생년월일:)
주 소:

　상기 본인은 본 사회복지서비스 제공기관이 본인에 대한 사회복지서비스를 실시하기 위하여 다음의 개인정보를 제공하고 활용하는 것에 동의합니다.

1. 정보수집
　－기본정보
　－개인이력
　－질병관련 이력
　－사회복지서비스 제공을 위한 욕구조사
　－기타 사회복지서비스 계획 수립과 관련한 정보 등

2. 수집정보 활용
　－사회복지서비스 제공의 연속성을 위하여 제공기관 간의 서비스 연계와 관련한 사항에 관한 정보를 제공
　－사회복지서비스 사업 운영주체 등에 대한 자료의 제공

20 .   .   .

서비스 신청자 (대리인):   (인)

초기상담기록지

●발달재활서비스　○언어발달지원서비스　○아동청소년심리지원서비스

<table>
<tr><td rowspan="4">기
본
사
항</td><td>성명</td><td></td><td>성별</td><td></td><td>생년월일</td><td></td><td>집
전화</td><td></td></tr>
<tr><td>주소</td><td colspan="5"></td><td>휴대
전화</td><td></td></tr>
<tr><td rowspan="2">장애
영역
및
취득
사유</td><td colspan="4">□뇌병변장애　□청각장애　　□언어장애　□시각장애
□지적장애　　□자폐성장애　□미등록(영유아)</td><td>장애등급:</td><td rowspan="2">선정
년월</td><td rowspan="2">년　월</td></tr>
<tr><td colspan="5">□의사진단서소견서　□임상심리사소견서　□정신보건센터장추천
□초중교사추천　□유치원장추천　□어린이집원장추천　□청소년상담사</td></tr>
<tr><td rowspan="3">생
활
형
태</td><td>소득기준</td><td>○아동 청소년</td><td colspan="2">□1등급</td><td>□2등급</td><td>□3등급</td><td colspan="2">□4등급</td></tr>
<tr><td>서비스 가격</td><td colspan="2">본인부담금</td><td colspan="2"></td><td colspan="3">정부지원금</td></tr>
<tr><td>가족동거실태</td><td colspan="7">□조손가정　□한부모가구　□다문화가구　□기타　□시설아동
□장애아동 2명 이상 자녀　□부모 중 1, 2급 중증장애인 가정</td></tr>
<tr><td>신청
서비스</td><td colspan="5">□언어치료　□미술치료　□음악치료
□행동, 놀이, 심리, 운동치료　□기타</td><td>상담
장소</td><td colspan="2">○가정방문
○기관방문
○기타</td></tr>
<tr><td>보호자</td><td>성 명</td><td colspan="2"></td><td>이용자와의 관계</td><td></td><td>전화번호</td><td colspan="2"></td></tr>
<tr><td>상
담
내
용</td><td colspan="8"></td></tr>
<tr><td>안내 사항</td><td colspan="8">1.
2.</td></tr>
<tr><td colspan="9">상담일:　　년　월　일　　상담자:</td></tr>
</table>

종결상담기록지

●발달재활서비스 ○언어발달지원서비스 ○아동청소년심리지원서비스

기본사항	성명		성별		생년월일		집전화	
	주소						휴대전화	
	장애영역 및 취득사유	□뇌병변장애 □청각장애 □언어장애 □시각장애 □지적장애 □자폐성장애 □미등록(영유아)				장애등급:	선정년월	년 월
		□의사진단서소견서 □임상심리사소견서 □정신보건센터장추천 □초중교사추천 □유치원장추천 □어린이집원장추천 □청소년상담사						

생활형태	소득기준	○아동 청소년	□1등급	□2등급	□3등급	□4등급
	서비스 가격		본인부담금		정부지원금	
	가족동거실태	□조손가정 □한부모가구 □다문화가구 □기타 □시설아동 □장애아동 2명 이상 자녀 □부모 중 1, 2급 중증장애인 가정				

신청서비스	□언어치료 □미술치료 □음악치료 □행동, 놀이, 심리, 운동치료 □기타	상담장소	○가정방문 ○기관방문 ○기타

이용자 변화사항

초기사항		종결사항	

상담자의견	

상담일: 년   월   일   상담자:

서비스 초과(주 2회) 사유서		확인	담당자
이용자		제공인력	

□ 초과일자:

□ 사유:

작성자 :   (서명)

사회복지서비스 제공(이용) 계획서 (월)

성 명		생년월일	
사회복지서비스 관리번호		대상구분/지역	
월 이용액 (본인부담금)	원/월 (원)	발급일	

발달재활서비스	주요 기능상태 및 욕구	서비스 목표

사회복지서비스 필요내용	
유의사항	

사회복지서비스 이용 계획 및 비용 (조정가능)			
서비스 종류	횟수 (월 4주 기준)	서비스 비용 (서비스 가격 × 횟수)	본인부담금
합 계			

서비스 일정표 (월)

사회복지서비스 관리번호		성 명	
사회복지서비스 제공자		작성일자	

일	월	화	수	목	금	토

□ 서비스 제공현황

서비스 제공자명	전 화	담 당	서비스 종류	주 기	제 공 일

□ 서비스 비용

서비스 종류	서비스 단가(/회)	횟 수	총 서비스 가격	본인부담금

발달재활서비스 제공 기록지 (월)

	제공기관명	
이용자	지역 / 성명	
	생년월일	
	관리자 서명	

내용 월 / 일			/	/	/	/	/	/	/	/
1. 발달재활서비스										
( )재활	제공시간	시작시간								
		종료시간								
	담당재활사									
( )재활	제공시간	시작시간								
		종료시간								
	담당재활사									
2. 총 제공시간(/분)		바우처								
		추가구매								
3. 총 이용금액(/원)										
4. 이용자(확인)										

☞ 세부서비스 종류별로 제공된 재활서비스 시작시간, 종료시간 및 치료 담당자 성명 표기합니다.
  (서비스 종류: 언어, 미술, 음악, 행동, 놀이, 심리, 운동, 인지 등)
☞ 이용자(확인)란은 이용자 또는 그 가족이 기록내용을 확인하고 서명하시기 바랍니다.

※ 상태 및 결과 기록(별지 사용 가능)

승인일자	승인번호	이용자의 상태 및 치료 결과	결재일시 변경사유
/			
/			
/			
/			
/			
/			
/			
/			

☞ 승인일자 및 승인번호 란은 바우처 카드 결제 시 승인일자 및 승인번호를 기재하시기 바랍니다.

저자 소개

유 지 원 (Yu Ji Won)

영남대학교 미술치료학과 박사
경성대학교 교육학과 상담심리 석사
현 지원발달심리치료연구소 소장
지원언어심리상담센터 소장

〈자격사항〉

한국미술치료학회 미술치료 전문가
MBTI 강사
심리운동재활사
한국정서행동교육학회 심리행동적응사

〈저서〉

모눈종이 GRAPH PAPER(2010, 양서원)
Pizza 만다라(2012, 굿에듀)
난화 SCRIBBLE(2012, 굿에듀)
CANDY 모자이크(2013, 굿에듀)
CANDY 모자이크 심화편(2016, 굿에듀)
캔디만다라(2016, 굿에듀)
상담행정과 사례관리(2018, 학지사)
시지각 워크북 기초편(2020, 굿에듀)
시지각 워크북 심화편(2020, 굿에듀)
월간 실천 특수교육 칼럼 연재-미술치료 연재(2012~2015년, 핑키밍키)

유 아 름 (Yu A Reum)

영남대학교 미술치료학과 석사
현 지원발달심리치료연구소 부소장

〈자격사항〉

한국미술치료학회 미술치료사
한국정서행동교육학회 심리행동적응사

〈저서〉

월간 실천 특수교육 칼럼 연재-놀이치료 연재(2014~2015년, 핑키밍키)

송 다 겸 (Song Da Gyeom)

영남대학교 미술치료학과 석사
현 지원발달심리치료연구소 팀장

〈자격사항〉

한국미술치료학회 미술치료사
MBTI 강사
심리운동재활사

〈저서〉

캔디만다라(2016, 굿에듀)
시지각 워크북 기초편(2020, 굿에듀)
시지각 워크북 심화편(2020, 굿에듀)

강 다 영 (Kang Da Yeong)

영남대학교 미술치료학과 석사
현 지원발달심리치료연구소 전임연구원
지원언어심리상담센터 전임연구원

〈자격사항〉

한국미술치료학회 미술치료사
사회복지사
동화구연지도사
건강가정사

특수아동을 위한
발달적 미술치료
-미술치료의 발달적 관점 지침서-
Theory and Practice of Developmental Art Therapy

2020년 4월 10일 1판 1쇄 발행
2023년 8월 10일 1판 3쇄 발행

지은이 • 유지원 · 유아름 · 송다겸 · 강다영
펴낸이 • 김진환
펴낸곳 • (주) **학지사**

　　　　　04031 서울특별시 마포구 양화로 15길 20 마인드월드빌딩 5층
대표전화 • 02) 330-5114　　팩스 • 02) 324-2345
등록번호 • 제313-2006-000265호

홈페이지 • http://www.hakjisa.co.kr
인스타그램 • https://www.instagram.com/hakjisabook/

ISBN 978-89-997-2093-2 93180

정가 **27,000원**

출판미디어기업 **학지사**

간호보건의학출판 **학지사메디컬** www.hakjisamd.co.kr
심리검사연구소 **인싸이트** www.inpsyt.co.kr
학술논문서비스 **뉴논문** www.newnonmun.com
원격교육연수원 **카운피아** www.counpia.com